KB057909

경상북도
경상남도
북한편

새로 쓰는 동학기행2

경상북도

경상남도

북한편

새로 쓰는
동학기행2

채길순 지음

1894년 봄, 마침내 동학농민혁명이 일어나게 된다.

고부에서 타오른 횃불에서 금산·무장기포로 확장되면서
일순에 전라 지역을 석권했고,
동학농민군은 급기야 전주감영을 함락하게 된다.

겁을 먹은 민씨 정권은 청군을 이 땅에 불러들였고,
이는 호시탐탐 기회를 노리던 일본군을 불러들이는 결과를 초래하여
마침내 청일전쟁이 일어나 국내정세는
한층 복잡한 상황에 직면하게 된다.

일본과 청국이 조선에 대한 주도권을 놓고
조선 땅에서 전쟁을 벌이는 지경에 처하여
국가의 안위를 염려한 동학 지도부는 관군과 전주화약을 맺고
집강소 통치를 실시하면서 정세를 관망하게 된다.

도서출판 모시는사람들

일러두기

1. 역사적 용어는 가급적 사학계의 범례를 따랐다.
2. 역사적인 사건과 인물에 대한 용어가 불가피하게 통일되지 못한 부분이 있다. 예컨대, 현재 공식 명칭인 "동학농민혁명" "동학농민군"을 사용하는 것을 원칙으로 했지만 시기에 따라 일부 혼용되기도 했다. 사건의 주체나 관점에 따라, 또는 시대에 따라 연구자들의 다양한 용어가 사용될 수밖에 없었음을 밝혀둔다.
3. 원문 번역을 재인용하는 경우 요즈음의 문맥에 맞도록 고쳐 쓰는 것을 원칙으로 했다.

조선 후기 사회와 동학농민혁명

조선 후기는 봉건 지배층의 무능과 부패로 인하여 백성의 고통이 점차 가중되어 가던 시기였다. 임진왜란(1592), 병자호란(1636)을 치르면서 민중들은 지배층의 무능을 뼈저리게 깨닫게 되었고, 결국 황폐화된 국토를 일궈낸 것은 지배층이 아닌 민중들 자신이라는 사실을 자각하게 되었다. 이 시기에 현실 체제에의 반항아로 등장한 홍경래·장길산과 임꺽정은 민중의 가슴에 살아있는 전설이 되었다. 19세기 이후에는 현실 체제에 저항하는 민란이 전국 곳곳에서 빈번하게 일어나며 일상화되었다. 철종, 고종 때까지 지속된 민란은 막바지에 몰린 민중들이 낡고 부패한 정치를 징치하는 저항이었다. 그렇지만 민란은 민중들의 참혹한 희생만 남기며 실패를 거듭했고, 지도 이념과 조직이 없는 민란은 실패할 수밖에 없다는 사실을 뼈저리게 자각하게 되었다.

이 무렵 경주의 몰락한 양반가 출신 최제우는 천하[八路]를 주유(周流)하면서, 이대로는 더 이상 희망을 가질 수 없는, 생존 자체가 보장되지 않는 절박한 현실을 직접 확인하고 지친 몸을 이끌고 경주 용담으로 돌아온다. 최제우는 폐허가 된 용담정에 앉아 수도에 전념한다. 결국 수운은 조선 후기 사회의 정치 사회적 혼란과 '서학'이라는 이질 문화의 유입으로 겪는 총체적인 혼돈의 시대가 실은 더 깊은 근원적인 대전환의 표현임을 자각하고 전환기의 위기를 극복하고 새로운 세상을 열어나갈 해법으로 '동학'을 창도하게 된다.

동학은 창도 이후 우여곡절을 겪으면서도 온 나라로 들불처럼 번져 갔다. 동학이 봉건 지배 질서에 대한 민초들의 불만을 총체적으로 결집하고, 새로운 전망을 제시할 이념을 제공함으로써 민중운동 또한 새로운 차원을 전망할 수 있게 되었다.

이러한 체제 변혁, 시대전환, 문명교체의 전망 때문에 동학이라는 새로운 이념은 당대의 기득권 세력인 봉건 지배 계층과의 대립을 피할 수 없었다. 결국 최제우는 '혹세무민(惑世誣民)과 좌도난정률(左道亂正律)'의 죄목으로 대구 장대에서 처형되었고, 도통을 이어받은 최시형이 도피하면서 잠행포덕(潛行布德)에 나서게 된다.

이렇게 동학을 정점으로 봉건 지배층과 민중 세력이 대립의 파고를 높여 가던 그 시기에 나라 안팎의 상황도 한층 어지럽게 전개되고 있었다. 1860년, 조선이 속한 동아시아의 전통적인 강대국인 중국의 수도 베이징이 영국·프랑스군에 의해 함락됨으로써 굳게 닫혀 있던 동양의 문호가 열리게 되었고, 그로부터 10여 년 뒤 조선 역시 문호가 개방되어 하루아침에 세계열강의 각축장이 되었다. 게다가 대원군 정권을 무너뜨리고 등장한 민씨 정권은 애초부터 부패하고 무능한 정권이었다. 민씨 정권은 민중의 내부 개혁 요구에 지레 겁을 먹고 민중에 대한 탄압을 가중시켜 가고 있었다.

동학 지도부가 공주취회·삼례취회(1892), 광화문복합상소와 보은취회(1893)를 연이어 치르는 동안 동학 교단 주도의 신원운동은 종교적인 교조신원운동 차원을 벗어나 봉건 정권의 개혁과 외세 침략에 대한 경계를 내세운 '보국안민(輔國安民)과 척왜양창의(斥倭洋倡義)'의 기치를 내세움으로써 사회운동으로 국면이 전환되어 갔다.

1894년 봄, 마침내 동학농민혁명이 일어나게 된다. 고부에서 타오른 횃불에서 금산·무장기포로 확장되면서 단숨에 전라 지역을 석권했고, 동학농민군은 급기야 전주감영을 함락하게 된다. 겁을 먹은 민씨 정권은 청군을 이 땅에 불러들였고, 이는 호시탐탐 조선에 상륙할 기회를 노리던 일본군을 불러들이는 결과를 초래하여 마침내 청일전쟁이 일어나 국내정세는 한층 복잡한 상황에 직면하게 된다. 일본과 청국이 조선에 대한 주도권을 놓고 조선 땅에서 전쟁을 벌이는 지경에 처하여 국가의 안위를 염려한 동학 지도부는 관군과 전주화약을 맺고 집강소 통치를 실시하면서 정세를 관망하게 된다.

그러나 평양성 전투를 끝으로 청군을 국경 밖으로 몰아낸 일본군은 조선 침략의 일환으로 동학교도 섬멸 작전에 돌입한다. 6월 21일 경복궁을 침탈한데 이어, 8월에 동학교단의 도소가 있는 충청도에서 동학두령 20여 명을 참살하고 그 밖에 각처에서 동학교도를 학살하는 사례가 빈번해진다. 이에 따라 9월 18일 2세 교주 최시형은 전국의 동학교도에게 재기포령을 내린다. 이에 따라 온 나라의 동학농민군이 다시 봉기하게 된다.

전봉준이 이끄는 호남의 동학농민군과 손병희가 이끄는 경기·

호서·관동·영남의 동학농민군이 논산에서 연합군을 형성하여 물밀듯한 기세로 관·일본군이 진을 치고 있는 공주성을 압박했다. 이에 앞서 공주성 주위로 목천 세성산, 홍주성, 공주 동쪽 한다리(大橋)에서도 동학농민군과 일본군이 긴박하게 대치하면서 승기를 잡기 위한 치열한 공방전이 벌어졌다.

동학농민군은 신무기로 무장한 관·일본군에 애초부터 적수가 되지 못했다. 마침내 동학농민군 주력은 공주 우금티 전투에서 일본군의 신무기에 의해 무참히 희생되었고, 이때부터 전개된 관·일본군의 토벌전에서 이듬해 을미년 초까지 최소 10만여 동학농민군이 학살되면서 동학농민혁명이 막을 내리게 된다.

2004년 국회에서 「동학농민혁명 참여자 등의 명예회복에 관한 특별법」이 통과됨에 따라 정부 차원에서 "동학농민혁명 참여자"에 대한 명예회복이 이뤄졌다. 이로 인해 동학농민혁명사 연구가 활성화되었고, 지자체마다 동학농민혁명을 지역문화의 특성으로 삼거나, 일부 지역에서는 지역 문화행사로 자리매김되기도 했다.

『동학기행1』(서울, 경기도, 강원도, 충청북도, 충청남도 편)을 낸 지 10여 년이 흘렀다. 그동안 경상도, 전라도, 제주도, 북한 지역 동학농민혁명사를 〈개벽신문〉에 연재하여 지역별로 살펴보았다. 그 사이 사료들이 추가로 발굴되어 연구 기반이 넓어지기도 했지만, 아쉽게도 역사적인 현장의 증언들이 사라지기도 했다.

이 책은 경상남도, 경상북도, 북한(황해, 평안, 함경도) 지역 동학 및 동학농민혁명사를 담았다. 곧이어 나올 『동학기행3』은 전라북도, 전라남도, 제주도 지역의 동학농민혁명사를 담을 예정이다. 이 글을 쓰는 데 특히 동학농민혁명기념재단의 사료와 여러 연구자들의 자료를 참고했으며, 앞으로 미흡한 부분은 더 보완하겠다.

많은 지역에서 동학농민혁명사에 관심을 기울이는 계기가 되었으면 좋겠다.

2021년 7월

저자

차례

제5부 경상북도

새로 쓰는 **동학기행2**

제6부 경상남도

제7부 북한편(황해·평안·함경도)

제5부
경상북도

경상북도는 동학이 창도된 지역이다. 동학 창도 시기에 수운의 직접 포덕에 의해 민중들에게 동학의 흡수가 빨랐고, 탄압 역시 심하게 받았다. 그런 중에 동학이 종교적인 체계를 갖추면서 경상도에 뿌리 내렸고, 강원 충청 전라 경기도 지역으로 교세가 빠르게 확장되었다.

동학농민혁명 시기에 일본군은 조선 침략을 위해 부산에서 서울을 잇는 전신선을 가설하고 요충지 50리마다 병참(兵站)을 뒀다. 이에 따라 경상 북서부에는 상주의 낙동, 선산의 해평, 함창의 태봉에 병참이 있었다. 병참이 있는 지역 동학농민군은 먼저 일본의 병참을 공격 목표로 삼으면서 동학교도의 대 일본군과의 투쟁이 동학농민혁명 초기부터 치열하게 전개되었다.

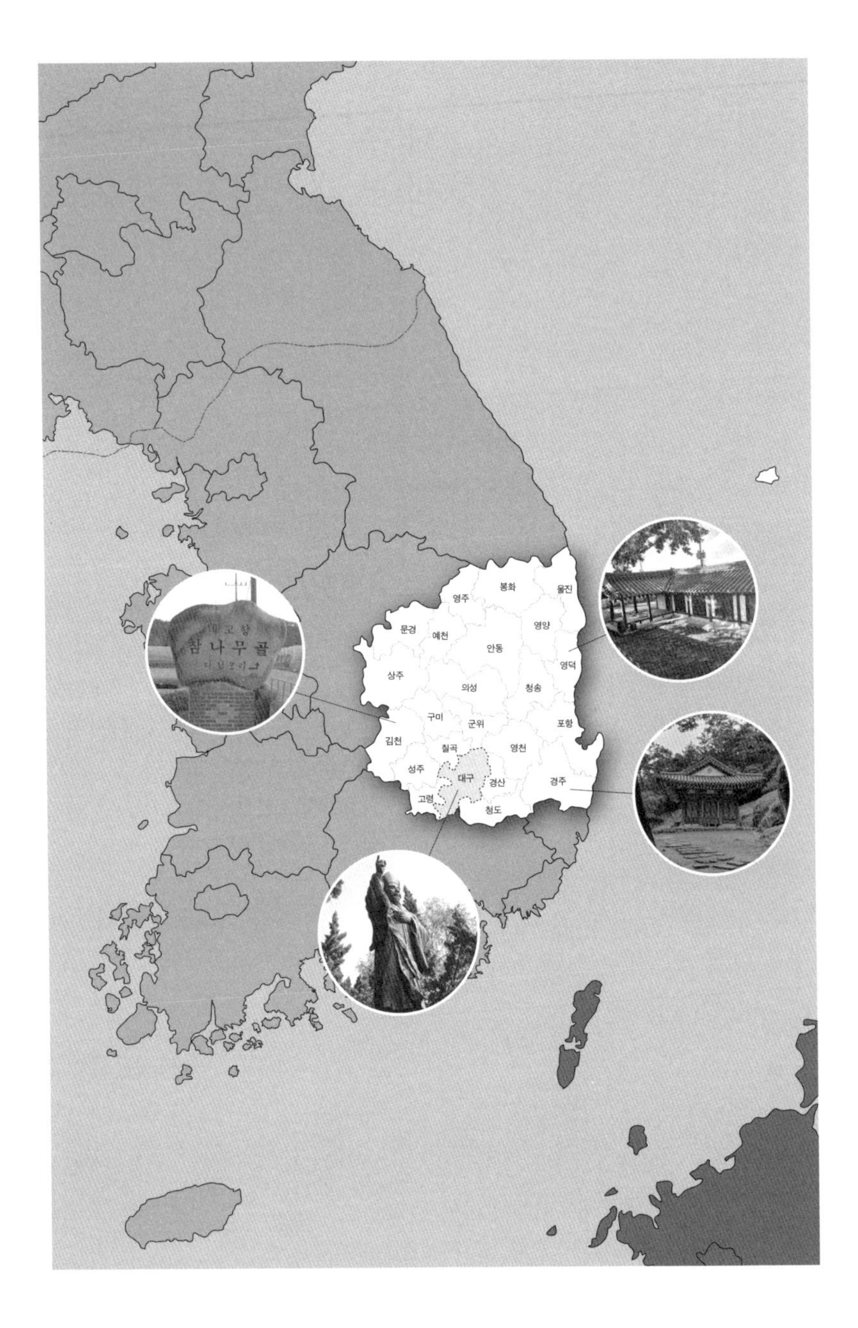
내 고향
참나무골
영주
봉화
울진
문경
예천
영양
안동
영덕
상주
의성
청송
구미
군위
포항
김천
칠곡
영천
성주
대구
경산
경주
고령
청도

총론/ 경상북도 동학의 흐름

동학의 창도와 교세 확장

조선 후기 사회는 척신들의 세도정치로 인한 삼정의 문란으로 민중에 대한 착취가 만연하여 민심이 흉흉해져 가고 있었다. 이 시기에 경주 출신 최제우가 신분과 적서, 남녀 차별이 없는 개벽 세상을 지향하는 동학을 창도했고, 동학은 저변의 민중 세력을 중심으로 들불처럼 빠르게 번져갔다. 동학교도 수가 급속도로 늘어나자 위기를 느낀 봉건 세력의 조정에서는 창도주 최제우를 체포하고 '좌도난정률'로 다스려 대구 관덕정에서 효수했다.

그러나 민중의 가슴에 남아 있던 동학의 불씨는 꺼지기는커녕 경주 경계를 넘어 경상 북부, 강원 충청, 그리고 경기, 전라 지역으로 들불처럼 번져 갔다. 이 중심에 최제우로부터 도통을 이어받은 최시형이 있었다.

경상북도 동학은 창도 이후 탄압 속에서도 포교 활동이 꾸준하게 이어나갔다. 교단 조직이 정비되면서 1871년 영해 교조신원운동과 같은 본격적인 사회운동에 나서게 된다. 이는 지역 보수 반동 세력에 의해 좌절되면서 한때 엄청난 후폭풍에 시달리기도 했지

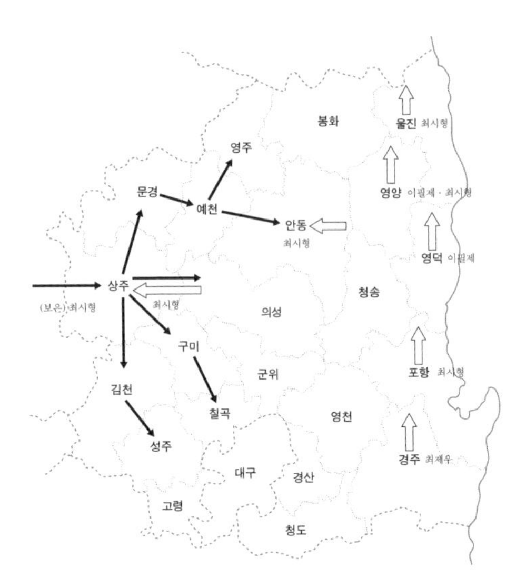

동학 포교 시기 경상북도 지역의 동학 유입과 유출 과정

만, 결과적으로 포교 지역을 넓혀 동학 조직이 정비되는 과정으로 이어진다. 동학의 분포지역이 확정되면서 새로운 교조신원운동과 함께 사회운동의 성격을 띠게 되고, 이는 다시 교세 확장의 계기가 되었다. 결국 이 같은 막강한 교세를 바탕으로 동학농민혁명으로 본격화되는 과정을 볼 수 있다.

경상북도의 동학 교세 확장은 두 시기로 나뉜다. 전기는 창도 초기인 1860년대 최제우 재세 시기와 순도 초기 최시형의 잠행 포교 등 교단 체제 형성기, 후기는 1880년대 보은-옥천-영동-황간 지역에서 팔음산을 넘어 상주로 다시 들어와 예천-선산 -김산 등지로 동학 교세가 확장되었다. (위의 지도 참조)

동학농민혁명 시기 경상북도 북부 지역의 동학 투쟁 활동

경상북도 북서부 지역의 동학 교세는 후기인 1880년대 이후 활기를 띠기 시작하여 공주취회-삼례취회 및 광화문복합상소, 보은취회 등 시민운동 성격의 교조신원운동기를 지나면서 빠르게 성장했다.

경상북도 북서부 지역 동학 조직은 관동포(예천 문경), 충경포(상주 선산 김산), 상공포(상주 예천), 선산포(선산 김산), 영동포(김산 개령)의 5개 대접주 조직이 있었을 정도로 동학 교세가 성했기 때문에 동학농민혁명기의 투쟁이나 희생이 다른 지역 못지않게 컸다.

전라도 쪽에서 봉기 소식이 전해진 1894년 3월부터 상주 김천을 중심으로 동학교도의 움직임이 나타나기 시작했고, 6월부터 투쟁 활동이 전개되었다. 특히 2차 봉기를 전후한 시기에는 일본군 병참부가 있던 예천 상주 선산 김산 안의 거창 의흥 성주 지역에서는 투쟁 활동이 치열하게 전개되었다. 고성부사 오횡묵이 쓴 『고성부총쇄록(固城府叢鎖錄)』에 따르면 "갑오년 9월초까지 경상도 71개 군현 가운데 무려 60여 군현에서 농민봉기가 일어났다"고 하여 활발했던 경상도 동학농민군 2차 봉기 상황을 짐작할 수 있다.

경상 북부 지역이 일찍부터 무장봉기에 나서게 된 까닭은 일본군이 조선 침략을 위해 창설한 병참 기지 때문이다. 예천의 동학 조직이 일본군 병참부 공격을 준비하자, 태봉병참부의 일본군 다께우찌(竹內) 대위가 정탐하러 나왔다가 용궁에서 동학농민군들에게 피살당하는 사건이 일어났다. 이로 인해 예천의 동학농민군은 가장 먼저 일본군과 전투를 벌이게 된다. 이어 선산과 상주의 동학농민군은 9월 22일 각각 선산과 상주 읍성을 점거했다. 해평과 낙동 지역에 자리 잡고 있는 일본군 병참부를 치기 위해서였다. 비록 우수한 신병기로 무장한 일본군의 기습 공격으로 점령했던 읍성을 쉽게 내주고 말았지만, 이런 투쟁 양상이 경상 북부 지역 도처에서 일어났다.

사정이 이렇게 되자 조선정부는 동학농민군을 토벌하기 위해 조선 전역을 몇 개의 권역으로 나누어 각각 방어하고 동학농민군을 토벌토록 했다. 『소모일기』에 따르면, 경상 북부 지역은 상주소모사 정의묵, 경상 동부 지역은 대구토포사 지석영, 경상도 북서부 지역은 인동토포사 조응현, 경상 남서부 지역은 거창소모사 정관섭, 경상 남부 지역은 창원소모사 이종서에게 토벌 임무를 맡겼다.

경상북도의 대표적인 사적으로 창도와 포교의 발원지인 경주 구미산 아래 용담정, 을묘천서를 받은 울산시 유곡동 여시바윗골, 본격적인 구도 활동을 시작한 양산 내원암과 적멸굴, 체계적인 동학 포덕을 위해 접주제를 실시한 흥해읍 매곡동, 최제우의 고난의 흔적이 있는 문경새재 및 유곡동, 최제우가 참형된 대구 관덕정 등이다.

민족종교 동학 창도와 박해의 땅 경주

신라천년의 고도 경주는 동학의 발상지이다. 경주와 그 일대에는 최제우의 창도에서 순도에 이르기까지 다양한 사적이 있다.

천하주유 끝에 절망을 안고 돌아온 최제우

가난한 선비 최옥과 재가녀 한씨 부인 사이에서 태어난 최제우는 불우한 어린 시절을 보냈다. 최제우는 청운의 꿈을 펴지 못한 울분을 안고 19세 때부터 2년여 동안 무예를 닦았다. 그래서 뒷날 검무도 추고 '칼의 노래'인 「검가」도 지을 수 있었다. 최제우는 21세~31세에 이르기까지 무려 10년간 호구지책으로 무명과 약재 따위를 팔면서 전국을 떠돌았다. 그 길에서 최제우는 큰 깨달음을 얻을 수 있는 자양분을 흡수했다. 온 세상이 괴질에 걸려 있으며, 새로운 삶의 틀을 열어갈 새로운 길을 찾지 않으면 안 된다는 절박한 자각이었다. 최제우는 당시 사회 중심에 자리하고 있던 유교로는 후기 조선사회가 당면하고 있는 총체적인 위기 극복은 물론 일본 및 서구의 침략적인 동진으로 말미암아 전개되는 위기를 극복할 수 없다는 결론을 얻게 된다. 최제우는 실의와 낙망 속에 구도

동학의 발상지 용담정. 최제우가 구미산 아래 용담정에서 동학을 창도했다. 용담정은 1914년과 1960년에 중건되었다가 1975년에 재건축되어 지금에 이르고 있다. 1988녀에는 골짜기 입구에 최제우 동상을 건립하는 등 용담 골짜기 성역화를 추진했다.

의 의지를 다지면서 기울어 가는 초막 용담정으로 돌아온다. 무극대도(無極大道)의 동학이 이 같은 최제우의 더는 물러설 수 없는 현실적인 절망으로부터 시작되었다는 사실을 이해해야 한다.

용담정에서 무극대도 동학 창도

1860년 4월, 최제우는 용담정에서 한울님으로부터 무극대도를 받는 종교적인 체험을 하게 된다. 하지만 동학은 창도 시기부터 안으로는 조선조의 봉건적인 질서를 옹호하려는 세력과도 충돌하게 되었고, 서구 및 일본의 침략에 순응하려는 봉건 세력과 충돌함으로써 고단한 형극의 길을 걷게 된다.

그러나 최제우는 당시 전국에 걸쳐 일어났던 민란과 같은 투쟁만으로는 세상을 뒤집을 수 없다는 사실을 잘 알고 있었다. 동학은 민중들을 계도해 나갈 지도적 역량과 종교적인 신념 체계의 조화 그리고 그것에 근거와 동력을 제공할 새 세상에 대한 비전

용담정 옆 용추폭포. "용담을 적신 물이 사해를 적시니…" 이는 동학 이념의 핵심이다.

이 필요했다.

최제우는 1856년 이후 자신의 처가 동네인 울산 인근의 여시바윗골에서 수도하던 중 이인(異人)으로부터 '을묘천서(乙卯天書)'를 받게 된다. 그 안에는 '하늘에 기도를 하라(祈天)'는 내용이 담겨 있었는데, 이때 최제우는 세상을 구할 도를 밖에서 찾을 것이 아니라 기도를 통해 하늘로부터 구해야 한다는 귀중한 깨달음을 얻게 된다. 그래서 최제우는 양산 천성산 적멸굴에 들어가 수도에 정진한다. 그는 이 같은 종교적인 체험과 수양을 통해 만나게 된 한울님으로부터, 결국 1860년 4월 5일 세상 사람들을 구제한다는 '영부(靈符)'와 함께 세상 사람들을 가르칠 '주문(呪文)'을 받게 된다. 최제우는 득도 이후에도 거의 한 해에 가까운 기간 동안 고된 수련과 연단의 과정을 거치게 된다.

용추 계곡 쪽에서 본 용담정. 창도주는 이곳에서 발원한 물이 먼 바다로 흘러들 듯이 동학의 도가 세상으로 흘러가기를 기원했다.

구미산 골짜기로 구름처럼 모여들어

이듬해 1861년 6월, 최제우는 비로소 세상 사람들에게 동학 포덕을 시작한다. 양반 천민 구별 없이 모두 한울님을 모시고 있으므로 세상 모든 사람은 근원적으로 평등하다는 시천주(侍天主)의 새로운 가르침과 다시개벽을 통해 새 세상이 도래한다는 희망적 전망은 당시 평등한 세상을 꿈꾸는 민중들로부터 폭발적인 호응을 얻게 된다.

이런 동학에 대한 소문을 들은 사람들이 구미산 용담정으로 구름처럼 밀려들었다. 용담에 들어온 사람은 그날로 동학교도가 되었고, 그들이 돌아가 소문을 내고, 사람들을 다시 끌어들이니 구미산 골짜기는 그야말로 날마다 사람들이 넘쳐나게 되었다.

이로 말미암아 최제우는 관의 지목을 받게 된다. 관의 지목이 날로 심해지자 최제우는 1862년 11월에는 용담을 떠나 전라도 남원 교룡산성 안에 있는 은적암이라는 작은 암자에 은거하여 한겨울을 보내게 된다. 최제우는 은적암에서도 수도와 저술 활동을 계속해서, 동학의 중요 경전인 「논학문(論學文)」, 「권학가(勸學歌)」, 「도수사(道修詞)」를 집필하는 등 동학 교리의 기틀을 마련하고 사상 체계를 갖추게 된다.

최제우는 남원 은적암에서 한겨울을 보내고 경주로 돌아와 포덕 활동을 재개했다. 다시 동학교도가 몰려들고 관의 지목이 재연되자 이번에는 경주로부터 북쪽 지역인 흥해 매곡동에 있는 손봉조의 집으로 피신했다. 최제우가 이곳에 머무는 동안에도 입도 자가 날로 늘어가자 1862년 섣달 그믐에 교문의 규례를 정해 접주제를 시행하면서 동학은 비로소 종교의 면모를 갖추게 된다. 이후 계해년(1863) 8월에는 해월 최시형을 자신의 후계자로 정하여 교단과 교훈(가르침)의 확장과 계승의 기반을 마련하였다.

최제우 생가터. 구미산 자락에 자리 잡은 이곳은 동학의 발원지이다.

1865년 12월 10일, 조정에서 파견된 선전관 정운구(鄭雲龜)는 경주부 병졸 30여 명을 이끌고 용담정으로 출동하여 최제우를 포박하고 동시에 제자 23명을 체포했다. 압송 행렬은 서울로 향했으나 철종의 죽음에 따라 대구 감영으로 되돌아온다. 결국 최제우는 혹독한 심문 끝에 대구 관덕정에서 순도하게 된다.

박대여 가 마을. 경주 서면 천도교 경주교구 첫 교당 자리이기도 하다.

경주 관아 터(현, 경주문화원) 동학교도에게 경주 관아는 최제우, 최시형에게는 핍박의 관청 터였다.

천도교 경주교구. 뒤편에 최시형 생가 터가 있으며, 현재 경주시에서 복원을 추진하고 있다.

구미산 용담정과 가정리 일대의 성역화 추진

최근 천도교인들과 시민들을 중심으로 최시형 생가터인 경주 교구 일대를 성역화하려는 노력들이 진행되고 있다.

용담정이 있는 계곡 오른편 산자락에는 수운 최제우의 묘소(太墓)를 비롯하여 부인(박씨)과 아들, 며느리 등의 묘소, 최시형의 딸 용담할매 최윤의 묘소가 조성되어 있다.

동학 2세 교주 최시형이 태어난 곳은 경북 경주시 황오동이다. 그는 이곳에서 태어나 세상을 떠돌다 삶의 막장 검등골에 화전을 일구며 살아가던 중 동학이 창도된 소문을 듣고 경주 용담정을 찾아와 입도하여 최제우로부터 도통을 전수받을 만큼 성장하게 된다.

경주 황오동 인근의 황성공원에 2세 교주 최시형의 동상이 서 있다.

주요 사적지

- **동학의 발상지 용담정:** (현, 경주시 현곡동 가정리 산 63-1) 창도주 최제우가 구미산 아래 용담정에서 동학을 창도했다. 용담정은 1914년과 1960년에 중건되었다가, 1975년에 재건축되어 지금에 이르고 있다. 1988년에는 골짜기 입구에 최제우 동상을 건립하는 등 성역화 사업을 추진했다.
- **창도주 최제우 탄생 유허비 및 주변 태묘:** (현, 경주시 현곡면 가정리1리 314, 315, 319번지 일대) 수운 최제우가 태어난 곳에 세운 기념비.
- **황성공원 해월 최시형 동상:** (현, 경주시 황성동 산1-1) 1979년 경주시에서 건립했다.
- **2세 교주 최시형 생가터:** (현, 경주시 황오동 229번지) 경주 교구를 중심으로 생가터 복원을 추진하고 있다.

포항 최시형의 초기 동학 포교 지역과 도피처

벼랑 끝 위기에도 포교의 심지를 밝히다

최근 연구에 따르면 1871년 동학교단 최초의 교조신원운동 '영해 교조신원운동'에 최시형이 깊이 관여한 것으로 확인되었다. 지금까지 이필제에 의해 주도된 단지 '사변'으로 취급되던 역사의 재조명·재평가 결과이다. 영해교조신원운동의 주동자들은 관군의 반격에 쫓겨 일월산으로 들어갔으나 뒤쫓아 온 관군에 포위되었다가 겨우 탈출에 성공했다. 그러나 최시형은 주모자로 다시금 관에 쫓기는 처지가 된다.(최시형은 1864년 수운 최제우 순도 이후 관에 쫓

검등골 가는 길은 예나 지금이나 험하다

기는 신세로 보따리 하나로 숨어다니면서 교도들을 수습하고 교단 조직을 재건해 나가던 중에 이필제의 강권에 따라 교조신원운동을 벌이게 되었다.)
그러나 최시형은 이런 벼랑 끝 위기를 오히려 동학 포교의 계기로 삼았다. 그는 한시도 마음 놓고 한 곳에서 머물 수 없는 불안한 처지에 놓여 살았지만, 그가 머문 자리에는 동학이 꽃피었다. 그는 어떤 위기에서도 동학 포교의 끈을 놓지 않았던 것이다.

해월에게 처참했던 삶의 공간, 검등골

해월이 동학에 입도(1861)할 당시 살고 있던 검등골(劍谷)은 현재 경상북도 포항시 신광면 마북리의 깊은 산골짜기이며, 포항시로부터 서북쪽으로 약 20Km 정도 떨어져 있다. 검등골로 들어가는 골짜기 초입에는 포항시민에게 공급하는 상수원이 조성되어 있고, 그 위쪽에 자리한 검등골에는 현재 집터가 남아 있으며 그 주변으로, 화전의 흔적도 어렴풋이 남아 있다.

최시형이 검등골에 들어온 것은 동학 입도 8년 전이었다. 그곳으로 들어오기 전에 살던 검등골에서 등성이를 하나 넘은 골짜기

마북리와 검등골은 최시형의 오랜 발자취가 서린 곳이다.

의 마을 터일은 최시형이 어렸을 때부터 청년기까지 보낸 곳이다. 이곳에서 안쪽으로 들어가면 올금당이라는 자연부락이 있는데, 이곳 한지 공장에서 17세부터 19세까지 이태 동안 직공으로 일했다.

최시형은 터일에서 장가 든 뒤 처가가 있는 흥해 매산동에서 한동안 농사를 짓고 살았으나 형편이 나아지지 않자 자신이 성장하고 청년기를 보냈던 반대쪽 골짜기 마북동으로 들어왔다. 1854년, 마북동의 생활 형편이 여전히 어렵게 되자 이곳에서 20여 리 정도 더 산속으로 들어간 검등골로 들어가 화전민 생활을 시작했다. 그래도 최시형은 잠시도 세상에 대한 희망을 놓치지 않았다.

최시형, 삶의 막장에서 동학을 만나다

극한의 고난과 가난을 견뎌야 하는 화전민 생활을 하던 중 최시형은 경주 지방에 민중들에게 새로운 희망을 주는 도(道)가 퍼

포항시 신광면 기일(터일). 최시형이 젊은 날에 일하던 제지소 터가 있다.

지고 있다는 소문을 접한다. 최시형은 경주 용담정으로 달려가 동학에 입도하고 최제우의 가르침을 받았다. 그 뒤부터 최시형은 한 달에 서너 차례씩 최제우를 찾아가 강론을 듣고 도법을 배우는 데 힘썼다. 수도에 얼마나 열중이었던지 추운 겨울날에도 검등골 집 아래 계곡의 찬물에 매일 목욕을 하며 수련했다.

이런 고된 수련을 거듭한 최시형은 1863년 3월에 수운으로 부터 '포덕에 종사하라'는 명교를 받고 여러 지역을 순회하며 포덕에 힘썼다. 이를 두고 '검악포덕(劍岳布德)'이라는 별칭을 얻기도 했다. 이어 그해 8월 14일에는 최제우로부터 동학의 도통을 물려받아 동학의 2대 교주가 되었다.

만민평등의 법설이 꽃 핀 검등골

최시형이 최제우의 순도 후에 검등골로 다시 들어와 은거하던

최시형은 검등골에서 동학에 입도하고 포교의 기틀을 마련했다. 검등골 입구에 세워진 해월 기념 표지석

검등골 최시형 옛 집터. 최시형이 이곳에 들어왔을 때는 삶의 막장에서였다.

중 1865년 10월, 경주 관아에서 30여 명의 관병이 최시형을 체포하기 위해 검등골로 들어왔으나, 오히려 최시형에게 결박을 당하였다. 최시형은 이들을 좋은 말로 효유하여 돌려보냈다고 한다. 이로 인해 "검등골에 큰 장사가 났다"는 소문이 나기도 했지만, 이는 당시 검등골에 수많은 동학교도의 발길이 이어졌던 일이 와전된 소문일 수도 있다.

최시형은 창도주 최제우가 처형되자 관의 추적을 피해 안동-평해-울진 등지로 은신하며 포덕 하고, 검등골로 돌아와 많은 도인들을 모아 창도주의 탄신향례를 봉행했다. 이때 최시형은 최초로 도인들에게 법설을 했다. 그 내용은 "사람은 한울이라 평등이요 차별이 없나니라. 사람이 인위(人爲)로써 귀천(貴賤)을 가리는 것은 곧 천의(天意)를 어기는 것이니 제군(諸君)은 일체 귀천의 차별을 철폐하여 스승님의 뜻을 계승하기로 맹세하라"는 이른바 '평등무차별(平等無差別)' 법설이다. 그뿐 아니라 이를 실천하기 위해 우선 도인 자신부터 적서의 차별을 두지 말라고 강조했다.

포항의 동학교도, 영해 봉기에 참여

1871년 이필제의 주도로 일어난 영해 봉기에 대해 아직도 역사적 명칭이나 견해가 학계나 사회에 완전히 정리되지 않은 듯하다. 그렇지만 최시형은 이 사건에 주도적으로 참여했고, 이로 인해 탄압의 중심에 놓이게 된 것만큼은 사실이다. 이에 대한 근거의 한 부분이지만, 포항 출신 동학 교도가 영해 거사에 참여했다가 8명이 희생되었다. 인근의 청하 출신 이국필(李國弼) 형제와 안 모(安某)가 일월산 교전 중 전사했고, 홍해 출신 박황언(朴璜彦) 백 모(白某)가 전사했다. 이 밖에 연일 출신 박 모, 천 모 2명이 사망했고, 장기 출신 1명이 영해부성에 입성할 때 전사했다.

주요 사적지

- ■ 최제우가 최초로 접주제를 실시한 곳: (현, 포항시 흥해읍 매곡동(매산리), 정확한 위치 불상)
- ■ 최시형 집터와 수련하던 곳: (현, 포항시 신광면 마북리 검등골, 올금당)
- ■ 해월 최시형 어록비: (현, 포항시 신광면에서 마북리로 들어가는 교차로 입구)
- ■ 흥해 대접주 박하선 집터: (현, 포항시 북구 흥해읍 매산리) 박하선은 최제우의 화결시(和訣詩)와 결(決)을 짓는 기록에 등장하는 수제자이다.

청송 동학 창도 시기부터 포교된 지역

청송은 동학 창도 시기부터 포교되었다는 기록이 있다. 이는 양구·인제·양양·영월·울진·평해·단양·영양·문경·안동·영해·청송·의성·영덕·상주·나곡·흥해·성주·신녕·경주·대구·청도·웅천·울산 등 주로 경상 동부 지역 포덕의 흐름에서도 가장 앞선 것이다. 특히 1860년 동학 창도 시기 포교 지역으로 청송과 인근 지역 신녕을 들었다.

그러나 기록으로 남아 있는 청송 지역의 동학 활동은 극히 단편적이다. 1871년 이필제의 영해 교조신원운동 가담자로 청송군 진보현 출신 정창학(鄭昌鶴)이 효수 당했으며, 이 사건으로 동로동 출신 이소사(李召史)가 관아에 붙잡혀 들어갔다는 기록이 보인다.

그 뒤로, 최시형이 1878년 인제군 남면 갑둔리 김현수, 조시철 가를 중심으로 2년간 포덕 활동을 했으며, 1880년 갑둔리에서 동경대전을 간행했다는 기록이 보인다. 그런데 이 기간 중인 1879년 10월 16일 최시형이 "청송 조시철 가에서 인등제를 지냈다"는 기록이 보인다. 이는 조시철이 최시형과 함께 여기저기 도피형 이사를 다니던 시기로 추정되며, 청송 지역에 동학이 재차 포교된 사실을 뒷받침한다.

인등제 보급은 동학 조직의 강화와 신앙심 고취

청송 지역 동학 활동은 인등제와 관련된 교단기록에도 나타난다. “해월이 민중과 공유하기 위해 인등제의 의식을 여러 차례 간소화했는데 정선, 인제, 청송은 물론 경주의 도인들도 인등제를 시행했다.”고 했다. 이후 인등제는 매년 10월과 11월, 그리고 4월에 정기적으로 시행되었다. 인등제의 보급은 동학 조직의 강화와 신앙심의 고취를 이끌어내, 간소한 제법으로 정성을 들이는 것은 실행하기에 용이했으며, 비용 부담도 크게 줄여 교도들의 참여가 잇달았다. 심지어 각지 도인들은 서로 자신의 집에서 인등제를 지내기를 원했다고 할 정도로 반응이 좋았다. 인등제는 해가 진 밤중에 행했으며, 장소는 실내가 아닌 장독대처럼 단(壇)이 있는 곳에서 행해졌다.

주요 사적지

■ 청송 지역의 동학농민혁명 시기 활동 자료는 거의 없다. 다만, 전날 예천 동학 지도자 박학래가 청송 보현산 속에 은거하다가 청송군수가 해결하지 못한 “기우제 제단 투장(偸葬) 사건”을 해결하고, 청송 의병 소모대장이었던 이국보를 만나 주고받은 이야기가 그의 저서 『학초전1, 2』에 전해진다. (영양 편 참조).

영덕 교조신원운동의 시발점, 영해 교조신원운동

"1871년 3월 영해 병풍바위에서 정체를 알 수 없는 무리한 수백 명이 머리에 갓을 쓰고 손에 죽창과 조총을 들고 영해부에 들어와 군기를 뺏고 관사에 불을 질렀다. (관군은) 세가 불리하여 이를 상대할 수 없었다. 사또는 목이 찔려서 죽고 관인도 빼앗겼다." 이는 1871년 3월 10일, 경상도 영해부(영덕군)에서 발생한 사건 서술이다.

최시형, 박하선이 영해 영덕 흥해로 포교에 나서면서 교세 성장

영해 지역에 동학이 유입된 것은 동학 창도 초기인 1861년 용담으로 찾아온 박하선(朴夏善)의 입도로 시작되었다. 그 이듬해 최시형이 영해, 영덕, 흥해 등지에 직접 포덕에 나서면서부터 이 지역에 동학 교세가 급속하게 확장되었다.

이로부터 10년 뒤인 1871년 4월 29일(음3.10), 최제우의 순도일을 맞아 전국의 동학교도 500여 명이 영덕군 창수면 신기2리 병풍바위 아래에 머리에 유건을 쓰고 청포를 입고 모여들었다. 당시 거사 장소를 "영해부 서면 우정동 병암(寧海府 西面 雨井洞 屛巖)"이라고 기록하고 있다. 가까운 곳에는 영해 접주 박하선의 집이 있었다. 박하선이 영해 관아의 탄압으로 죽임을 당하자 그의 아들 박영관이 거사에 앞장섰다. 이필제가 이끄는 동학농민군은 형제봉에 올라가 소를 잡아 하늘에 고하되 "세상의 민중이 바라는 인간 존엄과 가치를 찾는 인내천과 능력에 따라 평등을 이룩하려는 무극대도 동학의 후천개벽 이상 세계가 열리기를 축원" 했다.

지금까지 최시형이 이 거사에 소극적이었다고 알려진 것과 달리 최근 새롭게 밝혀진 바로는 당시 최시형은 천제를 주관한 것을 비롯하여 많은 동학교도들이 도록에 서명하는 동력을 제공하는 등 주도적이었다. 또 당초에는 이 봉기에 평해 근동 일부 지역에서만 참여한 것으로 알려졌으나 실제로는 경상도 여러 지역뿐 아니라 충청, 전라 심지어 서울에서도 참여했다는 사실이 확인되었다. 그뿐 아니라 중군 별무사, 집사 등 군 조직에 준하는 직제를 편성

영해부 터(현재 영해면 사무소). 영해사변 때 이곳은 동학농민군에 의해 점령되고, 부사 이정이 처단되었다.

하여 임무를 부여하고, 첩지까지 나누어 준 사실이 「승정원일기」와 안핵사 박재관의 보고 문서인 「교남공적」에 의해 확인되고 있다.

영해 관아 점령

제천 행사를 마친 동학교도들은 죽창과 몽둥이와 횃불을 들고 3시간가량 걸어 영해 관아에 도착했고, 울진 쪽 150여 명이 영해 읍에서 합류했다. 이들은 단숨에 영해 관아를 점령하고 당시 동학 교도 탄압을 일삼던 영해부사 이정의 죄를 물어서, 관아 뜰에서 처단하고 동학교도에게 포를 쏘아 교도를 살상시킨 수석 포교 또한 그 자리에서 함께 처단했다.

다음 날, 그동안 농민들로부터 수탈하여 관아에 비축된 재물을 풀어 영해 읍내 5개 동 빈곤한 사람들에게 나누어 준 뒤 영해 관아에서 자진 철수했다.

이들은 영양군 일월면 용화리 일월산으로 들어갔으나 곧바로 뒤쫓아온 관군에 포위되었다. 최시형과 이필제, 강사원, 김낙균 등

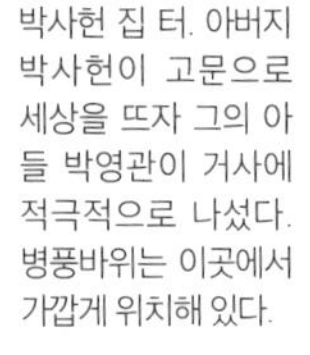

박사헌 집 터. 아버지 박사헌이 고문으로 세상을 뜨자 그의 아들 박영관이 거사에 적극적으로 나섰다. 병풍바위는 이곳에서 가깝게 위치해 있다.

지도부는 관군의 포위망을 뚫고 지금의 봉화군 재산면 갈산리 울연전으로 탈출하는 데 성공하여 단양으로 피신한다. 그러나 일월산 세력의 일부는 남쪽 영덕현으로 철수하다가 교전 중에 희생되거나 관군에 체포되어 효수 당한 사람, 물고(고문하며 취조하는 도중 사망)를 당하거나, 재판 후에 효수된 동학교도가 77명이었다. 당시 통상적인 민란에서는 나올 수 없는 많은 희생자였다. 그뿐만 아니라 거사에 참가한 동학교도를 끝까지 추적하여 참혹하게 살해했다는 기록이 안핵사 박재관의 보고 문서인 「교남공적」을 통해 확인되고 있다. 최종적으로 백 명 가까이가 사망하고, 수백 명이 유배형에 처해졌으며, 이로 말미암아 동학도인들은 길에서 마주쳐도 서로 모른 체하거나, 아예 교단을 떠나는 경우가 속출했다. 당연히 동학교도 세력은 일거에 위축되었다.

이필제와 영해 봉기 고찰

영해 봉기를 주도한 이필제를 중심으로 한 세력은 신지식인 계

영해 관아. 영해부사 이정은 근동의 농민 수탈로 원성이 높았고, 동학농민군의 표적이 되었다.

층이다. 그는 사족 출신의 몰락양반으로서 현실에 불만을 가지고 동학에 입도한 신지식인의 전형적인 인물이다. 동학 내부의 신지식인 세력은 최제우의 체포와 처형 과정에서 그 세력이 약해졌으나, 이필제는 사회 현실에 불만을 가진 상당수의 신지식인들을 다시 규합해 나갔으며, 1871년 무렵에는 최시형 중심의 신지식인 세력보다 더 큰 세력을 형성한 것으로 보인다. 최시형은 이 무렵 동학교단 내에서 도통 계승자이면서도 주도권을 확립하지 못했기 때문에, 이필제를 중심으로 한 세력에 설득되어 영해 봉기에 참여하게 되었다.

이필제와 그를 뒤따르던 동학의 신지식인 계층이 목표한 것은 표면적으로는 '교조신원'이었다. 최시형 등은 교조의 신원을 통해서 자신이 속한 '동학'이 당시의 신유학과 마찬가지로 당대의 민중들을 교화하고 사회를 이끌어 갈 수 있으며, 나아가 새로운 세상에 대한 비전을 제시하고 실현해 나갈 사상임을 인정받고자 했다. 그렇지만 이필제를 비롯한 다수의 주동자들은 교조신원이라는 종교적 동기보다 사회적 동기가 더 강했다. 주로 서얼출신 신향(新鄕) 세력인 영해 지역 동학교도들은 당시의 지배체제에 대한 비판의식이 강했고, 영해 봉기를 통해 이러한 불만이 표출된 것이다. 그러나 이필제를 중심으로 한 신지식인들은 영해 봉기의 실패로 대부분 죽거나 유배되었고, 동학교단 내에서 이들의 세력은 무력화되었다. 영해 봉기로 인해 동학교단이 입은 피해가 컸지만, 오히려 1871년 '영해 봉기'의 실패 직후 동학교단 안에서 최시형의 권위와 지위는 더욱 확고해진 것이다. 그러나 이는 결과론일 뿐, 영해 봉기의 실패로 인한 동학교도들의 피해는 막대했다. 교도들의 참상을 목격한 최시형은 종교적 동기보다 사회적 동기가 강한 신지식인들의 '집단행동'을 경계하며, '때'를 중요시하는 '용시용활(用時用活)'의 법설을 내렸다. 그리고 교도인들을 새로이 규합하기 위해 주문수련 등 '종교적 수련'을 강화하는 계기가 되었다.

영해 봉기 91명 희생자 중 33명이 영덕 출신

영해 봉기 참여자는 영해 지역 출신이 압도적으로 많았다. 희생자 91명 중 33명이 영덕 출신으로, 희생 내역을 보면 다음과 같다.

효수형 10명: 권두석(權斗石, 박영관의 사위)·권석중(權錫重)·권영화(權永和, 서면 가산 출신)·박기준(朴箕俊)·박영각(朴永珏, 박영관의 동생)·박영수(朴永壽, 박영관의 동생)·박한룡(朴漢龍)·박한태(朴漢太)·신화범(申和範)·한상엽(韓相燁)·임영조(林永祚)·강사원(姜士元, 姜洙, 姜時元 1885년 8월 충청감영에서 교형)

물고자 9명: 권재일(權在一)·권재화(權在華, 적변문축 기록)·김덕만(金德萬 북면 출신)·김명학(金明學, 보림리 출신)·김억록(金億录, 적변문축 기록)·박영관(朴永琯, 도원기서에는 朴士憲)·박종대(朴宗大)·신택순(申宅淳, 영해 이방)·장선이(張先伊, 장성진의 형)

교전 중 사망 12명: 권일원(權一元) 부자·박양언(朴良彦)·박지동(朴知東)·권덕일(權德一)·김씨(이름 미상)·박종필(朴宗必 각리 출신, 적변문축)·임만조(林蔓祚)·구일선(具日善)·강문(姜汶, 강사원의 동생)·김기호(金基浩)·임영록(林永祿, 적변문축)

한편, 이필제는 그해 8월 문경새재에서 재기를 모의하다가 체포, 서울로 압송되어 1871년 12월 23일 군기시 터에서 부대시 능지처사(不待時 陵遲處死)를 당하고 서소문밖에 사흘 동안 효시되었다. 그의 나이 47세였다.

최시형과 이필제의 관계

최시형과 이필제 두 사람의 관계에 대해서는 의견이 분분하다. 1825년 충청도 홍주에서 태어난 이필제는 영해 봉기(교조신원운동) 이전에 진천작변(1869), 진주작변(1870)을 주도했다. 영해 봉기 이후 조령작변(1871)의 주동자이기도 했다. 이 때문에 이필제에 대해 '직업 봉기꾼'이라는 평가를 내기도 한다. 그의 주장 중에 특히 눈에 띄는 것이 중국 대륙의 주인을 우리 민족으로 보는 독특한 논리다. "중원의 원래 주인은 단군"으로 주장하며, "단군의 맥이 한나라, 명나라, 그리고 나(이필제)에게로 이어졌다."면서 "(영해 봉기를 시발로 조선 왕조를 변혁하고) 중원을 정벌하여 고토(古土)를 회복하겠다"는 과대망상적인 주장을 펼치기도 했다. 영해 교조신원운동의 또 다른 주동자 최시형에 대해서는 "어쩔 수 없는 선택이었을 개연성이 높다."는 의견이 지배적이다.

주요 사적지

- 영해작변 싸움터: (현, 영덕군 영해면 성내리 671-1) 영해 관아는 1871년 3월 이필제와 최시형을 비롯한 동학교도들이 쳐들어와 영해부사 이정을 처단했다.
- 영해작변 사전 제사터: (현, 영덕군 창수면 신기2리 병풍바위 아래) 이곳에서 천고제를 지내고 흥해 관아로 쳐들어갔다. 이 밖에 창도주 최제우 재세 시기에 박하선이 영해 접주로 임명되어 동학이 일찍 뿌리내렸다.
- 박사헌 집 터: (현, 영덕군 창수면 신기2리 병풍바위 아래) 이필제는 이곳에 모여 모든 거사 계획을 세웠다.

영해 봉기 세력 최후의 전투지, 일월산 영양

영양 지역 동학 활동은 크게 해월 최시형의 도피와 포덕 활동, 영해작변 이후 일월산 전투로 요약된다.

영양 접, 최제우 재세 시기에 옥바라지 자금 마련

최제우가 대구 감영 옥에 갇혀 심문을 받고 처형당한 시기에 "1863년 12월부터 1864년 3월까지 안동과 영양 양접에서 500금을 마련했다."는 기록으로 보아 영양 지역에는 창도 시기부터 많은 동학교도가 적극적으로 참여한 사실을 알 수 있다.

상죽리, 최시형의 초기 도피처인 동시에 포교 근거지

동학의 도통을 이어받은(1863.8.14) 최시형은 최제우의 순도 이후 탄압을 피해서 일월산 아래 용화동의 상죽현(上竹峴, 윗댓치)에 은거한다. 1865년 3월 무렵으로 용화리의 윗대치로 최제우의 부인과 자녀를 데리고 이주했다. 그해 7월에 최시형의 부인 박씨가 자녀를 데리고 윗대치로 이주해 오자 최시형은 혼자 아랫대치로 내려가 거주했다.

동학 지도자 박학래가 만년에 거처하면서 동학농민혁명사와 뒷날 기록인 『학초전 1, 2』를 기술한 학초정(鶴樵亭)

1865년 10월 28일에 최시형은 최제우의 탄신일을 맞아 검곡에서 탄신 기념 제례를 올리며 "도인들은 반상(양반의 평민, 천민)의 차별과 적서의 차별을 타파하자"는 '귀천타파, 평등구현'을 강론했다. 이듬해 순도 기념 제례(3.10)에서 역시 "대선생님의 가르침을 몸과 마음에 깊이 새겨 평등 세상을 이루자"고 강론했다.

그해 가을 이후에 김덕원을 비롯한 많은 도인들이 윗대치로 이주해 왔다. 이 해(1866) 탄신기념제에 강수 등 많은 교도가 찾아오자, 봄과 가을 제사를 모시기 위한 계를 제안했다.

1867년 3월, 순도일을 맞아 김경화를 비롯한 많은 도인이 찾아와 제사를 위한 계를 정식으로 발족하였다.

1868년 4월 초순 영덕 김용여의 물질적인 도움으로 용화리 도인들의 형편이 좀 나아졌으며, 최시형은 거처를 마련하여 다시 윗대치로 올라와 동학의 재건에 힘쓰게 된다.

1869년 2월, 윗대치는 어느덧 동학교단의 중심지 역할을 하고 있었다. 강원도 양양에서 도인 최혜근과 김경서가 찾아와 강원도 일대의 포교 상황을 보고 하므로, 최시형은 3월에 도인 박춘서를 대동하여 양양으로 가서 10여 일 머물며 포덕하고 돌아왔다.

최제우 가족 강원도 양양으로 이주

1870년 10월, 교도의 출입이 빈번해지자 불안을 느낀 최제우의 장남 최세정이 어머니와 가족을 데리고 강원도 양양으로 이주했다. 이는 당시 최시형과 상의 없이 급히 이뤄진 일로, 최시형은 이주를 크게 염려하여 반대한 것으로 알려졌다. 결국 최세정은 관에 체포되어 강원도 양양옥에서 장살(杖殺) 당했다.

이 시기에 이필제가 여러 차례 사람을 보내 최시형을 면담코자 했지만 최시형이 번번이 거절하여 응하지 않았다.

영해로 들어가 이필제와 영해 교조신원운동 결심

1871년 2월 초, 최시형은 이필제도 만나고 영해 도인의 의견을 듣기 위해서 영해로 들어갔다. 결국 이필제를 만나 교조신원운동을 수락하고 돌아왔다. 1871년 3월 10일에 맞춰 영해 우정동으로 들어가 천제를 주관하고 거사가 시작되는 것을 보고 곧바로 영양으로 돌아와 거사 이후의 사태에 대비했다.

한편, 영해 관아로 쳐들어간 이필제는 부사 이정을 처단하고 일월산으로 후퇴했다.(이하 영해 편 참조)

이필제가 영해부에서 물러나 동학교도를 이끌고 상죽현(윗대

일월산 어귀에 위치한 윗대치. 이곳은 일월산 전투를 계획했던 곳이기도 하다.(사진 성강현 제공)

영양 송화리 다들바위. 해월 최시형의 기도처로 자주 이곳을 찾은 것으로 알려졌다..

치)으로 들어온 것은 3월 14일 저녁이었다. 최시형은 "이필제를 비롯하여 거사에 참여했던 교도가 도착하자 숙소를 배정한 뒤 15일 아랫대치에서 천제를 지내기 위해서 준비했다."고 했다. 그러나 영양 현감 서중보가 별포를 이끌고 대치에 도착한 것은 3월 15일 아침이었고, 영해에서 일월산으로 들어온 동학농민군의 근거지는 순식간에 포위됐다. 바로 치열한 전투가 전개되어 13명이 사살되고 수십 명이 포로가 되었다. 최시형과 이필제, 강사원, 김낙균 등 동학 지도부는 관군의 포위망을 가까스로 뚫고 탈출에 성공하여 봉화군 춘양을 거쳐 단양으로 피신했다.

1971년 6월에 최시형은 이곳에서 영양 접주 황재민을 다시 만났다는 기록이 있다.

영해 교조신원운동에 희생된 영양 동학교도

당시 영해 봉기에 참가하여 희생된 영양 출신 동학교도는 희생자 91명 중 8명이다. 이군협(李羣協)·이재관(李在寬)·최기호(崔基浩)·최준이(崔俊伊) 등 4인이 효수됐고, 신성득(申性得)·우대교(禹大敎)·이정학(李正學)·백 모(白某) 등 4인은 물고되었다.

그러나 갑오년의 동학농민혁명 시기에 영양 지역의 동학교도 활동 기록은 구체적으로 나타나지 않고 있다.

참고: 『학초전』. 저자 박학래(朴鶴來, 1864~1942)는 예천 동학 지도자로, 경상도 예천 순흥 경주 청송 영양 등지를 이주하며 살았다. 그는 동학농민혁명이 끝난 뒤 경주에서 자수성가하여 가산(家産)을 이룬 뒤 영

양에 있는 삼수당(三秀堂)을 인수하여 학초정(鶴樵亭)이라 집 이름을 바꿨다. 그가 쓴 필사본 『학초전1, 2』가 전해지는데, 이 책은 경상 북부 지역의 동학농민혁명의 경험이나 보고 들은 내용을 기록하고 있어서 경상북부 지역의 동학농민혁명의 실상을 잘 보여주고 있다. 2권의 마지막 내용으로 보아 3권을 기술(記述)한 것으로 보이지만 현재 전해지지 않는다. 3권은 앞의 내용으로 미뤄 경주군수 김윤란을 몰아내는 이야기와 이후 동학 활동, 그리고 영양읍 감천2리 학초정으로 이주한 과정이 기술됐을 것으로 추정된다. 『학초전1, 2』는 그의 손자 박종두(朴鍾斗)에 의해 세상에 알려졌다. 그는 필사본의 영인본과 해제본을 묶어 두 권의 책 『학초전 일 해(解)』와 『학초전 이 해(解)』를 펴냈다. 동학농민혁명기념재단은 이를 학계에 소개했다.(『학초전1, 2』, 『동학농민혁명 신국역총서3, 4』, 동학농민혁명기념재단, 2015)

주요 사적지

- 최시형 도피처 일월산 상죽현: (上竹峴, 현, 용화리 윗대치) 최시형의 은거지이자 이필제가 이끄는 동학농민군의 싸움터가 되었다.
- 영해작변 일월산 싸움터: (현, 일월면 용화리 일대) 일월산 전투로 동학농민군은 패산했다.
- 예천 동학 지도자 박학래 거처지 학초정(鶴樵亭): (현, 영양읍 지평길 39-4, 경상북도 민속자료 제64호) 박학래는 경주에서 가산(家產)을 크게 이룬 뒤 영양에 있는 조선 효종 때 건축한 삼수당(三秀堂)을 인수하여 학초정(鶴樵亭)으로 집 이름을 바꿨고, 여기서 『학초전1, 2』를 집필했다.

최시형의 은신처이자 동학 교단의 체계를 갖춘 곳 울진

울진군 죽변리는 최시형이 '영해 봉기' 이후 관에 쫓길 때 은거한 곳이다. 이곳에서 『동경대전』과 『용담유사』를 필사했으며, 최제우의 부인 박씨가 은거한 곳이기도 하다.(『天道教書』에는 죽변리를 죽병리(竹屛里)로 기록했다.)

창도주 순도 뒤 최시형의 은거지 죽변

최시형이 죽변에 들어온 시기는 1865년 정월이다. 최제우가 순도한 뒤 최시형은 대구를 탈출하여 안동 동학교도 이무중의 집에 기거하다가 영덕 거천리를 거쳐 평해 황주일의 집에 은신했다. 그러나 최시형을 추적하던 안동 포졸이 이무중을 체포하여 최시형의 행적을 추궁하는 급박한 상황에 이르자 울진 죽변으로 옮겨온다. 이때 함께 옮겨온 동학교도는 황재민, 전성문, 전덕원, 정치겸, 전윤오, 김성진, 백현원, 박황언, 권성옥, 김성길, 김계악 등이다. 이들은 최시형과 함께 생활했지만, 최제우가 순도한 뒤 동학에 대한 중앙 및 지방 관아의 강력한 금압 정책 때문에 동학 교도 활동이 자유로울 수가 없었다. 교인들 상호간에도 터놓고 인사조차 제대로 할 수 없을 정도였다.

죽변을 은거지로 택한 것은 경주와 대구로부터 멀리 떨어진 해안지역이어서 관의 지목을 피할 수 있었고, 동학교도들이 많아 경제적인 뒷받침이 가능했기 때문이다. 당시 울진의 동학 교세는 1871년 영해 교조신원운동 때 교도 150명이 참여한 것으로 미루어 매우 컸다는 사실을 알 수 있다.

영해 교조신원운동에 울진 평해 출신 11명 희생

지금의 울진군(당시 강원도 울진현 및 평해군)은 1871년 이필제 주도로 진행된 교조신원운동에 150여 명의 도인이 참가하여 11명이 희생되었을 만큼 동학 교세가 성했던 곳이다. 그렇지만 이 봉기 실패로 최시형은 그나마 불씨처럼 일으켰던 동학 교세가 다시 와해되는 아픔을 겪었다. 당시 울진 지역 희생자는 효수형 6명으로, 남기환(南基煥, 덕구리 26세), 손경석(孫敬錫, 관곡 23세), 전인철(全仁哲), 전정환(全正煥, 월야동 39세), 전동규(全東奎, 『도원기서』에 기록된 이름, 울진군 기성면 방률리 입구에 세워진 '全義哲의 추모비'에 본명이 '東圭'임), 황억대(黃億大) 등이다. 물고자는 김귀철(金貴哲 44세) 남두병(南斗柄 43세) 2명이며, 전영규(全永奎)는 자결했고, 남기상(南基祥) 김 모(金 某) 등 2명은 교전 중 사망했다.

상주 동관암 거주, 박씨 사모를 모시다

최제우가 순도한 뒤 박씨 사모(최제우의 부인)는 큰아들 세정과 같이 대구 관아에서 풀려나 잠시 경주 지동의 최세조 집에서 지냈으나 계속되는 관아의 지목으로 정상적인 생활이 어려웠다. 이에 단양 접주 민사엽의 주선으로 충청도 단양과 강원도 정선 문두곡 등지로 옮겨 다녔으나 민사엽이 병사하자 다시 위기에 놓이게 된다. 상주 도인의 안내로 다시 상주 동관암으로 이거했으나 10여 명의 식솔을 돌보아야 하는 박씨 부인은 생활고에 시달렸다. 그러던 중 최시형이 울진 죽변에 기거하고 있다는 소식을 전해 듣고 박씨 부인은 가솔을 이끌고 죽변으로 찾아왔다. 최제우가 순도한 뒤 처음으로 박씨 부인을 만난 최시형은 즉시 집을 마련하여 극진히 모셨다.

최시형의 은신처 죽변리 죽변힝(사진 성강현 제공)

2년 간 다양한 교단 활동 전개

최시형이 죽변에서 보낸 2년은 교단의 조직이 몹시 어려운 시기였지만 사가(師家)에 대한 보살핌은 물론 『동경대전』과 『용담유사』의 필사, 연중 네 차례의 49일 기도식 봉행, 정기적인 집회와 계 조직 등 다양하게 동학 교단 재건 활동을 펼쳤다.

최시형은 수운으로부터 전수 받은 경전을 항상 보따리에 싸서 지고 다녔다. 포덕을 위해 경전을 간행하여 보급하려 했으나 재정이나 주위 여건이 여의치 않아서 오랫동안 뜻을 이루지 못했다. 우선 여러 벌 필사하여 보급키로 했다. 당시 몇 부를 필사했는지 알 길 없으나, 죽변 인근에 최시형을 뒷바라지하던 교인이 많았던 것으로 보아 여기서 많은 양이 필사되었을 것으로 추정된다.

최시형이 울진에 머무는 동안 수행에도 정성을 들였다. 최제우 순도 뒤 관의 지목이 심해지자 밖으로 드러나는 활동보다 안으로 신앙심을 고취하는 수행에 중점을 두었다. 최시형은 1년에 춘하추동 네 차례씩 49일 기도를 봉행키로 하고 일반 도인들의 참여를 권유했다. 이어 동학 수행에 정기적인 의식을 갖추는 것도 중요하다고 보고 창도주의 탄신일과 순도일에 정기적인 집회를 갖고 이를 제도화했다. 그리고 이 모임을 계기로 1866년 10월 28일 창도주의 탄신기념일에 계를 조직하자고 발의했다. 그리하여 1867년부터 해마다 두 차례 집회 때 1인당 4전씩 갹출하여 기념식 비용으로 충당키로 했다. 당시 계원으로는 김경화, 김사현, 이원팔, 유성원, 김용여, 임만조, 구일선, 신성우, 정창국 등의 이름이 전해지며, 계의 장은 강수의 부친인 강정이 맡았다.

최시형은 죽변에 거처하는 동안 검등골 등지를 순회하면서 법설에도 힘썼다. 이렇게 최시형이 죽변에 거처하는 동안 교단의 새로운 전기를 마련하게 되자 이때부터 영해, 영덕, 영양, 상주, 문경 등지에서 많은 사람이 입도하면서 교세가 크게 중흥되었다. 이런 교세 확장은 뒷날 이필제가 주도한 영해 교조신원운동을 결심하는 중요한 계기가 되었다.

주요 사적지

■ 최시형이 은신처 죽변: (현, 울진군 죽변리, 위치 불상) 이곳에서 『동경대전』 및 『용담유사』를 필사하고 춘하추동 49일 기도를 봉행하는 등 교단을 정비했다.

■ 전의철 추모비: (현, 현 울진군 기성면 방율리, 마을입구) 전인철, 전의철, 전동규는 모두 동일인으로 추정되며, 평해의 현직 무관인 장교였다. 자신의 집 뒤편 대나무 숲에 대장간을 차려 놓고 무기를 만들었다.(이정로, 88세, 전해오는 이야기 증언) 전인철이 만든 무기(죽창 180개, 몽둥이, 장검, 화승총 따위)는 영해 교조신원운동 때 사용되었다.

보수 세력 결집으로 동학농민군 활동 위축 안동

『천도교창건사』에 "창도주 최제우가 순도하자 최시형은 대구를 탈출하여 안동 이무중의 집에 기거하다가 영덕 거천리로 갔다"는 기록으로 미루어 안동에는 최제우 재세 시기부터 동학교도가 있었다.

동학은 1861년 포교가 시작되면서 경주를 중심으로 한 경상도 지역에 급속히 확산되었다. 다음 해인 1862년에는 안동에도 접소가 설치되었다. 당시 안동 접의 역할은 포교에 국한되지 않았다. 최제우가 대구 감영에 구금되었을 때 옥바라지를 위해 각 접에서 자금을 마련했다. 1863년 12월부터 1864년 3월까지였는데, 안동과 영양 양접이 500금(金)을 마련했다. 최제우가 처형된 때가 3월 10일이니 안동 접에서 끝까지 창도주 최제우의 옥바라지를 맡은 셈이다.

『천도교창건사』에 따르면 당시 안동 접주는 이무중이었다. 이 시기에 이무중과 관련된 일화가 있다. 최시형이 안동으로 몸을 피했을 때 신변이 위급해지자 이무중은 포졸에게 뇌물 100여 금을 주고 영덕으로 피신시켰다. 이때 뇌물로 사용된 돈은 이무중이 자

안동 향교 명륜당. 동학농민혁명 당시 이곳에 동학농민군 3천 명이 모였다는 기록이 있다.

신의 논을 팔아 마련한 돈이었다.

그렇지만 1864년 3월 10일 최제우의 순도 이후, 경상도 동학의 세력은 급격히 약해졌다. 그나마 안동은 접주 이무중을 중심으로 명맥이 유지되었던 것으로 보인다. 이무중은 1871년 이필제의 '영해 교조신원운동'에 참여했기 때문이다.

안동 동학교도 영해 교조신원운동에 참여

1871년 영해 봉기에 참가자 처벌 기록에는 105명이 체포되어 처벌을 받으면서 마무리되었다. 체포된 사람 가운데 안동 사람이 4명이었고 체포를 면한 1명을 합하면 이무중 외에 안동 출신 동학도인 5명이 확인된다. 김천석, 장성진, 정계문, 정백원, 김영순이다. 이로 미루어 안동은 창도 초기부터 동학교도가 꾸준히 활동하고 있었던 것으로 보인다. 그리고 「취어」에 따르면 참가 규모는 구체적으로 알 수 없으나, 1893년 보은취회에 안동에서 동학교도가 참가했다는 기록까지 보인다.

동학농민혁명 시기 오천장터대회에 안동 동학교도 참여

1894년 동학농민혁명 시기 안동 지역 동학교도 활동은 기록이 많지 않다. 안동 동학농민군 활동의 시작은 예천과 가까운 가일마을에서 비롯된 듯하다. 당시 동학농민군 활동의 배경은 계속된 흉년과 탐관오리의 횡포를 들 수 있다. 특히 안동은 1890년부터 가뭄이 심각했고, 1892년에는 안동 곳곳에서 기우제를 지내기도 했다. 이러한 상황에서도 당시 안동부사 홍종영은 1893년 5월 부임한 뒤 수탈과 횡령을 계속했다. 그의 공금 횡령 방식은 공금을 유용하거나 사적으로 채무로 빌려가서 갚지 않는 방법이었다. 물론 이러한 방식은 안동부사뿐 아니라 영덕, 영해, 의흥 등 주변 여러 지역 수령들도 두루 쓰는 수법이었다.

안동 지역 동학농민군 근거지

안동 영장 김호준이 쓴 『영가기사』*에 따르면 안동 지역 동학농민군의 근거지는 구미, 풍현내, 풍산 및 서선 수동과 일직 안망곡·운산, 서후 저전, 북후 옹천, 감천현 등이었다. 구미는 일찍부터 도소가 설치되어 안동 영장 김호준이 경계하던 곳이었고, 나머지는 구미에 도소가 설치된 뒤에 접소가 만들어지거나 뒤늦게 파

---

* 『영가기사』는 1894~1895년 초까지 안동 영장을 지낸 김호준(1867~1914)의 일기이다. 속지에는 「화산일기(花山日記)」라는 제목이 있는데, '永嘉'나 '花山'은 모두 '安東'을 일컫는 옛 지명 이다. 내용은 안동 지역 동학농민군을 진압한 기록이다. 자신의 공을 내세우려는 의도에서 기록했지만 안동과 의성, 영덕, 의흥 등지의 동학농민군 활동을 엿볼 수 있다.

안동 관아터 웅부공원. 동학농민혁명 당시 안동 동학교도 활동은 보수 양반 세력에 의해 위축되었다.

악된 곳으로 보인다. 안동에 구미는 세 군데가 있다. 일직면 귀미리, 남선면 구미리, 풍남면 구미가 그곳이다.

김호준이 파악한 안동의 동학농민군의 근거지는 크게 세 군데다. 첫째 안동과 예천의 접경 지역으로, 이곳에서 동학농민군으로서 박학래, 김한돌과 같은 인물이 활동했다. 둘째 안동부 읍성 부근으로, 이곳에서 활동한 동학농민군은 소송과 관련해 송제수를 잡아들이는 활동을 했다. 셋째 접이 설치된 일직을 중심으로, 이곳에서 활동한 동학농민군은 영장 김호준과 도총소에 의해 진압되었다.

김호준이 동학농민군을 진압한 기록인 『영가기사』에서는 "(안동) 직곡(直谷)과 구미(九尾)에 접소가 설치되어 있었고"라고 기록했다.

동학농민혁명 초기부터 활동

박학래의 『학초전』에는 오천장터대회 상황을 상세하게 기술하고 있는데, "안동, 의성에서 조령, 죽령 이하의 각처 동학이 오천장

안동역에서 본 안동 시내. 이곳은 동학농민혁명 당시 완강한 보수집단 민보군의 활동으로 동학농민군의 활동이 위축되었다.

터에 모였다고 한다. '집결하지 않으면, 만일 아니 오는 도인은 벌을 받는다'고 해서 야단으로 모인다고 하였다…."고 하여 동학농민혁명 시기의 안동 지역과 안동 주변 지역의 동학교도 활동을 말해주고 있다.

안동에 들어온 동학농민군은 일정하게 사법권까지 행사했다. 동학농민군은 방문을 곳곳에 붙여서 "백성 중에 원통하고 억울한 일을 풀지 못했으면 법소에 와서 하소연하라."고 했다. 이 방문 내용에 따르면 송사가 동학농민군에게 맡겨진 것이다. 이 송사와 관련하여 잡아들인 인물은 안동부에 살고 있던 송제수였다. 송제수가 어떤 인물인지는 알려져 있지 않지만 안동부에 살며, 향리나 중인에 속하는 인물임을 짐작할 수 있다. 김호준은 송제수를 "너그럽기로 이름난 자"라고 평했지만 동학농민군 17명이 산송의 일을 핑계 삼아 잡아갔다는 사실로 보아 백성들과의 사이에서 산송의 일로 오랫동안 갈등을 빚고 있던 인물로 볼 수 있다. 김호준은 "동학농민군의 사법권 행사에 분노가 일어 차라리 죽고 싶었다"고 토로했을 정도로 보수적인 인물이다.

동학농민군 접소 터 금계 송야천 가. 이곳은 의성김씨학봉종택으로, 동학농민혁명 당시 이곳에서 동학농민군이 송사를 진행하는 등 사실상 행정을 맡았다.

동학농민군이 사법권 행사를 위해 모였던 곳은 금계 송야천 가였다. 그곳은 의성김씨학봉종택으로 들어가는 길목이었는데, 이곳에서 동학농민군이 사법권을 행사했다는 사실은 당시 수령이 없던 안동의 혼란스러운 상황을 보여주는 동시에, 김학봉 종택에서 그 행위를 암묵적으로 인정했다는 추측을 가능케 한다.

동학농민군은 스스로의 신분을 증명할 흑패와 행전, 표지를 가지고 있었다. 흑패는 묵패 또는 묵패자로 불리던 까막배자로 보인다. 이것은 세력 있는 사람이 미천한 사람을 부를 때 먹물도장을 찍어 보내던 패자이고, 행전은 말 그대로 먼 길을 다닐 때 사용한 돈이며, 표지는 증거의 표로 적은 글발의 종이다. 이것보다 더 중요한 것이 붉은 도장으로 서압을 찍은 글이다. 거기에 '어느 지역의 법소'라고 명확하게 쓰여 있어 중요한 증표가 되었다. 입도를 위해 무력을 사용한 일화도 있다. "소호 이중명의 둘째 아들"은 안동에서 영향력이 큰 "김도사의 장손"을 끌어들이려 했다. "소호"는 한산이씨 대산 종가를 말한다. 『족보』에서 찾을 수 있는 "이중명의 둘째 아들"은 이덕구이다. 당시 21세의 청년이었는데, '제폭구민', '척왜양'이라는 동학농민군의 구호에 동조한 것으로 보인다.

동학 탄압 세력인 보수 민보군 활동이 두드러져

1894년 8월, 안동의 이웃 고을인 예천 동학 지도부가 예천 보수 집강소에서 동학농민군 11명을 생매장한 사건이 벌어지자 인근 고을의 동학농민군을 연합하여 예천읍을 공격하기로 계획을 세웠다. 이에 따라 먼저 안동, 의성 두 고을 관아를 점령하여 무기를 탈취하기로 결정했다. 예천 동학농민군이 8월 22일, 23일 이틀에 걸쳐 의성과 안동을 치려고 나섰으나 이 지역 민보군의 선제공격으로 공격 계획은 미수에 그치고 말았다. 당시 안동과 의성에서는 전직 관리와 유생들이 민보군을 결성해서 읍내를 지키고 있었는데, 안동은 유생 곽종석이 민보군 도총소(都摠所)를 이끌고 있었다.

안동의 동학 두령 김병두와 동래 민영돈 부사

이런 활동과 거의 비슷한 시기인 1894년 8월 27일, 일본 총영사는 동래 부사가 동학농민군을 비호한 문제를 보고하고 있다. 일본 총영사는 "동학 두령인 안동의 김병두(金炳斗)와 하동의 최달곤(崔達坤)이 동래에 가서 민영돈 부사를 만나 접대를 받고 말 두 마리와 동전 2관(貫)을 받았다"고 했다.

동학농민혁명이 한창이던 9월에 호서의 유학자 서상철이 영남에 방문을 돌려 일본군의 궁성 난입을 신랄하게 통박하고, "팔도의 충의지사는 9월 25일 안동의 명륜당으로 모이라"고 방문을 사방에 보냈다. 그러나 정작 그 날짜에 집결한 것은 3천여 명의 동학농민군이었다. 이는 안동 지역에 동학교도가 그만큼 많았다는 반증이기도 하다.

1894년 12월, 안동 도총소에서 동학 지도자 처형

황묵이(黃默伊), 김한돌(金漢乭), 김서공(金庶公) 등이 동학농민혁명에 참여했다가 1894년 12월 민보 세력의 안동도총소(安東都摠所)에 체포되어 처형되었다는 기록이 전해지고 있다. 이는 동학농민혁명 초기에 동학군 활동을 진압하고자 결집한 보수 세력의 안동도총소가 위세를 떨치면서 이 지역 동학농민군 활동이 위축된 사실을 뜻하기도 한다.

주요 사적지

- 동학농민군 집결지(명륜당): (현, 안동시 송천동 1210, 산 54번지 일대) 갑오년 9월에 3천여 명의 동학농민군이 집결했다. 명륜동 342번지 일대는 안동시청 자리였으나 6・25 때 전소되어 1988년에 현재의 자리에 복원했다.
- 직곡 동학농민군 접소: (현, 안동시 북후면 월전리) 이 지역 동학농민군 활동을 짐작하게 하는 접소가 있었다.
- 구미 동학농민군 접소: (현, 안동시 예안면 도목리) 안동 지역 동학농민군 활동을 짐작하게 하는 접소.
- 금계 송야천 가 동학농민군 접소 터: (현, 안동시 서후면 금계리 856-2, 풍산태사로 2830-6) 의성김씨학봉종택으로, 동학농민혁명 시기에 근동의 동학농민군이 송사를 맡았다.

4인의 동학접주가 있었으나 활동 기록은 미상 영주

영주 지역 동학 활동에 대한 기록은 미미하다. 동학농민혁명에 참여한 접주로 김선재(金善在), 김화칠(金化七), 김재덕(金載德), 김기주(金基周) 4명이 거론된다. 그러나 이들의 행적에 대한 기록이 남아 있지 않다. 다만 동학농민혁명 당시 조정에 보고한 기록에는 "순흥 부사(順興 府使) 이관직(李寬稙)은 교활한 아전에게 맡겨 조세를 바칠 기약이 없고 적들(동학도)을 보호하여 사람들의 분노가 더욱 심하며…"라고 했다. 이는 순흥 부사와 아전이 동학교도에게 우호적인 태도를 취했다는 사실을 말해 준다.

주요 사적지

- 옛 순흥도호부 청사 봉도각: (현, 순흥면 순흥로 77번지) 옛 순흥도호부 청사 조양각 뒤뜰에 해당한다. 순흥 지역에 접주 4명이 참여자로 거론되지만 구체적인 활동 기록은 없다.

옛 순흥도호부 청사 봉도각(현, 순흥면 순흥로 77번지). 옛 순흥도호부 청사 조양각 뒤뜰에 해당한다. 순흥지역에 접주 4명이 참여자로 거론되지만 구체적인 활동 기록은 전해지지 않는다. 옛 순흥도호부 청사 자리에 공원이 조성되었다.

공원에 세워진 옛 순흥도호부 불망비석

옛 순흥도호부 관청 초석. 동학농민혁명 당시 순흥부사 이관직은 동학교도에 우호적인 인물이었다.

동학 지도자 권쾌남의 활동 봉화

봉화 지역은 참여자 기록에 "권쾌남(權快男)이 동학농민군 지도자로서, 경상도 봉화에서 동학농민혁명에 참여하였다가 1894년 11월 체포되어 경상도 안동으로 이감되었다가 1895년 1월 풀려났다."는 기록이 보인다.

이는 봉화 지역에 동학교도 활동이 있었다는 뜻이지만 구체적인 활동 기록은 전해지지 않는다.

상주 경상 북부 지역 동학 활동의 중심지

상주는 경상북부 지역 동학 활동의 핵심 근거지였다. 상주는 소백산맥을 경계로 충청도와 경상도가 나뉘는 지역인데, 최시형이 산세에 의지하여 도피하기 쉽기도 했지만 충청, 전라, 경상도 각 지역으로 교세를 확장해 나가기에 유리한 지리적 여건이었다.

상주의 동학 사적은 초기 최시형의 상주 포덕과 창도주 부인 박씨의 도피 과정, 최시형의 후기 포교 과정과 교조신원운동 추진 과정, 동학농민혁명 당시 집강소 운영과 후기 동학농민혁명 시기의 전투, 보수세력의 동학농민군 토벌 과정 등으로 살펴 볼 수 있다.

창도주 최제우 시기부터 동학 포교 전개

최시형이 창도 초기에 최제우로부터 포덕하라는 명을 받아 관의 기찰을 피해 포덕을 처음 시작한 곳이 상주였다. 보수 양반의 탄압을 피하기 위해 산골 마을을 중심으로 포교를 전개했다. 그렇지만 외서면 우산서원의 동학 배척 통문이 1863년 9월부터 돌기 시작했고, 상주 일대 유생들의 핵심 근거지인 도남서원에서는 동학을 배척하는 통문을 옥성서원에 보냈다. 상주 지역 보수층의 동학에 대한 저항은 초기부터 이토록 완강했다.

동관암은 창도주의 박씨 부인이 두 차례 은신한 곳

화북면 동관 2리는 북으로 속리산, 남으로 구병산이 둘러싸고 있는 외진 곳으로, 당시는 화전민이 고단한 삶을 의지해 살아가는 곳이었다. 이곳은 박씨 부인이 관의 추적을 피해 은신했던 곳이기도 하다. 「천도교서(天道教書)」에 "생계가 막막하므로 상주에서 동관음의 육생의 집에 이사하여 3개월이 지나지 않아…(1865년) 生計無路 故移遷于尙州東關南 陸生之家 不過三朔…", "신사가 죽병리로부터 예천 수산리로 옮기시니 이때 대신사 부인 박씨는 상주 동관음으로 옮기시다. (1867년) 神師 竹屛里로부터 醴泉 水山里에 移居하시니 是時에 大神師 夫人 朴氏는 尙州 東關岩에 移居하시다.…(1870년)…世貞이 其言을 甘聽하여 神師와 相議치 아니하고 곧 寧越 蘇密院으로 移居한지라 神師 聞하시고 憂色이 有하시더라."라고 하여 동관암에서 1865년과 1867년 두 차례 은거 생활을 한 사실, 그리고 1870년에 최시형과 상의도 없이 동관암을 떠나 영월로 이주한 사실을 기록하고 있다.

처음 동관암 생활은 육씨(陸氏) 성을 가진 사람의 집이었으며, 상주 교인인 황문규, 한진우, 황여장, 전문여 등이 뒷바라지했다. 그러나 동관암 생활도 여전히 불안하여 안전한 곳을 계속 물색하다가 최시형이 지내던 영양군 용화동 상죽현 윗대치로 옮겼다. 박씨 부인의 두 번째 동관암 생활은 3년 6개월 간으로 비교적 길었지만, 화전민 촌에서 장남 세정 내외와 둘째 세청 그리고 딸 셋 등

일곱 식구가 지내는 동안 극심한 생활고에 시달렸다. 이를 안 양양 교인들의 권유로 영월 소밀원으로 옮겼지만, 이때 장남 최세정이 체포되어 양양옥에서 장사(杖死)의 참극을 당했으니 결국 양양으로의 이주는 비극의 길이 되고 말았다.

상주시 화서면 봉천리 전성촌과 왕실촌

전성촌은 1885년 9월부터 1887년 3월까지 최시형이 머물면서 봄가을에 한 차례씩 49일 기도를 봉행했으며, 교도에게 사인여천의 생활화와 위생관념을 고취시키는 법설을 남겨 악질(콜레라)을

상주시 거리 풍경. 상주 지역은 최시형의 잠행 포덕지인 동시에 동학혁명 시기에는 동학투쟁활동이 활발하게 전개되었다.

면케 함으로써 민중들이 동학에 앞다투어 입도했다. 최시형이 이곳에 머무는 동안 아들 덕기가 혼례를 올렸으나 김씨 부인이 환원하는 아픔도 겪었다.

이후 최시형은 충청과 호남 지역을 두루 순방하며, 특히 보은 장내리에 동학 대도소를 설치하여 전국의 동학도들을 결집시켰다. 그러자 최시형은 다시 관의 추격을 받게 되었고, 최시형은 전성촌 인근의 왕실촌으로 피신하게 된다.

최시형이 왕실촌에 다시 머물게 된 것은 『천도교회사초고(天道教會史草稿)』에 "1892년 5월에 신사 김주원(金周元)의 주선(周旋)으로 상주군(尙州郡) 왕실촌(旺實村)에 이거(移接)하시다."라고 기록되어 있는 것으로 보아 1893년 10월까지 약 17개월을 머물면서 공주교조신원운동을 비롯하여 삼례교조신원운동, 광화문 복합상소, 보은취회와 같은 교조신원운동을 계획하거나 지휘하던 총본부 격인 대도소 역할을 했다. 이 시기에 최시형은 손씨 사모와 큰아들 덕기(德基) 내외가 함께 생활했다. 그렇지만 최시형을 왕실촌으로 주선한 김주원이 어떤 인물인지에 대해서는 알려진 바 없다.

서장옥 서병학 강경파 내왕과 공주 삼례 신원운동 전개

최시형이 왕실촌으로 옮겨 온 지 얼마 되지 않아 서장옥(徐章玉, 일명 徐仁周), 서병학(徐炳學) 두 사람이 찾아와 창도주 최제우의 신원운동을 전개할 것을 간청했다. 그러나 최시형은 이들에게 자중하도록 당부했다. 이는 1871년 영해 교조신원운동 때 많은 교인의 희생을 뼈저리게 체험했기 때문이다. 서장옥은 1885년 9월 화

봉촌리(앞재)에서 본 마을 전경. 최시형은 이곳에 은거하면서 교단 일을 계획하거나 실행했다.

령 전성촌(봉촌리, 앞재)에서 기거할 때부터 최시형을 뒷바라지했던, 신임이 두터웠던 인물이다. (서병학은 뒷날 동학을 배신했다.) 이들은 계속해서 신원운동 전개를 요청했다. 각지에서 동학교도들에 대한 지목이 극심해지고 그에 따른 피해도 속출하고 있었기 때문이다. 최시형은 결국 교조신원운동을 허락하고, 서장옥과 서병학은 호서(충청)지역 동학교도를 중심으로 공주신원운동을 전개했다.(1892.11) 최시형은 공주교조신원운동을 전개한 뒤 사태의 추이를 지켜보다가 급기야 경통(敬通)을 돌려 동학교도에게 적극적인 신원운동 참여를 독려하고 삼례역에 도회소(都會所)를 다시 설치했다.

최시형은 공주취회에 이어 삼례취회(1892.12)를 지휘했고, 계속해서 광화문복합상소(1893.2)와 보은취회(1893.3)를 잇따라 열어 동학혁명의 동력을 키워 가게 된다.

상주 지역 동학 포교 활동과 투쟁

상주 지역 동학 포교는 1860년대 창도 초기에 이루어져 교세가 확장되었다가, 1870년대 영해 교조신원운동으로 위축되었다. 이후 해월 최시형의 포교 노력으로 1880년대에 다시 교세가 확장되었다. 상주 31개 면 가운데 동학 세력이 특히 강력했던 지역은 중화(화북 화서 화동 모서 모동)의 각 면이었다. 이 중 하부 조직을 통제하던 마을이 덕곡, 임곡, 용호, 사제, 대곡, 왕곡 등지였다. 덕곡의 동학농민군 지도자는 접주 신광서 정기복인데, 이들은 1894년 여름이 되면서 동학 지도자로 부각된다. 모서 지역에서는 김현영(金顯榮), 현동, 현양 3형제가 걸출한 동학농민군 지도자로 부각된다.

9월, 상주 동학농민군 상주 읍성 점령과 일본군 출동

상주의 동학농민군이 무장을 강화한 시기는 1894년 6월 말부터였으나 이 시기에는 보수세력과 이렇다 할 충돌은 없었다.

9월 18일 최시형의 재기포령이 떨어져 호서·기호 각 군현의 동학농민군이 보은, 청산, 옥천, 영동, 황간 지역으로 집결하고 있을 때 상주 지역은 읍성 점거를 시도하고 나섰다.

9월 22일, 상주, 선산 관아가 별다른 충돌 없이 동학농민군에 의해 점거되었다. 상주 읍성 점거에는 상주를 비롯하여 함창, 예천의 동학농민군이 합세했고, 선산읍성 점거에는 김산의 동학농민군이 공격에 합세했다.

당시 상주성 점령 상황을 상고할 필요가 있다. 당시 상주목에는 진영도 있었고, 관포대 100명이 수성군으로 있었지만 엄청난 수의 동학농민군 앞에서는 속수무책이었다. 동학농민군이 몰려오자 상주목사 윤태원은 물론 호장 박용래, 이방 김재익을 비롯한 향리들이 성을 버리고 달아났다. 관아를 점령한 동학농민군은 객관에 지휘부를 설치하고 관아의 무기로 무장했다.

일본군과 읍성 전투, 상주 동학농민군 패퇴

낙동 병참부의 일본군이 상주에 출동한 것은 9월 28일 10시경이었다. 화력이 우세한 일본군이 조교(弔橋)를 사용하여 성벽을 넘어 총을 쏘고 들어가자 동학농민군은 100여 명의 사망자를 내고 흩어졌다.

1894년 10월 3일, 함창현 동박에서 일본 대봉수비병과 동학농민군의 전투가 벌어졌지만, 이 전투 역시 일본의 신무기에 밀려 동학농민군이 패퇴했다.

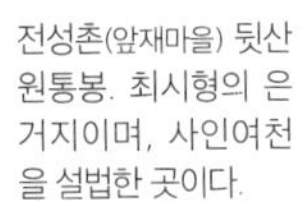
전성촌(앞재마을) 뒷산 원통봉. 최시형의 은거지이며, 사인여천을 설법한 곳이다.

일본군이 물러가자 민보군 토벌전에 나서

일본군에 의해 수복된 상주 읍성은 바로 향리들이 장악했다. 동학농민군의 읍성 점거를 막지 못한 상주목사 윤태원은 가평 집으로 도망가서 돌아오지 않았다. 관례상 진장 유인형이 성주를 겸했지만 관아의 실질적인 행정을 장악한 향리들은 동학농민군의 재차 공격에 대비하여 민보군 결성을 서둘렀다.

9월 22일, 조선 정부는 도순무영을 설치하고 경군과 함께 일본군을 남하시키면서 동학농민군을 압박하는 한편 각지에 토포사, 소모사, 소모관, 조방장, 별군관 등을 임명하여 본격적인 동학농민군 진압에 나섰다. 9월 29일 영남소모사로 임명받은 정의묵이 의정부의 관문을 받은 것은 10월 17일이었다. 정의묵은 다음날 우산리의 종가를 떠나 상주 읍성에 들어와 먼저 소모영의 직제를 편성하고 운영 원칙을 공포한 뒤 향리들이 주도하고 있던 민보군의 군권도 접수했다. 이때부터 상주 보수 지배층이 모여들어 소모군이 결성되었다. 상주 민보군은 박명현, 강진규, 차재혁을 중심으로 민정 500여 명이었다. 그들은 읍성의 4대문을 지키면서 동학농민군 토벌에 나섰다.

이로써 소모군의 동학농민군에 대한 가혹한 토벌전이 전개된다. 화남면 임곡리의 강선보, 외남면 하병리 강홍이, 공성면 소리 김경준이 잡혀서 수감되었다. 이들은 태평루에 자리 잡고 체포한 동학농민군을 처형했다. 특히 유격장을 자처하고 나선 김석중은 유격병대를 이끌고 모동, 모서, 공성, 화동, 화서, 화북, 중화, 심지어 충청도 보은, 청산, 영동, 옥천 등지까지 진출하여 닥치는 대로 동학농민군을 학살했다.

김석중은 보은 북실 전투에서, 공주 전투에서 패하고 전라도까지 후퇴했다가 호남 동학군과 갈라져서 올라온 2,600여 명의 호서 동학농민군을 학살했지만 그의 전공은 조선 정부로부터 인정받지 못했다. 그 이유는 충청도 청산에서 읍리를 포박하고 현감 조만희를 문책한 사건이나, 너무 많은 인명을 자의적으로 포살했다는 것 외에도 소모사나 정부의 허락 없이 유격장, 종사관 등의 명칭을 함부로 사용했다는 것이다. 그래도 김석중은 일본 측의 추천으로 이듬해(1895) 안동관찰사로 나갔지만 동학을 했던 의병장 이강년에 의해 처단되어 머리가 문경 농암장터에 내걸렸다.(이하 문경 편 참조)

상주성에서 물러난 동학농민군 활동

상주 읍성에서 퇴각한 동학농민군의 일부 주력은 보은에 대도소를 둔 동학교단 주력군에 합류하여 남접 동학농민군과 연합하기 위해 논산으로 이동하고 있었다.

상주에 남았던 대접주 김현영은 구팔선 등과 함께 재기포를 위해 통문을 돌렸지만 이전과 같은 호응은 없었다. 민보군에 의해 상주 동학농민군의 기세가 급격하게 꺾인 것이다. 그렇지만 보은, 황간, 영동 방면에 둔취한 북접 관할의 동학농민군들이 여전히 관아를 습격하고 병기를 탈취하여 반가를 침탈하고 있다는 소문이 들리는 상황이라 상주의 보수 지배층은 두려움에 떨고 있었다.

상주 소모영의 활동

11월에 접어들면서 보은, 황간, 영동 일대에 집결했던 손병희 휘하의 호서 동학농민군과 전봉준이 이끄는 호남 동학농민군이 논산에서 연합하여 공주성 공략에 나섰으나 우금치 전투에서 패하고, 김개남이 이끄는 호남의 동학농민군이 청주성 공략에 나섰다가 역시 패했다는 소식이 연이어 들어왔다.

11월 3일 일본군이 상주에 들어와 소모영과의 협력을 약속하자 소모사 정의묵은 이에 힘입어 동학농민군에 대한 선무 공작과 본격적인 토벌전에 나섰다. 이때 '상주 소모영의 선무로 귀화한 농민의 수는 1,630명이나 된다.'고 보고했다.

동학농민혁명이 끝난 뒤 최시형이 마지막으로 들렀던 높은터

최시형과 상주의 인연은 깊었다. 최시형은 동학농민혁명이 끝난 1896년 7월부터 화서면 높은터에 2개월 정도 은신했다가 은척리로 피신했다. 최시형에게 은신처는 늘 막다른 골목의 선택이었지만, 최시형이 높은터를 찾았을 때는 동학농민혁명의 실패로 참혹하게 죽어간 동학교도의 원혼이 도처에 떠돌고 있을 때였다. 관의 추적까지 극심해져서 최시형이 높은터에 왔을 때는 거의 혈혈단신이었다.

참여자 기록을 통해서 본 동학농민혁명 참여자

상주지역 동학농민혁명 참여자는 몇 유형으로 나뉘는데, 예천, 상주, 함창, 용궁, 문경 등 인근 지역을 넘나들면서 활동하거나, 다른 지역에서 들어와 상주성 함락에 참여하기도 했다. 그렇지만 상주에는 김석중이 이끄는 민보군의 잔혹한 토벌로 많은 동학농민군의 희생이 뒤따랐다. 대표적인 인물과 활동은 다음과 같다.

ㅁ고준일(高俊一), 최원백(崔元白)은 예천, 상주, 함창, 용궁, 문경 등지에서 활동했다.

ㅁ이관영(李觀永, 상공 대접주), 정한(鄭汗), 박시창(朴時昌), 김항우(金項羽), 정기복(鄭奇福, 접주), 신광서(辛光瑞 접주), 안치서(安致瑞), 김복손(金福孫), 김현양(金顯揚) 등은 상주 지역에서 활동했다는 기록이 있으며, 김노연(金魯淵 접사), 박현성(朴顯聲), 권순문(權順文 접주)은 예천읍성을 공격에 참여했고, 상주 객관(客館)을 점령하는 데도 참여했다.

ㅁ김현동(金顯東)은 상주 및 영남 북서부의 동학 조직을 관할하는 대접주로서, 그의 동생 김현영(金顯榮)과 아들 김규배(金奎培)와 함께 동학농민혁명에 적극적으로 참여하여 상주 읍성 점령 싸움과 보은 전투에 참여했다.

ㅁ송병호(宋秉浩)는 팔도대장으로, 청산 장군재 전투에 참여한

상주 화령 장터. 수운 재세 시기에는 이곳을 지나갔고, 동학농민혁명 시기에는 동학농민군의 처형장이 되었다.

뒤 경북 상주군에 거주하는 딸의 집으로 피신했다가 관군에게 체포되었다. 이후 서울로 압송되어 처형되었다.

이 밖에 상주지역에서 1894년 9월부터 이듬해 초까지 동학농민혁명에 참전하여 붙잡혔다가 풀려나거나 처형된 이는 60여 명이며, 다음과 같다. 박기준(朴基俊), 김순여(金順汝), 전명숙(全明叔), 김순오(金順五), 권화여(權和汝), 조중첨(趙仲僉), 박방을(朴方乙), 조군섭(趙君涉), 정천여(鄭千汝), 윤광주(尹光周), 이공익(李公益), 이태평(李太平), 이규삼(李圭三), 전오복(全五福), 신윤석(申允石), 이상신(李尙信), 김사문(金士文), 지상록(池尙?), 김유성(金有成), 안소두겁(安小斗劫), 김경학(金慶學), 김홍업(金興業), 박효식(朴孝植), 엄용여(嚴用汝), 윤경오(尹景五), 최인숙(崔仁叔), 박화실(朴和實), 박창현(朴昌鉉), 배춘서(裵春瑞), 이도생(李道生), 권화일(權和一), 박기봉(朴起奉), 이득이(李得伊), 억손(億孫), 남계일(南戒一), 장판성(張判成), 이의성(李義城), 최선장(崔善長), 손덕여(孫德汝), 이용복(李用卜), 김철명(金哲命), 강만철(姜萬哲), 김달문(金達文), 원성팔(元性八), 김민이(金民伊), 김자선(金子仙, 異名: 子先, 대접주), 서치대(徐致大, 접사), 정순여(鄭順汝, 접주), 조왈경(趙曰京, 충경접 편의장), 유학언(兪鶴彦), 이화춘(李化春), 남진갑(南眞甲), 구팔선(具八先), 김경준(金京俊), 강홍이(姜弘伊), 강선보(姜善甫)

주요 사적지

- 높은터 최시형 은거지: (현, 상주시 화서면 하송리) 1896년 3월 초에 높은터(高垈) 깊은 산중으로 이거했다.
- 앞재 마을 최시형 은거지: (현, 상주시 화서면 봉촌리 전성촌(앞재)) 최시형이 이곳에서 사인여천을 설법했다.
- 윗왕실 최시형 은거지: (현, 상주시 공성면 효곡로 429-33) 이곳에서 공주 · 삼례, 광화문복합상소, 보은취회 등 교조신원운동을 지휘했다.
- 동관암 박씨 부인 은거지: (현, 상주시 화남면 동관2리) 창도주 수운 최제우 순도 이후 큰아들 세정과 도피 생활을 했다.
- 모서 동학농민군 지도자 김현영 집터: (현, 상주시 모서면 삼포리 164, 165번지) 모서 동학농민군 지도자 김현영의 집터이자 모서 동학농민군의 본거지였다.
- 상주 동학교당: (현, 상주시 은척면 우기리 728번지) 동학교당 건물과 유물전시관에 동학 및 동학농민혁명사 관련 유물이 전시되었다.
- 상주 동헌 향청: (현, 상주시 인봉동 90) 동학 집강소인 동시에 민보군 집강소, 1894년 9월 20일, 이 지역의 동학농민군이 기포하여 점령한 곳이며, 일본군이 탈환하여 동학농민군이 물러가자 상주 소모영이 설치되어 동학농민군 토벌을 진두지휘했다.
- 상주 왕산 공원: (현, 상주시 서성동) 동학농민혁명 당시 상주 읍성에서 큰 전투를 치렀다.
- 태평루 동학농민군 처형 터: (현, 상주시 남성동 1-4, 1-129, 태평루와 상산관, 유형문화재 제157호) 상주 동학농민군이 점령했고, 동학농민군과 전투 끝에 읍성을 탈환한 일본군이 물러가자 민보군은 동학농민군 토벌에 나섰다. 태평루터에 표지석이 있고, 싱신관과 태평루 모두 〈상주임란북천전적지〉기념공원으로 이전되었다.
- 강선보 머리무덤: (현, 상주시 화남면 임곡리) 강선보가 포도대장(布道大將)으로 활동하다가 처형되자 그의 어머니가 잘린 머리를 치마에 싸서 돌아와 임곡 마을 입구에 묻었다.
- 광주원 처형 터: (현, 상주시 화남면 상용리 588-16) 보은 접주 원성팔(元性八), 상주 동학농민군 김달문(金達文), 강만철(姜萬哲), 김철명(金哲命) 등이 처형됐다. 화남에서 화서 방면으로 1킬로미터 정도 가다가 오른편 도로변 감나무밭이 광주원 터.
- 중모장터 처형지: (현, 상주시 모동면 용호리 50번지 1호) 모서 모동 지역의 동학농민군 지도자들이 총살되었다.
- 남사정 학살 터: (현, 상주시 남성동 118-1, 118-4, 118-3, 140-3 일대, 상주시청, 상주문화원, 상주도서관 자리) 동학농민군들이 처형된 장소이다.
- 화령장터 처형장: (현, 화서면 신봉리 153-1, 153-2 일대) 소모영의 유격장 김석중에 의해 안치서, 김자선, 서치대, 정항여 등이 포살되었다.
- 낙동 일본군 병참소 터: (현, 상주시 낙동면 낙동리 111, 낙동파출소) 일본군 병참소가 설치되었다.
- 동학농민혁명 100주년 기념상: (현, 상주시 가장동 경북대 상주캠퍼스 인근 국도)
- 상주 동학농민혁명기념비: (현, 상주시 무양동 북천교 남단 동쪽 천변 공원) 〈상주동학농민혁명기념사업회〉를 비롯한 시민들이 상주지역 동학농민혁명을 기념하여 조성하였다.

이필제의 열망의 불꽃이 꺼진 땅 문경

문경새재와 유곡리는 창도주 최제우의 고난의 자취가 서린 곳

조령(鳥嶺=일명 새재)은 경상북도 문경시와 충청북도 괴산군이 경계를 이루는 해발 610미터 고개이다. '새재'는 '새들도 날아 넘기 어려운 고개' 또는 '억새풀이 많이 우거져서' 유래된 이름이다.

『천도교창건사(天道教創建史)』에 "…정구용(鄭龜龍-鄭雲龜의 오기: 필자 주)은 조령(朝令)을 받고 다시 대구영(大邱營)으로 향할새 조령(鳥嶺)에 이르매 도제(徒弟) 수천인(數千人)이 (최제우가 다시 대구 감영으로 내려간다는) 소식 듣고 산상(山上)에 모였는지라 대신사 도제(徒弟)들에게 일러 가로되 "'나의 차행(此行)은 천명(天命)에서 나온 것이니 제군(諸君)은 안심하고 돌아가라' 하시매 도제들은 좌우로 분립(分立)하야 사배(四拜)하고 눈물로써 보내었었다."고 했다.

경주 용담에서 최제우를 체포하여 한양으로 압송하는 행렬이 과천에 이르렀을 때 국상으로 인해 대구영으로 되돌아가 취조하라는 명을 받고 압송 행렬은 발길을 돌렸다. 일행이 문경새재에 이르렀을 때 이 소식을 들은 동학교도 수천 명이 문경새재에 모여들었다. 최제우는 제자들에게 "나는 천명을 믿고 천명을 따를 뿐이다. 내가 오늘 이 길을 걷는 것 역시 천명이니 너희들은 안심하고 돌아가 수도에 힘쓰라"고 제자들을 달래니 제자들은 눈물은 흘리면서 좌우로 나누어 최제우에게 절을 한 뒤 길을 터주었다. 결국 이는 최제우가 제자들을 향한 마지막 설법이 된 셈이다.

유곡동(裕谷洞)은 새재에서 점촌 방향으로 18킬로미터 거리에 있다. 압송 행렬은 당시 유곡동 원에서 묵었다. 현재 유곡동은 원터를 찾아보기 어려울 정도로 변했다. 최제우는 그해 마지막 밤인 12월 29일을 유곡동 원에서 보내고 다음날 정월 초하루에 죽음의 땅 대구 감영으로 발길을 재촉했다.

문경 농암장터. 의병대장 이강년은 을미년에 동학농민군 수천 명을 학살한 공으로 안동관찰사가 된 김석중을 이 장터에서 효수했다.

이필제가 체포된 곳

문경새재는 1871년 봄에 영해 봉기를 주도했던 이필제가 영양 일월산에서 패하고 단양으로 숨어들었다. 이필제는 그해 8월 재기를 노리던 중에 거사 계획이 사전에 발각되어 이곳에서 체포되었다. 이필제는 한양으로 압송되어 모진 취조 끝에 서소문 밖에서 처형되었다.

의병대장 이강년과 동학

의병대장 이강년은 1894년 동학농민혁명 당시 문경 동학농민군의 지휘관이었다. 1895년 을미사변이 발생하자 의병을 일으켜 제천에서 류인석의 의병과 합류하여 유격장(遊擊將)이 되었다. 이강년은 상주 유격장으로 동학농민군 토벌에 공을 세워 안동관찰사로 부임된 김석중의 목을 베어 농암장터에 매달았다.

문경시 산양면 어귀(위치 불상). 1894년 8월 21일, 경상 북서부 13접주가 산양취회를 열어 예천 보수집강소에서 동학농민군 11인을 생매장한 사건 수습에 나섰다.

문경 소야리(당시는 문경군에 속했으나 현재는 예천군). 최맹순 대접주가 거주했던 마을

문경 유곡동 역원 터. 최제우는 서울로 압송되었다가 과천에서 국상(國喪) 소식으로 발길을 돌렸다. 최제우 일행은 문경새재를 거쳐 유곡원에서 하루를 묶고 순도의 땅 대구로 들어갔다.

조정의 문경 지역 정황 보고

『고종실록』에서 동학농민혁명 당시 문경 부사를 지역 방어에 힘쓴 공을 인정하여 진급시킨다. 곧 "문경 부사 김정근(金禎根)은 군사를 훈련시키고 약속을 정한 결과 간사한 무리들이 모두 숨어 버렸으니 수사(水使)의 이력을 허용하도록 할 것입니다…"라고 했다. 이는 문경의 동학농민군이 활동할 빌미를 주지 않았다는 뜻이다. 동학농민혁명 시기인 9월 28일에는 문경 동쪽 5리 지경에 있는 석문(현 문경시 산북면)에서 동학농민군과 관·일본군이 전투를 벌였다는 기록이 있다.

참여자 기록을 통해서 본 동학농민군 활동

ㅁ 고준일(高俊一), 최원백(崔元白)은 동학농민혁명 당시에 예천, 상주, 함창, 용궁, 문경 등지에서 활동했다.

ㅁ 최맹순(崔孟淳), 장복극(張卜極, 접사), 최한걸(崔汗杰)은 1894년 11월 21일 경상도 문경 벌천(伐川)에서 부병(部兵)에게 체포되어

문경 석문리 전투지. 소야리 동학대접주 최맹순 부자는 이곳 석문정을 중심으로 전투를 벌여 재기를 노렸으나 사로잡혀 예천에서 처형됐다.

다음날 총살되었다. 특히 최맹순은 예천 소야의 동학농민군 지도자이며, 최한걸은 그의 아들이다.

□ 박화실(朴和實)은 동학농민군 지도자로서 1894년 경상도 상주에서 동학농민혁명에 참여했다가 피신한 뒤 문경에서 살해됐다.

□ 채홍우(蔡洪禹)는 1894년 동학농민군에 참여하여 예천 지역에서 민보군 및 일본군과 싸우다가 8월 28일 전투에서 전사했다. 경북 문경시 산북면 석봉리 채홍우의 분묘가 있다.

□ 전기항(全基恒)은 1894년 예천 지역 동학농민군에게 군량미를 제공한 뒤 행방불명됐다. 활동 지역은 예천과 문경 일대였다.

주요 사적지

- 최제우의 행적과 이필제 피체지 새재: (현, 문경시 문경읍 새재로 1156, 상초리) 동학교도가 창도주 최제우의 호송 수레를 막아섰으나 "내가 가는 길은 천명"이라는 설법을 남겼으며, 이필제가 거사를 획책하다가 체포된 곳이다.
- 최제우가 묵었던 유곡동 원 터: (현, 문경시 유곡불정로 154, 문경북초등학교 자리) 최제우가 과천에서 발길을 돌려 경상 감영으로 들어가기 전 섣달그믐에 이 원에서 묵었다.
- 산양 집회 터: (현, 문경시 산양면, 위치 불상) 1894년 8월 21일, 경상 북서부 13접주가 산양취회를 열어 예천 보수집강소에서 동학농민군 11인을 생매장한 사건 수습에 나섰다.
- 석문리 전투지 석문정: (현, 산북면 이곡리 113번지) 1894년 8월 29일, 관동 대접주 최맹순이 관군과 전투를 벌였으나 피체되어 처형됐다.
- 소야리 동학농민군 근거지: (현, 문경시 산북면 소야리) 1880년대 중반부터 접주 최맹순의 동학 포교의 근거지이며, 1894년 3월부터 동학의 접소를 설치하고 사방의 동학농민군을 규합했다.

경상 북서부 지역 최대 동학농민혁명 전투지 **예천**

예천의 동학은 1880년대 최시형이 보은, 상주, 예천 지역에 포덕하면서 교세가 급속히 확장된 것으로 보인다. 최맹순은 강원도 평창에서 이주해 온 소야리 사는 옹기장수로, 공공연히 접을 조직하여 교세를 키워 예하에 7만 여 동학교도를 거느렸다.

최시형, 박해를 피해 예천 수산리에 은거

1866년 병인양요 이후 최시형은 관의 지목이 강화될 것을 예감하고 모든 동학교도들에게 은신을 명했다. 『천도교서(天道教書)』에도 "(1867년) 신사(神師) 죽병리(竹屛里)로부터 예천(醴泉) 수산리(水山里)에 이거(移居)하시니 이때[是時]에 대신사 부인 박씨(朴氏)는 상주(尙州) 동관암(東關岩)에 분거(分居)하시다"라고 하여 두 해 동안 머물던 죽변이 더 이상 안전하지 못하여 최시형은 예천 수산리로, 박씨 사모는 상주 동관암으로 옮겨 갔다.

수산리는 현재 경북 예천군 풍양면 고산리로, 풍천 저수지를 가운데 두고 고산1동과 2동으로 구분되고 있다. 뒤쪽에는 그다지 높지 않은 건지봉이 있다. 최시형은 관의 탄압을 피해 이곳에서 한해 정도 은거하면서 「내수도문」을 반포했다.

1867년 당시 수산리 일대는 달성최씨들의 집성촌이었는데, 동본의 최씨 마을이 안전하다고 여겼을 것으로 보인다. 게다가 근동에 동학교인들이 많아서 서로 돕고 살기에 좋았다.

최시형은 수산리에 머물면서 여러 지역을 순회했다. 10월 28일, 홍해 전광무의 집에서 창도주 수운의 조난향례를 치르고 다음과 같은 법설을 했다.

> "내 血塊가 아니어니 어찌 시비하는 마음이 없으리오마는 만일 血氣를 내어 是非를 追窮하면 天心을 傷케 할까 두려워하여 내 이를 하지 않노라…내 또한 五臟이 있거니 어찌 物慾을 모르리오마는 그러나 내 이를 하지 않는 것은 한울을 養하지 못할까 두려워함이니라…나는 비록 婦人 小兒의 말이라도 배울 것은 배우며 쫓을 것은 쫓나니 이는 모든 善은 다 天語로 알고 믿음이니라. 이제 제군의 행위를 본즉 自尊하는 자가 많으니 可歎할 일이로다. 내 또한 세상 사람이거니 어찌 이런 마음이 없겠느냐마는 내 이를 하지 않음은 한울을 養하지 못할까 두려워함이로다."

이날 최시형은 양천주(養天主)에 관한 법설로, 교만과 사치하는 마음을 멀리할 것을 경계했다. 최시형은 이 법설을 통해 마음을 정하면 곧 한울을 양할 수 있으며 한울을 양하면 한울과 사람이 하나가 됨을 설파했다.

최시형이 수산리에 머무는 동안 활동에 대한 각별한 기록이 없는 것으로 미루어 관의 탄압이 혹독하여 오직 수도에 힘쓰고, 인근 지역을 조심스럽게 순회한 것으로 보인다. 최시형은 예천 수산리에서 이듬해 3월까지 1년 조금 넘게 살았으며, 이곳에서 내수도문을 반포했다. 1868년 4월 영양군 일월산 아래 상죽현(윗대치)으로 거처를 옮겨갔다.

소야리 최맹순 접주의 포교와 활약상

예천 선비 반재원이 지은 「갑오척사록(甲午斥邪錄)」에 당시 예천 지역 동학 활동이 잘 드러나고 있다. "3월부터 예천군 동로면 소야리에 옹기상인 최맹순이 접소를 차리고 접강소를 설치했다…(유림들이 이르기를) 접소를 나누어 설치해서 각 면 방곡(坊曲)에 없는 곳이 없었고 서북 외지가 더욱 심했다. 대접은 만여 인이요, 소접은 수백 인인데 시정잡배와 못된 평민이나 머슴 등이 "득지(得志)"할 때라고 말하고 관장을 능욕하고, 사대부를 욕보이고, 마을을 약탈하고, 전재(錢財)를 빼앗고, 도둑질하고, 남의 말을 몰아가고…"라고 적어서 당시 이 지역 동학 교세와 동학 활동 규모가 상당했음

용궁시장 풍경. 일본군이 이 지역 동학농민군과의 최초 격돌, 태봉 병참부 소속 다께우찌 대위가 정탐을 나왔다가 용궁장터에서 피살되었다.

을 짐작케 한다. 또, "송사는 모두 소야(동학농민군 본부)로 돌아가고 관부는 적막할 뿐이다. 또 동도 검찰관 장복원이란 자는 각 읍을 순행하면서 폭정을 금한다고 칭하고 도리어 탐학(貪虐)이 많다. 행리와 수행원은 감사를 본떠 이르는 곳마다 호랑이 같은 품위이고, 소송 자가 저자와 같이 모였다."라 하여 당시 예천 지역 동학의 활발한 폐정 개혁 활동을 짐작하게 한다.

동학농민군의 횡포에 대한 경계 사건

1894년 7월, 잘 알려진 사건으로, 안동 부사 홍종영이 관직을 이동하게 되어 예천을 지난다는 소식을 접한 예천 동학농민군이 이들을 습격한 일이 있었다. 이 사건을 주도한 인물은 용궁군 암천에 살고 있던 김순명으로, 그는 9대에 걸쳐 안동 좌수와 진사를 지낸 집안의 사람이다. 김순명은 안동 부사 홍종영이 벼슬을 내놓고 돌아가는 길에 예천 경진가점(현, 예천군 개포면 경진리 일대)에 묵는다는 소문을 듣고 동학농민군 수십 명을 데리고 가서 "안동에서 토

동학농민군 11인 생매장 터 표지석(예천읍 동본리 공설운동장 앞 냇가)

색한 돈을 내놓고 가라"고 했다가 뜻과 같이 되지 않으니 행장, 보료, 요강 등 약간의 집물을 탈취했다. 이 사건이 일어나자, 동학 지도자 박학래가 나서서 "탈취한 집물을 돌려줘 '동학의 폐습'을 경계"토록 했다. 박학래는 헌병이 질서 유지와 군기 확립 등의 역할을 수행하듯이, 경상도 동학농민군 내에서 그러한 역할을 했던 인물로, 직곡 접주(예천군 호명면 직곡)였다.

용궁장터에서 태봉 병참부 다께우찌 대위 피살

예천 동학농민군이 산양에서 집결하여 일본군 병참부 공격을 준비하자, 태봉 병참부의 일본군 다께우찌 대위가 병정 2명과 함께 용궁으로 정탐하러 나왔다가 동학농민군에게 장터에서 피살당한 사건이 벌어졌다. 예천 지역 동학교도들이 무장 활동을 전개하면서 벌어진 사건으로, 최맹순 예하의 동학농민군이 주도했다.

향리 중심 보수 집강소 설치하면서 동학농민군과 대치

동학농민군의 집강소에 대응하여 예천 향리들이 주도하여 보수 집강소를 설치하고 동학농민군이 읍내를 침범하지 못하게 막았다. 이들은 동학농민군이 사용하던 집강소라는 이름을 그대로 썼다. 예천군 보수집강소에는 일부 양반도 참여했지만 주로 향리가 민보군의 주도권을 장악했다.

동학농민군과 보수집강소의 민보군이 대치하면서 사건들이 꼬리를 물고 일어났다. 그중 가장 심각한 사건이 예천과 성주에서 벌어졌다. 8월 10일, 두 지역의 민보군이 동학농민군을 체포해서 전규선 등 동학농민군 11명을 체포한 뒤 화적 혐의로 한천 모래밭에 생매장해 버렸다. 당시 예천의 동학농민군 본부에서는 대일 전쟁에 민보군이 함께 나서 줄 것을 요구하고 있었고, 토치의 접주 박현성과 화지 접사 김노연을 보수 집강소에 파견하여 살인자 2인을 압송해 줄 것을 요구하고, 힘을 합쳐 일본을 치자고 제안하고 있었다. 그러나 생매장 사건으로 인해 모든 논의는 중단되었다.

이 사건은 주변 지역 동학농민군에게 알려졌고, 당장 예천 보수 집강소에 통문을 연달아 보내 책임자 문책을 요구하면서 복수에 나서기로 한다.

문경 산양, 예천 금곡 화지 등에서 접주 회의 개최

8월 20일경에는 경상도뿐만 아니라 충청도 강원도 각 접소에 사통을 돌려 상주의 이정(梨亭)과 예천 소야 등지에 접주들이 모여 '11명을 생매장한 사건'에 대한 응징으로 예천 보수 집강소를 공격하기로 의견을 모았다. 이어 관동대접과 상북 용궁 충경 예천 안동 풍기 영천 상주 함창 문경 단양 청풍 등 13명의 접주가 상주 산양(현재 문경군 산양)과 예천 금곡과 화지에서 연이어 대회를 열었다.

8월 20일, 동학농민군은 예천 읍내로 통하는 길목을 사방에서 차단하고 예천읍 공격에 나섰다. 그러자 예천 민보군 쪽에서는 급히 안동부도총소(安東府都摠所)에 구원병을 요청하는 사통을 보내는 등 양편 모두 긴박하게 움직였다.

8월 23일, 민보군 3백여 명이 화지를 공격했으나, 윤치문이 이끄는 예천 안동 의성에서 합세한 동학농민군이 이들을 물리쳤다.

예천읍 성당에서 내려다 본 예천 읍내. 동학농민혁명 당시 온 읍내가 치열한 전투지였다.

금당실 동학 근거지. 이곳의 동학 지도자 윤치문이 성당 앞뜰에서 전사했다.

8월 24일, 소야에 진을 치고 있던 관동 대접주 최맹순은 각 접에 사통을 보내 예천읍을 공격하기로 했다. 먼저, 25일에는 용궁현을 공격하여 무기를 탈취했다.

예천 읍성 전투

예천의 동학농민군은 막강한 수를 앞세워 읍내를 압박했다. 외지와 동서남북 사방으로 통하는 길을 한 달 이상 막아서 식량과 땔감을 들여오지 못하도록 했다. 물자 보급이 막히자 읍민은 기아 상태에 들어갔고, 군수도 여러 날을 죽으로 끼니를 때우는 형편이 되었다. 하지만 더욱 두려운 일은 동학농민군이 언제 읍내를 공격해 올지 모르는 것이었다. 그러자 하루라도 빨리 일전을 치르는 것이 더 낫다고 생각한 보수집강소는 동학농민군의 집결지인 화지(花枝)에 300여 명의 민보군을 보내 도전했다. 수접주 최맹순(崔孟淳)이 이에 대응하여 화지와 금당실에 예천 인근 지역 동학농민군을 집결시켰다. 화지는 읍의 서쪽에 있는 마을이었고, 금당실은 북쪽의 큰 마을이었다. 함양박씨의 세거지인 금당실은 이미 8월 초에 동학농민군에 점거 되어 동학농민군의 근거지로 변해 있었다.

예천의 동학농민군이 기세를 돋우고 무장을 강화하기 위해 8월 26일 인근 용궁현의 관아를 쳐서 무기를 탈취했다. 윤치문을 중심으로 한 화지 동학농민군 수천 명이 남산에 진을 치고 있었다.

8월 28일, 화지와 금당실의 동학농민군이 협공하기로 약속하고 읍내 공격에 나섬으로써 동학농민군과 민보군의 대규모 접전이 벌어졌다. 예천읍 공방전에 민보군 1천5백여 명과 읍내 거주인 대

예천군 풍양면 고산리. 최시형은 관의 탄압을 피해 이곳에 은거하면서 「내수도문」을 반포했다.

부분이 참전했다. 조정에 보고된 당시 동학농민군 수는 4천~5천 명이었다. 총 6천~7천 명이 대규모 전투를 벌인 것이다. 동학농민군 3천여 명이 서정 들판을 가로질러 북을 치고 피리를 불며 진군했고, 관·민보군 2천여 명이 현산(흑응산성)에서 포를 쏘며 동학농민군을 결사 저지했다. 아침나절에 시작한 혈전이 저물녘까지 계속되었다. 이 전투에서 고산 출신의 지도자 윤치문이 서정들에서 전사했다. 그러나 협공하기로 약속했던 금당실 동학농민군은 약속된 시간에 오지 못하고 늦게 도착했다.

민보군이 화지 동학농민군을 물리치고 나서 쉬고 있을 때 동학농민군이 서북쪽에서 북을 치고 피리를 불면서 몰려왔다. 이때 청복리 쪽에서 갑자기 불길이 솟으며 3천 명의 관·민보군 측 구원군이 왔다는 거짓 소문에 속아 동학농민군들이 흩어져 달아나기 시작했다. 이 싸움에서 동학농민군 지도자 최종영이 벌재에서 전사했다.

동학농민군이 패주한 이튿날 일본군이 소야리와 석문리에 들

예천읍 동학농민군 11인 생매장터. 보수 집강소 세력에 의해 동학농민군이 생매장되면서 갈등은 경상북부 지역 최대의 전투로 이어졌다.

어와 군량미와 무기를 실어 갔다. 이후부터 동학농민군 가담자들은 물론 친척들까지 민보군으로부터 처절한 보복을 당했다. 당시 보복이 너무 잔혹하여 보수 세력 내에서도 우려할 정도였다.

8월 29일에는 공병 소위 고토(後藤馬次郎)가 인솔하는 충주병참부의 일본군이 석문(石門)에서 동학농민군을 공격하여 패하자 최맹순은 강원도 평창으로 도피했다.

최맹순, 평창에서 동학농민군 1백 명을 이끌고 공격에 나서

10월 17일, 최맹순 대접주는 강원도 평창에서 100여 명의 농민군을 이끌고 예천 적성리로 들어왔다. 여기서 다시 패해 민보군에 쫓겨 충청도로 이동했으나, 11월 21일 충주 독기(篤基) 근처에서 아들 한걸(汗杰) 및 장복극(張卜極)과 함께 예천에서 파견한 민보군에게 체포되었다. 이들은 모두 다음날 남사장(南沙場)에서 예천 주민들이 지켜보는 가운데 총살당하고 모래사장에 묻혔다.

참여자 기록을 통해서 본 동학농민군 활동

예천 동학농민혁명 참여자는 상주, 문경 지역과 겹치는 이들이 많은 특징이 있다. 당시 예천 지역 동학농민군 참여자들은 상주, 문경, 보은, 청산 등지를 넘나들면서 투쟁을 벌였기 때문이다.

예천읍 생매장터 기념비. 당시 기록에 의하면 "전규선 등 11명의 동학농민군을 화적 혐의로 한천 모래밭에 생매장해 버렸다."고 했다.

□ 고준일(高俊一), 최원백(崔元白)은 예천, 상주, 함창, 용궁, 문경 등지에서 활동했다.

□ 권순문(權順文 접주), 박현성(朴顯聲)은 1894년 9월 경상도 상주 객관(客館)을 점령하는 데 참여했다.

□ 최맹순(崔孟淳), 장복극(張卜極, 접사), 최한걸(崔汗杰)은 1894년 11월 21일 경상도 문경 벌천(伐川)에서 부병(部兵)에게 체포되어 다음날 총살되었다. 특히 최맹순은 예천 소야의 동학농민군 지도자이며, 최한걸은 그의 아들이다.

□ 전기항(全基恒)은 1894년 예천 지역 동학농민군에게 군량미를 제공한 후 행방불명되었다.

□ 채홍우(蔡洪禹)는 상주 출신으로, 1894년 예천 지역에서 민보군 및 일본군과 싸우다가 8월 28일에 전사했다.

다음은 예천 출신들의 참여자로, 예천에서 활동을 하다가 체포되거나 처형된 인물로, 정명언(鄭明彦, 접사), 윤상명(尹尙明), 이종해(李宗海), 고상무(高商武 부접주), 권경함(權景咸, 금곡에 접소 설치), 김노연(金魯淵, 접사), 조성길(趙成吉, 접주), 이정호(李正浩), 안국진(安國辰), 최용학(崔用鶴), 박내헌(朴來憲), 황기용(黃基用), 윤치문(尹致文) 등이다.

주요 사적지

- 내칙 내수도문 반포지: (현, 예천군 풍양면 고산리 수산리) 최시형은 은거 중에 포교 활동을 벌였다.
- 예천 동학 총본부 최맹순 수접주의 집: (현, 문경시 산북면 소야리) 당시 예천군 동로면 소야리.
- 예천 관아 객사 보수집강소: (현, 예천군 예천읍 노상리 1-1번지) 객사 건물은 원래 예천읍 서본리 현 예천초등학교 자리에 있던 것을 1922년 대창학원의 원장 김석희가 1927년 3월 현 위치로 옮겼다.
- 동학농민군 집결 터 비문: (현, 문경시 동로면 마광리 꽃재마을 입구(경천댐 하부)) 이곳에서 예천 동학 투쟁 활동이 전개됐다.
- 예천 동학 활동 본부: (현, 예천군 풍양면 용문면 백전 2리, 예천여고 앞) 금곡 집주 권순문이 함양박씨 유계소를 본부로 사용했다.
- 금곡포덕소 경담재(鏡潭齋): (현, 예천군 풍양면 용문면 상금곡리 333, 334번지) 동학농민군은 금곡박씨의 유계소(儒稧所)를 점거하여 포덕소를 차렸다. 동학농민혁명 시기에 불탔으나 박씨 문중에서 복원하여 경담재라는 현판을 걸었다.
- 동학농민군 병참기지: (현, 문경시 산북면 이곡리 113번지) 당시 예천 동학농민군의 병참기지였다.
- 예천 금당실 〈동학농민군지도자 전기항의사추모비〉: (현, 예천군 용문면 상금곡리 산 31번지) 금당실 일대의 동학농민군 지도자 전기항의 묘소 바로 옆에 〈추모비〉를 세웠다.
- 예천 금당실 동학 근거지: (현, 예천군 용문면 상금곡리 668-1, 665-1, 640, 622-1,620-1, 545-1, 송림은 천연기념물 제469호) 동학농민혁명 당시 예천 동학농민군의 근거지. 송림에서 동학농민군과 관군 민보군 사이에 공방전이 벌어졌다.
- 예천 한천제방과 서정들 전투지: (현, 예천읍 서본리 83, 85-2, 86-1 일대, 14, 70-11 일대(현산)/ 남본리 103, 104 일대) 1894년 8월 28일 밤 예천지역(화지)의 동학농민군과 민보군 사이에 치열한 전투가 벌어졌다.
- 일본군 대위 피살지 용궁장터: (현, 예천군 용궁면 읍부리) 일본군 다께우찌(竹內) 대위가 정찰 나왔다가 동학농민군에 피살됐다.
- 동학농민군 생매장터 표지석: (현, 예천군 풍양면 동본리 공설운동장 앞 한천 냇가) 보수집강소에서 동학농민군 집강소를 습격하여 11인을 체포, 한천 모래밭에 생매장한 사실을 표지석에 새겼다.

일본 병참 공격을 위한 선산읍성 전투 구미·선산

구미와 선산은 경상도 북서부 지역 동학 활동의 핵심 근거지였다. 주 조선일본공사관의 1894년 5월의 정황 보고에 "경상도에선 충청도와 전라도에 접경한 지방에 동학농민군이 많고, 특히 선산, 상주, 유곡은 동학농민군의 소굴이라고 부산에 있는 일본 총영사가 파악했다"고 했다. 이로 보아 일본군은 일찍부터 상주, 구미, 선산 지역 동학농민군의 움직임을 주목하고 있었다. 특히 선산 지역 동학농민군에게는 해평의 일본군 병참부가 조선침략의 실체로서 눈앞에 있었고, 뚜렷한 공격 목표가 되었다.

선산 지역 동학 사적은 대략 창도주 최제우가 과천까지 압송되었다가 대구 감영으로 돌아가는 도중에 마지막으로 묵었다는 상

선산읍성. 동학농민군은 당시 이 읍성을 교두보로 삼아 일본 병참부를 공격할 목표를 세웠으나 사흘 만에 일본군의 공격을 받아 성에서 후퇴하면서 많은 희생자를 냈다.

림역원 터, 선산읍성 공격을 위해 동학농민군이 모였던 곳, 선산읍성 전투지를 들 수 있다.

보은취회 때 구미·선산포 등장

구미· 선산 지역에 동학교도 활동이 나타나는 최초 기록은 1893년 보은취회 때이다. 당시 경상도 지역의 많은 포가 참여한 가운데 구미·선산 지역에서도 많은 동학도들이 참여했다는 기록이 보인다. 보은취회에서 경상도 지역에 6개 포가 임명되었는데, 구미·선산지역은 충경포와 선산포 관할이었다.

재기포 시기에 선산읍성 전투

구미·선산 지역의 동학도들은 1894년 동학농민혁명이 전개될 당시 충경포의 편보언과 선산포의 신두문, 그리고 많은 양반 출신의 지도자들에 의해 조직적으로 움직였다.

선산 동학농민군은 9월 18일 최시형의 재기포령이 떨어지자 즉각 행동에 나섰다. 일단 해평의 일본군 병참부를 공격하기로 하고, 9월 22일에 인근 지역 선산, 무을, 옥성, 낙동, 도개, 해평, 산동, 고

해평 일본군 병참소(쌍암고택, 현 구미시 해평면 해평리 239번지, 경상북도 중요민속자료 105호). 1894년 동학농민혁명 당시 일본군의 병참소가 설치되었던 곳. 마당에 갑오농민전쟁전적비가 서 있다.(왼쪽, 오른쪽)

아, 구미, 개령, 김천 등지의 동학농민군 3백여 명을 규합하여 선산 읍성 공격에 나섰다. 여기서 관아의 무기를 확보하여 무장한 뒤 해평 일본군 병참부 공격을 준비했다.

동학농민군의 선산읍성 공격로는 성주 → 달성 → 일선나루 → 선산 경로와 김천 → 감천 → 고아 → 강정나루 두 길이었다. 당시 보천사(寶泉寺)는 일본군 병사 5-6명이 숙식을 하고 있었는데, 동학농민군이 초저녁에 보천사 공격에 나섬으로써 전투가 시작되었다. 이는 경북 지역 동학농민혁명기념사업회 한명수 회장의 증언으로, "동학농민혁명 당시 선산읍 공격 때 한교리 한정교 부자가 선산읍성 선봉장으로 공격에 나섰다"고 했다.

동학농민군은 당시 이 읍성을 교두보로 삼아 일본군 병참부를 공격할 계획이었으나 병참부 주둔병들이 신무기를 앞세워 선산읍성에 대한 기습을 감행했다. 사흘 만에 일본군의 공격을 받은 선산 동학농민군은 성에서 후퇴하면서 많은 희생자를 내고 패퇴했다.

당시 일본 병참부 탄약고로 사용했던 보천사(寶泉寺, 경북 구미시 해평면 해평리 525-1)에서 바라본 낙동강. 일본군은 배로 올라온 화약을 이곳에 보관했다가 동학농민군의 습격을 받았다.(왼쪽)

운해사 동학농민군 주둔 터. 동학농민군이 이곳에 주둔했다.(오른쪽)

선산 동학농민군에 대한 대대적인 토벌전 전개

선산읍성에서 패한 동학농민군은 뿔뿔이 흩어지고, 대대적인

보복을 받는다.

선산 지역 동학사적으로는 선산읍성 전투 사적이 있고, 일본군이 병참부로 쓰던 최열 씨의 가옥이 대표적인 사적이다. 이 집은 대대로 전주최씨가 살던 곳으로, 현재 이 집에 살고 있는 후손 최열 씨는 "선친으로부터 당시 증조부가 동학농민군의 활동을 피해 합천으로 피란 가 있는 동안 일본군이 이 집을 무단으로 점거해 병참부로 사용했다고 들었다"고 했다. 그의 증언에 따르면 사랑채는 당시 일본 주둔병이 기거하고, 5칸 곡식 창고는 무기고로 사용했다.

참여자 기록을 통해서 본 동학농민군 활동

참여자 기록에는 김정문(金定文, 접주), 한정교(韓貞敎, 지도자), 한문출(韓文出, 지도자), 신두문(申斗文, 지도자) 등이 보이는데, 신두문은 1894년 10월 14일 경상도 선산에서 체포되어 총살되었다.

주요 사적지

- 창도주 최제우 숙영 터 상림역원(上林驛院): (현, 구미시 산동면 상림 인덕1리 앞 장천면과의 경계) 최제우의 압송 행렬이 대구감영으로 가기 전에 이곳에 묵었다. 건물은 일제 때 철거되었다.
- 동학농민군 일본군 싸움터 보천사(寶泉寺): (현, 구미시 해평면 해평리 526번지) 동학농민군이 선산을 공격하기 전에 여기서 일본군과 전투를 벌였다.
- 선산 관아 터: (현, 구미시 선산읍 완전리 59-3, 경상북도 유형문화재 221호) 1894년 동학농민혁명 당시 동학농민군에 의해 점령되었다. 현재 객사가 남아 있으며, 관아 터에는 구미시 선산출장소(구 선산군청) 건물이 들어섰다.
- 선산 동학농민군 입성비 및 창의비: (현, 선산읍 동부리 1호 광장, 선산읍성 앞 및 읍성앞 소공원내 3층석탑 앞) 1894년 동학농민혁명 당시 선산지역 동학농민군의 창의와 선산군 점령을 기념한 비. 2006년과 2008년에 선산동학농민혁명유족회와 선산갑오농민전쟁기념회에서 〈갑오농민군 선산읍성 전적비〉와 〈갑오전쟁선산창의비〉를 세웠다.
- 해평 일본군 병참소(쌍암고택): (현, 구미시 해평면 해평리 239번지, 경상북도 중요민속자료 105호) 1894년 동학농민혁명 당시 일본군의 병참소가 설치되었던 곳. 마당에 갑오농민전쟁전적비가 서 있다.

충청 경상 전라도 동학 활동의 연결 고리 김천

김천(옛 김산(金山)을 현 지명으로 표기)은 최시형이 1880년 초기부터 동학 포교로 기틀을 다진 고을이다. 참나무(眞木, 진목) 마을 동학 지도자 편보언(片甫彦)이 대표적인 예다.

창도주 재세 시기부터 동학 포교 시작

김천 지역에 동학이 포교된 시기가 언제인지는 확인할 길 없으나, 창도주 최제우의 재세 시기에 김천을 왕래했다는 기록이 있고, 1862년 대구 감영을 떠난 최제우 압송 행렬이 애초에 추풍령을 넘어 가려고 했으나, 동학교도들이 이미 알고 최제우를 구출하기 위해 추풍령 고갯길에서 기다리고 있다는 소문을 듣고 문경새재 길을 택한다. 이로써 이 시기에 황간 김천 지역에 많은 동학교도가 있었을 것이라는 추측은 가능하나 확인할 길은 없다.

최시형, 복호동에 은신하면서 포교

구체적인 포교 기록은 1889년 11월에 최시형이 충청도 지역에서 관의 지목이 심해지자 이를 피해 경상도 경계를 넘어 구성면

참나무골 편보언의 동학 활동지이자 최시형의 은거지였다.

복호동(큰북땅골) 김창준 가에 은신하면서부터다. 최시형은 이듬해 3월까지 이곳에 머물면서 남녀평등사상을 담은 「내수도문(內修道文)」과 태교에 관한 실천항목인 「내칙(內則)」을 반포했다. 내칙은 주로 태아교육(胎兒敎育)에 중점을 두었고, 내수도문은 부인수도(婦人修道)에 중점을 둔 교훈(敎訓)이다. 내수도문은 아녀자를 대상으로 하여 쉽고 평이하게 씌어져 친근감이 가는 글이다. 현재 이곳에 천도교 복호동 수도원이 있고, 마을 어귀에 내칙·내수도문 반포 기념비가 서 있다. 동학농민혁명이 끝난 시기에 동학교도였던 김구가 이곳에 머물렀다는 증언이 있다.(한명수 선산 동학농민전생기념사업회 회장 조모 증언)

이후 최시형의 김천 잠행에 관한 기록으로, 1893년 7월 최시형은 배성범(裵聖凡) 가에 피신해 있었다. 손병희, 손천민이 찾아오자 장남 덕기(그해 10월에 청산 문바위에서 병사)를 김천의 편겸언(片兼彦) 가로 딸려 보냈다. 그해 가을까지 김천에서 각기 독자적으로 포교를 확대해 나가던 조직은 상주, 선산, 영동에 근거를 가진 대접주 세력이었다. 이들 조직은 충경포(忠慶包), 상공포(尙公包), 선산포(善山包), 영동포(永同包)였다.

보은취회 등 교조신원운동 시기

김천 지역에 동학의 교세가 크게 확장된 시기는 다른 지역과 마찬가지로 1893년 보은취회 이후로 보인다.

보은취회 시기에 특이한 기록이 보인다. 오횡묵의 『고성부총쇄록(固城府叢鎖錄)』에 "…듣건대 작년(1893년) 보은에서 소란이 있은 후 비류들은 점점 치열해져서 혹은 호남에 취당했다 하고 혹은 지례(현, 김천시 부항면 해인리) 삼도봉(三道峰) 아래 둔결했다고 하며, 혹은 진주 덕산의 소굴에 있다는 설이 낭자하다"고 했다. 삼도봉은 경상·충청·전라의 삼도(三道)와 접하여 붙여진 지명이다. 이는 보은취회에서 흩어져 돌아가던 전라도·경상도 지역 동학교도가 의기투합하여 시위한 정황으로 보인다.

1894년 동학농민혁명 초기 동학교도의 움직임

김천은 지리적으로 전라·충청도의 접경 지역이어서 동학농민혁명의 소문이 비교적 빠르게 전달되는 길목이다.

동학농민혁명 약사에 따르면 전라도 지역에서 동학농민군이 떨치고 일어섰다는 소문을 접하자, 하층 농민들을 괴롭히던 양반 지주들은 3월 말부터 동학교도의 보복에 시달리고 있었다. 1894년 4월에 김천군수는 이 지역의 동학농민들이 호남의 동학농민군과 연계될 것을 두려워하여 동학교도 20여 명을 사전에 체포하여 대구 감영으로 이송했다. 이 중에 세 명은 품 속에 동학 주문을 지니고 있다가 적발되기도 했다.(《駐日本公使館記錄》, 京第37號〈慶尙道內東學黨景況 探文報告〉)

子漢珍
子甫彦
子矩珍
子斗彦
子相吉
子相鶴
子相麟
婿李愚臣
婿崔克龍
子相萬
子相達
子相珏
婿李江源

참나무골 편보언 대접주의 《절강편씨 족보》(왼쪽)

참나무골 편보언 대접주의 행적을 증언한 후손 편홍렬 씨(오른쪽, 왼쪽은 선산동학농민전쟁유족회 회장 한명수 씨. 한명수 씨는 김천 지역에서 넘어온 동학농민군이 선산읍성을 공격했다는 증언을 전한다.)(오른쪽)

1894년 동학농민혁명 시기 동학농민군 활동

1894년 8월 초가 되자 가장 크게 세력을 떨치던 편보언 접주가 교통의 요지인 김천장터에 도소를 설치했다. 편보언은 대항면 죽전의 남연훈과 함께 김천 동학의 두령으로 기록되고 있는데, 최시형 교주의 지령이 직접 편보언으로 전달되는 정황으로 보아 남연훈은 편보언의 포 조직에 속한 것으로 보인다. 이들은 각 면, 동에 포접 조직을 두고 김천장터에는 집강도소를 두어 동학도인들을 통솔했다. 도소의 우두머리를 도집강이라 칭했는데, 이들은 동학 입도자를 늘리고 모순된 제도와 진행을 개혁, 추진하는 데 힘썼다.

김천에서 활동한 동학농민군 중에는 전라도 지역처럼 폐정 개혁을 실시하려던 이들도 있었는데, 전천순(全千順)과 김원창(金元昌)이 그들이다. 이 시기에 김천 지역 동학 지도자 중에 양반과 관의 위력에 버금가는 동학 지도자로 죽전(대항면 덕전리)의 남연훈, 참나무(진목, 어모면 다남리)의 편보언, 편상목, 편겸언 등이었다. 김천 동학의 거두로 알려진 편보언의 조부는 무과에 급제했고, 편겸언의 부친 역시 무과에 급제한 전형적인 무인 가문이다. 편상목은 이들과 재종질(7촌 조카) 사이였다. 이들은 이 지역에서 상급 양반, 더 나아가서 관의 위력을 대신하고 있었다.

당시 이 지역 동향을 기록한 『세장연록(歲藏年錄)』에 따르면, "동학에 들어가면 유사를 나누어 정했는데 그 직임은 접주, 접사, 대정, 중정, 서기, 교접, 성찰 등이다. 이 가운데 성찰은 총으로 무장하고서 마을을 돌며 발포하고 '성찰'이라고 소리 지르면 양반 지주들은 겁에 질려 오금을 못 폈다는 가장 두려운 존재였다"라고 하여 당시 이 지역 동학농민군의 위세를 추정할 수 있게 한다.

군위 의홍 출신 신석찬이 지은 『창암실기』(신석찬은 동학농민혁명 당시 팔공산 아래 부계면 부림, 창평 출신) 9월 초5일 조 "김산(金山), 상주(尙州) 등지에서 군도(群盜)가 취산(聚散)하면서 바야흐로 약탈하며 돌아다닌다고 한다"고 하는 기록으로 보아 9월 초에 김천·상주 지역은 이미 동학농민군이 장악하고 있었던 사실을 알 수 있다.

재기포 시기의 동학 활동

9월 24일에 최시형의 재기포령이 김천에 전달되자 편보언은 각 지역 접주들에게 이를 즉시 알리고 곧 무장에 들어갔다. 강주연은 죽정(조마면 신안리)에서, 배재연은 신하에서, 김정문은 기동(耆洞, 구성면 광명리 하촌, 조마면 신안리)에서, 강기선은 하기동에서, 권봉제는 장암(조마면 장암리)에서, 조순재는 봉계(봉산면 예지리)에서, 장기원은 공자동(대항면 공자동)에서 동학농민군을 무장시키고 본격적인 활동에 나섰다. 기포를 주도한 이들의 면면을 보면 김천의 양반도 놀랄 만한 인물들이었다. 우선 명가의 일원들인 강기선과 조순재가 그렇다. 강기선은 정조, 순조 대 김천 양반 사회에서 가장 높은 관직에 올라 이름이 높았던 강석구(姜碩龜)의 현손이다. 조순재는 봉계에 터를 둔 거족 대가의 일원이었고, 선달로 불리던 장기원과 배재연은 신하의 대지주였다.

당시 동학농민군은 주로 부농과 지주들에게 강요해서 거병 경비를 거두어 들였는데, 이 과정에서 곤욕을 치르던 보수 세력이 많았다. 『세장연록』에 따르면 "동학농민군은 전투력 강화와 군량·군마를 모으려고 고을 안을 뒤졌다. 산간 작은 마을까지 뒤졌고, 양반 지주집에는 한 푼의 돈, 한 자의 베까지 모두 가져갔다"고 했다.

이 지역은 특히 이웃 고을에서 넘어온 동학농민군의 횡포가 심했다는 보수 집단의 기록이 보이는데, 김재덕, 김성봉, 이홍이 등은 성주, 금산, 황간, 영동에 근거지를 둔 이들이라고 했다. 타 지역에서 들어온 이들의 약탈이 심했다고 기록하고 있다. 지례의 여영조, 여중룡 등은 동학농민군의 보복이 두려워 피난 생활을 해야 했다. 양반 보수층이 민보군을 결성하여 견제하기에는 김천의 동학농민군 세력이 너무도 막강했던 것이다.

이 시기에 김천 지역에 농학농민군의 피해를 입은 당시 저명한 부인(富人)들은 봉계의 조시영(曺始永), 기동의 여영필(呂永弼), 여연용(呂涓龍), 배헌(裵憲) 등이다. 이들은 재물만 빼긴 것이 아니라 이들이 받은 수모는 예전에는 상상을 못하던 것이었다. 피해가 이런데도 이 지역 양반들은 감히 민보군 조직에 엄두도 내지 못하고 있었다.

삼도봉 가는 길. 1893년 삼도봉에서 동학 교도들이 모여 시위를 했다.(왼쪽)

삼도봉 아래 전 경상감사 이준용의 지례 첫 귀양지 집터. 고종의 6촌이었던 이준용은 경상감사 시절 패악이 심하여 유배형을 받았다. 뒷날 지례를 떠나 충청도 영동 밀골을 거쳐 용산 수석리로 옮겼다.(오른쪽)

김천 동학농민군 첫 공격 목표, 선산 관아와 일본 병참부

김천 일대의 동학농민군의 우선 공격 목표는 선산 관아와 해평의 일본군 병참부였다. 9월 22일, 주변 여러 고을의 동학농민군을 규합하여 선산읍성 공격에 나섰다. 앞장선 김천 지역의 동학 지도자는 편보언과 남연훈이었다. 당시 김천시장에 모여 선산으로 향하는 행군 대열은 실로 장관이었다고 전한다. 여러 개의 장대에 많은 깃발을 달아 앞세운 대열은 장터에서 들판 끝까지 늘어섰다고 했다.

선산읍성 공격은 기동 접주 김정문이 앞장섰는데, 일단 선산읍성 점령에 성공했다. 동학농민군은 여세를 몰아 해평의 일본군을 공격하기로 계획했으나, 전날 새벽에 일본군이 먼저 기습 공격을 해왔다. 선산 향리들이 미리 일본군에게 동학군 동향을 알렸기 때문이었다. 동학농민군은 신무기로 무장한 일본군의 공격에 변변히 저항도 못하고 수백 명의 사상자를 내고 흩어지고 말았다. 이 전투에서 김천 김정문 접소의 동학농민군 15명이 죽었다.

한편, 접주 강기선은 김천에 남아 하기에 접소를 설치했다. 이는 김천 시장에 설치했던 도소를 대신하여 민정기관인 집강소를

동학접주 조순재 근거지 봉계마을, 김산 소모사 조시영(曺始永) 세거지 및 소모영 자리.

총괄하는 동시에 출전한 동학농민군의 군수 물자 조달 임무를 맡은 것으로 보인다.

선산읍성에서 패퇴한 동학농민군은 선산에서 물러나와 각 도소에 재집결했고, 일본군과의 전투를 명분으로 군량과 군비 모집에 나섰다.

경상 감영과 향촌 보수집단의 대응

경상 감사 조병호는 선산과 김천, 성주, 상주가 동학농민군에게 함락됐다는 소식을 접하고 남영병 파견을 서둘렀다. 9월 26일 경상 감영에서는 동학농민군 활동에 대응하여 220명의 병졸을 선산에 보내 이 지역 동학농민군을 수색하여 포박했으며, 개령을 거쳐 10월 5일 김천에 들어왔다.

10월 하순에는 동학농민군 공격에 대비하여 남영병을 재배치했는데, 특히 대구로 내려오는 길목인 김천과 지례, 거창과 안의에 병력을 집중시켰다. 김천에는 초관 장교혁이 거느린 100명의 남영병이 김천 장터에 주둔했고, 지례에는 초관 이완근과 77명의 남영병이 주둔했다.

김천 소모영의 대응

김천 일대에는 동학농민군 활동이 사라지고 향촌은 다시 양반 지주의 세상으로 돌아갔다. 그러나 호남과 인근 영동, 무주 등지에서는 동학농민군의 출몰이 여전히 빈번하고, 호남의 동학농민 대군이 영남을 노리고 있어 안심할 수 없었다.

11월 하순에 보수 향반 세력은 동학농민군을 진압하기 위해 김천에 소모영을 설치하고 급히 소집한 군정을 동원하여 요소에 배치하는 한편, 남영병 100명, 성주병 120명, 선산병 60명을 지원받았다.

당시 보수 집단 기록에 "김산 소모사 조시영은 동학란의 후유증을 최소화하기 위해 노력하여 밖으로는 병위를 과시하면서 안으로는 은의를 베풀어 가담자라 할지라도 귀화하면 불문에 붙였다"고 했다.

추풍령 넘어 경상도로 진출하는 북접 동학농민군에 대응

12월 12일, 공주 우금치에서 물러나 임실까지 후퇴했던 최시형 손병희가 이끄는 북접 동학농민군이 장수와 무주를 거쳐 북상을 시작했다. 이 소문을 접한 경상 감영에서는 다시 영관 최처규가 165명의 남영병을 인솔하고 칠곡을 거쳐 김천으로 출병했다. 이들의 목적은 손병희가 이끄는 북접 동학농민군이 경상도 경계를 넘어오지 못하도록 방어하기 위해서였다.

이런 다급한 정황은 신석찬의 『창암실기』에서도 보이는데, "본읍 군병 200명을 즉각 조발하여 이달 19일 안으로 일제히 행도소 김산 지경에 대령하라"는 토포사의 급박한 전령이 경상 북부 지역까지 내려진 것으로 보아 이 지역 보수 세력이 다시 긴장했음을 알 수 있다. 손병희가 이끄는 동학농민군은 무주, 영동, 황간을 거쳐 잠시 충청·경상 두 방향을 두고 고민했다. 결국 청산, 용산을 거쳐 보은 북실로 들어갔다가 추격해 온 관·일본군과의 전투에서 2,600여 명의 사상자를 낸 채 퇴패했다. 당시 상주 소모영 유격장 김석중은 "학살된 사람이 2,200여 명이고 야간전투에 죽은 사람이 393명"이라고 기록했다. 그러나 일본군은 동학농민군을 학살한 만행을 감추고 3백여 명의 동학농민군 전사자가 있다고 보고했다.(이하 보은 편 참조)

김천 소모영은 동학농민군이 완전히 진압된 1895년 1월 22일에 철폐되었고, 소속 민보군 200명을 김천 관아에 넘겨주었다. 소모사 조시영은 「갑오군공록」에 올랐고, 이 공적으로 지방제도 개편 시기에 진주 관찰사에 임명되었다.

관·일본군 및 보수 집단의 토벌 과정

앞에서 본 바와 같이 경상 감영 남영병이 김천에 들어온 것은 10월 5일이었다. 동학대도소가 있는 김천 시장에 남영병이 들어오자 동학농민군은 별스런 저항도 하지 못하고 도집강 편보언은 달아나고 동학농민군은 흩어졌다.

영장 최처규는 동학접주와 협력자의 이름을 써서 내걸고 체포에 나섰다. 10월 6일에는 기동의 강기선을 잡으러 1대를 보냈으나 그의 사돈 김태화의 접 소속이던 구곡동의 집에 은신해 있어서 잡지 못하고 대신 김태화를 붙잡아 심문한 끝에 장암에 숨어 있는 강기선을 체포했다. 김태화와 함께 김천 영장소로 끌려간 강기선은 곤장 12대를 맞은 뒤 총살되었다. 여기에는 일화가 있다. 강기선의 가족이 영장소에 돈을 써서 총소리가 들리면 총 맞은 척하고

김산 소모영 민보군의 추풍령 방어지(영동군 추풍령면, 김산군 황금소면)

쓰러지면 살아날 수 있다고 약속했는데, 총소리가 나자 장기선은 “동학 만세!”를 외치므로 다시 쏜 총에 맞아 죽었다고 한다. 처형된 장소는 까치골이다.

다음은 양반 출신 접주 조순재를 잡으려고 남영병 군사들이 봉계로 갔다. 이미 알아차리고 도피한 뒤여서 잡지 못했는데, 뒤에도 그를 잡으려고 군이 힘쓰지 않았다. 이는 그의 종숙 조시영이 동학농민군을 토벌할 임무로 설치된 소모사였기 때문이었다. 10월 7일에는 민보군이 공자동으로 출동했으나 접주 장기원을 비롯한 촌민 모두가 피신해서 접소를 포함하여 7개 가옥을 불태웠다. 8일에는 지례에 들어가 동학농민군 4명을 붙잡아서 처형했다.

참여자 기록을 통해서 본 동학농민혁명 활동

김천 지역의 대표적인 지도자는 편보언(片甫彦)으로, 1894년 8월 김천 장터에 도소를 세우고 도집강이 되어 활동하다 상주로 피신, 그곳에서 일본군에 붙잡혀 타살되었다.(「절강편씨족보(浙江片氏族譜)」에는 1901년 12월 20일 사망으로 기록되었다.) 후손 편사열(片四烈) 씨와 그의 아들 편재길(片在吉) 씨가 집안 어른들로부터 들은 증언에는 "편보언은 상주에서 일본군에 붙잡혀 맞아 죽은 시신을 이곳으로 옮겨와 장사지냈다"고 했다. 현재 편보언의 제사는 사망한 날짜를 알 수 없어 공동 시제를 지내고 있으며, 묘는 다남 2리 마을회관 앞산에 있다. 한편 편보언의 아내 김씨는 그해 관군에 붙잡혀 1차로 다리가 부러지는 부상을 입었다가, 다시 잡으러 나온다는 말을 듣고 도망가다 붙잡혀 죽었다고 증언했다.(2016년 11월 5일 편사열, 편재길 공동 증언)

이 밖에 김천 지역 접주로 동학농민군을 이끌었던 지도자로는 권학서(權學書), 배군헌(裵君憲), 장기원(張箕遠), 조순재(曺舜在), 김정문(金定文), 강주연(康柱然), 편백현(片白現), 남정훈(南廷薰) 등이다. 이 중 남정훈은 12월 25일 체포되어 총살되었다. 김태화(金太和)는 10월 6일 체포되었고, 이주일(李柱一, 수접주), 강화영(姜火永, 접주)도 같은 날 총살되었다.

이 밖에도 후비보병 18대대 소속 미야모토 다케타로(宮本竹太郞) 소위의 편지와 구스노키 비요키치 상등병의 종군일지에 따르면 "12월 18일 경상도 개령의 관리들이 수십 명을 동학교도라는 이유로 모두 총살했다"는 기록이 나온다. 그리고 다음날인 19일에는 "김천에서 동학농민군 10명을 체포하여 죽였다"고 기록하고 있다.

참여자 기록을 통해서 본 김천 동학 활동

김천 지역은 12명이 실렸다.

ㅁ편보언(片甫彦, 지도자) 1894년 8월 김천 장터에 도소를 세우고 도집강이 되어 활동하다 상주에서 체포되어 처형됐다.

ㅁ강화영(姜火永, 접주)은 1894년 8월~10월 김천에서 동학농민혁명에 참여했다가 10월 6일 총살됐다.

ㅁ권학서(權學書, 접주), 배군헌(裵君憲, 접주), 남정훈(南廷薰, 지도자), 편백현(片白現, 지도자), 강주연(康柱然, 접주), 김정문(金定文, 접주), 장기원(張箕遠, 접주), 조순재(曺舜在, 접주), 이주일(李柱一, 수접주)은 1894년 8, 9월 김천에서 동학농민군을 결집하여 동학농민혁명에 참여했다.

ㅁ김태화(金太和)는 경상도 김산에서 동학농민혁명에 참여했다가 1894년 10월 6일 체포됐다.

주요 사적지

- 편보언 가, 최시형 은거지: (현, 어모면 다남리2길 771) 참나무골, 현재 편홍렬 씨의 집.
- 김산 집강소 터: (현, 감호동 89, 90, 93, 130, 152번지 일대) 김천 용암사거리에서 김천교 사이의 도로 양옆(감호동과 용두동)으로 〈아랫장터〉가 들어섰다. 도집강 편보언이 1894년 도소를 설치하고 김천 일대에 폐정개혁을 수행했다.
- 삼도봉 동학교도 취회지: (현, 부항면 해인리, 충북 영동군 상촌면 물한리, 전북 무주군 설천면 미천리의 경계) 1893년 보은취회 뒤에 삼도봉 아래에서 집회했다.
- 전 경상 감사 이용직 귀양 집터: (현, 김천시 부항면 해인리)
- 김산 소모영 민보군의 추풍령 방어지(현, 영동군 추풍령면, 김산군 황금소면)
- 동학접주 조순재 근거지, 김산 관아 터(현, 봉산면 예지리, 봉계), 김산 소모사 조시영(曺始永) 세거지 및 소모영 자리.
- 동학접주 강기선 처형 터: (현, 지좌동 621. 성의중종고 뒤) 지좌동 까치골.
- 천도교 복호동수도원: (현, 구성면 용호리 295번지) 최시형 은거지이자 내칙 반포 터. 뒷날 김구의 은거지.

성주 경상 서북부 지역 중 가장 빨리 읍성 점령

성주성이 동학농민군에 의해 점령됐다는 기록은 『일성록』 등 조선왕조실록에 등장하는데, "전 성주 목사(星州 牧使) 오석영(吳錫泳)은 앞질러 피하여 백성들이 무너지게 하고 성(城)을 비워 비적들에게 넘겨준 죄로 이미 귀양 보내는 처결을 받았으니 논할 것이 없고…"라거나 "성주 읍성이 모조리 불에 타 백성을 구휼하는 어명"을 내리는 등 조정에서 일찍이 주목을 받은 지역이었음을 알 수 있다.

1880년대 포교, 보은취회에 30여 명 참가 기록

성주 지역도 인근 지역과 마찬가지로 1880년대부터 동학 교세가 급속하게 신장된 것으로 보인다. 성주 지역 동학은 상주에서 김산, 지례를 거쳐 포교되어 접 조직이나 동학 활동이 이들 지역과 밀접하게 관련되어 있다. 성주의 동학조직은 상주, 금산과 함께 상공포(尙公抱) 휘하에서 활동했다.

1893년 보은취회에 30여 명의 동학교도가 참가했을 만큼 막강한 교세였다.

6월 성주 읍성 점거

1894년 6월 들어 예천, 상주, 김산에서 동학농민군들이 도소나 접소를 중심으로 폐정개혁을 추진하자 성주의 동학교도들도 이에 대응하였다. 동학교도 탄압에 반발하여 가장 먼저 성주 읍성을 점거한다. 성주 읍성 점거 당시의 자세한 전투 상황이나 주도자들은 알 수 없지만 기록에 따르면 상공접과 충경접 예하의 상주, 김산, 성주의 동학농민군이 참여한 것으로 보인다.

8월 들어 집강소 설치 등 본격적인 활동

8월이 되면서 이 지역 동학농민군은 성주 읍내에 접소를 설치하고 공공연하게 세력을 규합해 나갔다. 성주 읍지 『성산지(星山誌)』에 당시 상황을 다음과 같이 전하고 있다. "갑오년에 스스로 동학을 칭하면서 도당을 불러 모아 도처에서 난을 일으키니 8도가 소란했다. … 8월이 되자 (동학농민군이) 읍내로 돌입하여 접을 세우고 도당을 모으니 우민패류들이 다투어 그 당에 들어갔다"라고 했다. 이로 미루어 동학농민군이 성주 읍성을 6월에 이미 점거했

동학농민혁명 시기 동학농민군 집회터인 초전면 대마장터. 이곳에 모인 동학농민군이 성주 읍성을 점령했다.

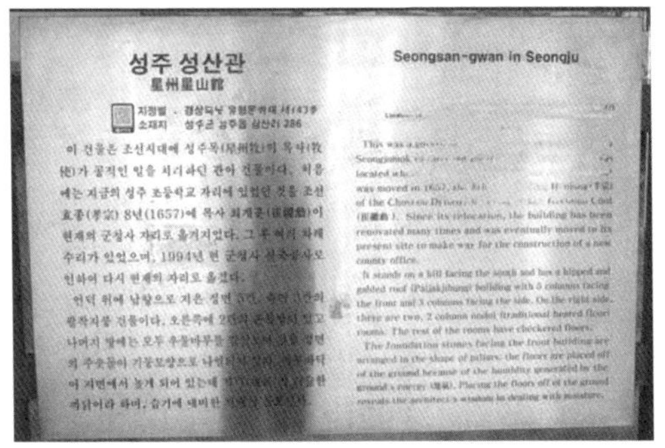

성주 관아 성산관 건물(위)

성주 관아 안내문. 동학농민혁명사 사적 기록은 없다.(아래)

지만 동학농민군이 주둔하지 않고 있다가 8월에 동학농민군들이 들어와 집강소를 설치 운영한 것으로 보인다. 당시 성주 읍내의 정신적인 지주였던 하강공 김호림이 "장차 동학농민군이 지배하게 될 것이고, 신분제는 폐지될 것이니 이러한 변화에 맞추어 처신하라"고 심산 김창숙에게 타일렀다는 일화가 말해 주듯, 당시 진보적인 지식인들은 동학이 시대의 대세라는 사실을 이미 인지하고 있었던 것 같다.

성산 동학 집강소의 부정적인 횡포 기록도 있다. "기민을 잡아다가 전곡을 토색하고 입당을 강요했다"거나, "접소의 명령에 따르지 않는 자에게는 형벌이 부과되었다. 공산 송준필이 입당하기를 거부해 생명이 위독할 정도로 매를 맞은 것도 이 시기의 일이다."라고 했다.

그렇다고 성산의 동학농민군 세력이 모든 사족을 무차별로 공격한 것은 아니었다. 가령, "갑오년에 동학당이 크게 일어나, 가는 곳마다 약탈을 하며 떼를 지어 휩쓸고 다니는 자들이 하루도 문 앞에 끊어지지 않았다. 그러나 그들 무리가 서로 일러 말하기를 '여기는 김하강의 마을이다. 조심하여 범하지 말라'고 했다"고 하여 스스로 신분제를 부정하거나 지역민의 신망이 높은 진보적인 사족은 공격 대상에서 제외하기도 했다.

향리 장정, 동학 접소를 공격하여 10여 명 살해

그러나 동학농민군의 진심은 안중에도 없는 향리들은 장정을 모집하여 군기고의 무기로 무장시켜 밤을 틈타 동학 접소를 공격했다. 이 공격으로 접소에 남아 있던 10여 명의 동학농민군이 살해되었고, 나머지 동학농민군은 일단 읍내에서 퇴각하였다. 성주 읍내를 회복한 향리와 사족들은 수령과 더불어 인근의 동민을 모아 밤낮으로 방비를 굳게 했다.

성주성 점령 과정

한편, 성주 읍내에서 퇴각한 동학농민군은 즉각 이 사태를 김산, 상주 등 상부 조직에 보고하자, 상공접과 충경접은 상주와 김산의 읍내 공격을 지원하기로 결정했다.

1894년 9월 6일, 성주읍에서 북쪽으로 15리 정도 떨어진 대마장터에 무장한 1만여 명의 동학농민군이 집결했다. 향리와 사족들은 이에 대적하여 결전을 준비했으나 동학농민군의 위세를 두려워한 목사가 밤을 틈타 먼저 도주해 버렸다. 예하 병졸들은 전의를 상실하고 다투어 도망하여 읍내 방어는 무산되고 말았다. 동학농민군은 아무런 저항도 받지 않고 읍내를 점령하여 향리들의 가옥에 방화했다. 때마침 큰 바람이 불어 1천여 호로 번졌고, 이후 3일을 타면서 읍내를 온통 잿더미로 만들었는데, 그 연기가 인근 100리까지 미쳤다고 했다.

성주 읍성을 점거한 동학농민군들은 송대(松臺) 높은 곳에 장막을 설치하고 서리 및 부호들의 재산을 몰수하는 등 본격적인 동학농민군 지배 체제에 들어갔다. 당시 성주 읍성 공격에는 이 지역 접사 여성탁, 장여진이 앞장섰다.

성주성 함락, 조정에 보고

경상 감사는 성주읍이 함락되고, 천여 호의 인가가 불탄 사건을 즉시 조정에 보고했다. 조정은 당일로 목사 오석영을 파직하고 조익현을 신임 목사로 발령했으며, 대구 감영에 급히 군사를 파견해 두목을 잡아 참수하라는 명을 내렸다.

대구 감영에서는 일본군에 성주 동학농민군 토벌을 의뢰했고, 신무기로 무장한 일본군 백여 명이 성주에 급파되었다. 이 소식이 전해지자 성주 동학농민군은 대책을 논의한 끝에 김천, 상주 등지로 후퇴하기로 결정했다. 성주 읍성의 구조상 재래식 무기로는 신무기로 무장한 일본군을 상대하기에 부적합했을 뿐만 아니라 읍내가 불타 버려서 싸움을 오래 이어갈 만한 식량을 조달할 길이 없었다.

1894년 9월 6일 당시 성주 읍성을 공격한 인물로는 문용운(文龍云, 접주), 서달용(徐達龍, 접주), 손천팔(孫千八), 장의중(張義重)이 거론되었다. 장여진(張汝振)은 좌익장(左翼將)으로서 성주를 함락했다가, 그해 12월 6일 충청도 황간에서 민보군에 체포되어 총살되었다.

이 밖에 구전에 따르면 박성빈(朴成彬, 고 박정희 전 대통령의 부)이

성주 읍내 풍경. 성주 관아는 6월부터 동학 농민군에 의해 점령되었다. 현재 옛 관아 자리에는 군청이 들어섰다.

이 무렵에 동학 지도자로 앞장섰다가 처가 마을 구미로 도피했다고 알려졌으나 이에 대해서는 더 연구할 필요가 있다.

김산 상주 등 주변 고을 지원에 나서

이후 성주 동학농민군은 김산, 상주 등지의 동학농민군과 합세하여 상주, 선산 읍성 공격에 가담했다. 그리고 일부 세력은 손병희가 이끄는 북접 동학농민군에 합류하여 공주성 전투에 참가했다가 보은 북실에서 궤멸되는 세력에도 합류했다. 예컨대, 상주 소모영 김석중이 이끄는 상주 유격대에 의해 11월 27일 충청도 청산 와지에서 체포된 여성도나, 12월 6일 영동 수석에서 총살된 장여진은 성주 읍성 공격에 앞장섰던 성주 동학 지도자들이었다.

참여자 기록을 통해서 본 성주 동학

□ 문용운(文龍云, 접주), 서달용(徐達龍), 장의중(張義重), 손천팔(孫千八), 장여진(張汝振) 등 5명은 1894년 8월 28일 동학농민군을 이끌고 성주 관아를 공격했다는 기록이 보인다.

□ 장여진(張汝振, 좌익장)은 동학농민혁명에 참여하여 성주성을 함락했다가, 1894년 12월 6일 충청도 황간에서 체포되어 총살됐다.

주요 사적지

■ 대마장터 동학농민군 집결터: (현, 성주군 초전면 대장1리 대마장터) 1894년 9월초 1만여 명이 모여 성주성 공격에 나섰다.

■ 옛 동헌 성산관: (星山館, 현, 성주읍 심산로 95-6, 성주읍 경산리 286, 283-1) 원래 성주목 관아가 있었던 자리는 군청이 들어섰다. 동학농민혁명 당시 관아는 함락되었고, 성내의 많은 집이 불탔다.

동학농민군 활동은 있었으나 사료가 많지 않아 의성

의성 동학농민혁명 사적은 오히려 주변 지역의 사료에서 부분적으로 언급이 되고 있다. 예컨대 선산, 예천의 동학 지도부가 "안동과 의성 관아를 먼저 쳐서 무기를 갖추자"고 계획했으나 '의성에 민보군이 이미 막강하게 자리 잡아 침범하지 못했다'고 했다.

의성의 난도인 이장표 징치 사건

박학래의 『학초전』에 따르면 '의성 출신으로 말썽을 부린 동학교도 이장표(李章表)'를 징치한 사례를 기록했다. 이장표는 "사람을 무고하는 말을 아무 근거 없이 억측으로 지어내어 선동하고 다녔다. 보은 장안까지 가서 말썽을 일으켜 주장하고, 보은에 가서

의성 읍내 전경. 동학농민혁명 당시 의성 동헌은 한때 동학농민군이 점령했다.(왼쪽, 오른쪽)

의성의 옛 동헌 자리였던 의성경찰서. 당시 동헌은 동학농민군에 의해 점령되었다. 200년 수령의 회나무가 있다.

입도한 '동학도 검찰'이라고 행세하고 다녔다." 이에 박학래를 비롯한 다른 동학교도들은 이창표를 징계하기로 결정하고, "8월 13일에 각군 각처 동학도들이 용궁 암천동 반석에 대도회를 열어 이장표를 잡아다가 난언명례(亂言名例) 손상죄에 대해 견디지 못하고 아침에 엄태 30대를 가하고 만장회 때 쫓아내었다"고 했다. 당시 보은 대도소에서도 사람을 파견하여 동학교도 활동에 대한 감찰 활동을 했다. "이때 보은에서 박학초의 '난도인(亂道人) 처리 수단'도 볼 겸 비밀리에 안렴사(按廉使)로 이용구를 파견하여 비밀 조사했다. 그날 이용구는 영벽정 위 김순홍 집 사랑에 머물렀다고 했다. 의홍 지역 동학농민군 토벌 활동 기록인 신석찬의 『창계신공실기(蒼溪申公實記)』에서도 의성 지역 동학 활동에 대해 일부 언급하고 있다. 여기에 "(동학농민군이) 의성군 금성면 탑리에서 기포했다"는 구체적인 기록이 보인다.

『창계신공실기』에 나타난 의성 동학농민군 활동

나(신석찬)에게 부탁하여 말하기를 "경주, 청송, 의성, 영천, 신녕, 비안 등지는 왕왕 비류(匪類)가 산에 의지하여 시끄럽게 모여서 표략(剽掠)함이 우심(尤甚)하니 이는 적은 걱정이 아닙니다."라고 보고했다. 이 밖에 『창계신공실기(蒼溪申公實記)』에서 의성 동학농민군의 활동을 짐작할 만한 몇 가지 기록은 다음과 같다.

① 8월 14일, 내가 읍에 들어가 교궁(향교)에 머물렀는데, 동도

(東徒)가 의성 등지에 소굴을 두고 사방으로 흩어져서 노략질하고 있다는 소식을 들었다.

② 8월 17일, 교노가 아뢰기를 "동학도가 의성으로부터 바야흐로 본 경내(의령)로 들어온다"고 했다.

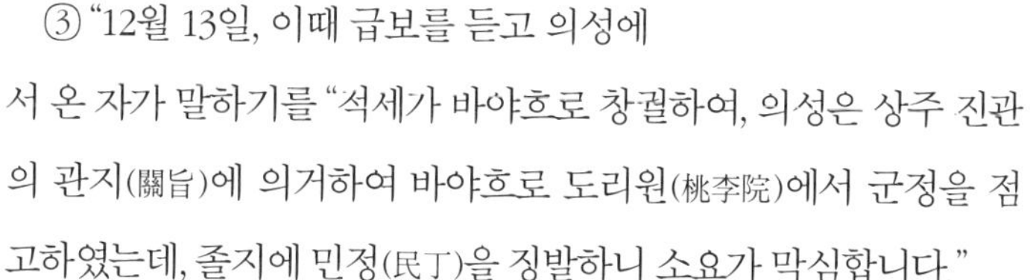

③ "12월 13일, 이때 급보를 듣고 의성에서 온 자가 말하기를 "적세가 바야흐로 창궐하여, 의성은 상주 진관의 관지(關旨)에 의거하여 바야흐로 도리원(桃李院)에서 군정을 점고하였는데, 졸지에 민정(民丁)을 징발하니 소요가 막심합니다."

의성 금성시장. 동학농민군 기포 터이며, 동학농민군과 민보군 사이에 전투가 벌어졌다.

위의 기록 ① ②의 정황으로 보아 의성에 8월 중순부터 동학 활동이 극심했고, 이는 의성에 일찍부터 결성된 민보군 활동에 위축된 의성 동학농민군이 의령 경계를 넘어온 것으로 보인다. ③은 12월 손병희가 이끄는 호서 지역 동학농민군이 북상할 때 대응한 정황을 보여주고 있다. 의성에서는 12월 중순에 다시 민보군을 결성하기 위해 민정을 징발하여 세상 여론이 시끄러워진 세태를 전하고 있다. 이로 보아 의성의 동학농민군 활동이 꽤 오랫동안 유지된 사실을 알 수 있다.

주요 사적지

- 동학농민군의 의성 관아 습격: (현, 의성읍 후죽리 608-3번지) 의성경찰서와 농협중앙회 의성군지부의 경계 지점이 의성현의 동헌 터. 동학농민혁명 시기에 동학농민군의 습격을 받았다.
- 동학농민군 기포지: (현, 금성면 탑리1길 29번지, 산운리 644-12) 시기는 명시하지 않았으나 동학농민군이 기포했고 이곳에서 전투가 벌어졌다.

군위 의흥 관아 점거와 신원 전투

최시형이 1885년 8월 군위군 효령면 화계리(불냇)에 은거했다는 기록으로 보아 군위 지역에 일찍부터 동학이 포교된 사실을 알 수 있다. 신석찬의 『창계신공실기(蒼溪申公實記)』에 따르면 동학농민군에 대항하여 군위, 의흥, 칠곡을 중심으로 민보군을 결성하여 활동을 펼치고 있다. 동학 포 조직으로 보아도 경북 서북부 선산포에 의흥, 군위, 칠곡이 속해 있어 동학 포조직과 연계하여 이해돼야 한다. 인동 토포사 조응현(趙應顯) 관할에 군위, 의흥, 칠곡이 포함된 것도 그 연장선이다.

군위군 동학농민혁명의 사적으로는 1894년 8월에 의흥(義興)과 화남면 신녕현(新寧縣)에서 동학농민군이 기포하여 관아를 점거했다는 기록이 보이지만 활동 내용이나 인물과 사건에 대한 기록은 많지 않다.

동학농민군 활동 기록

군위군 부계면 부림리 출신 유학자 창암 신석찬이 지은 『창계신공실기(蒼溪申公實記)』에는 의성, 군위, 영천, 칠곡 등 주변 지역의 동학농민군 활동 기록이 나온다. 신석찬은 근동의 보수 유림 세력들을 결집하여 동학농민군을 토벌할 진지(지휘소)를 마련하고, 적극적으로 반 동학농민군 활동을 전개한 인물이다. 그의 기록에 따르면 "군위군 우보(두북리, 북동), 의성군 금성면 탑리 등에서 동학농민군이 기포했다"고 했다.

『창계신공실기』에 따르면 동학농민군과 민보군 사이에 세 차례 정도 전투가 벌어졌다.

신원에서 첫 번째 전투

"첫 번째 싸움에서 신원(薪院)에 둔취한 적을 베고, 두 번째 싸움에서 신녕(新寧)의 진을 격파하고, 세 번째 싸움에서 효령(孝令)의 소굴을 도려내고 그 괴수(魁首)를 죽이고 그 무리를 풀어주니…" 라고 했다. 당시 전투 상황을 상세하게 볼 필요가 있다.

첫 번째 싸움은 8월 17일에 있었다. 향교의 종(校奴)이 아뢰기를 "동학도가 의성으로부터 바야흐로 본 경내로 들어온다"고 했고, 18일 밤 인정(人定, 밤10경)에 동도가 갑자기 북동(北洞)에 이르러서

멀리서 본 의흥면. 동학농민혁명 당시 의흥 관아는 동학농민군에 의해 점령되었다.

촌락을 표겁(剽劫)하니, 거주하는 사람들이 놀라서 흩어졌는데 임곡(林谷)에 숨는 자가 많았고, 교궁(校宮=향교)에 투입(投入)한 자도 또한 있었다"고 했다.

이 상황은 좀 애매하다. 다음날인 19일에 신석찬이 관아에 들어갔을 때 그의 눈앞에서 "수리(首吏) 박주목(朴周睦)이 결박 당하니…곡성이 사방에서 일어나서 산야가 모두 진백(盡白, 새하얌)하였다. 내가 몸을 빼어 곧바로 동헌에 들어가니 오졸(烏卒=오합지졸)은 흩어지고 다만 일개 통인 박오현만 있었다. 현감이 놀라서 말하기를 "이런 (위급한) 때에 (위급한) 나를 보러 오는 자가 있는가? 화가 당장 급하니 어떤 계책을 써야 좋은가?"라고 물었다. 신석찬이 "삼가 대중을 놀라게 하지 말고 동정을 살피소서." 하고 동헌을 물러나오니 "적은 과연 (더) 범하지 못하고 남쪽을 공략하기 위해 내려갔다"고 했다.

당시 신원 지역의 동학농민군 침범 상황에 대해 신석찬이 "신원에 다다르니, 완악한 저 비적(匪賊)들이 널리 와굴(窩窟=소굴)을 점령하고, 검(劍)으로써 으르고, 총으로 몰아내었다. 도당을 나누어 보내 촌락을 침략하여 재화와 비단, 우마, 쌀과 좁쌀[米粟] 그리고 총과 창을 있으면 빼앗고, 없으면 거인(居人)을 죽이고 상해를 입혔다"라고 기록하고 있다.

"남쪽의 대율(大栗)과 서쪽의 거수(巨首), 칠곡의 동북(東北), 군위의 효령(孝令)은 가히 (동도 세력이) 하늘과 땅을 덮었는데, 본동에서 만난 것보다 심함이 있다"라고 하여 당시 군위 근동이 온통 동학농민군이 점령한 정황을 사실적으로 묘사하고 있다.

옛적 의흥 관아터였던 의흥면사무소. 동학농민혁명 당시 동학농민군이 관아를 습격하는 등 활발한 활동을 벌였다.

신석찬의 신원 싸움

마침내 "(신석찬이) 8월 20일 아침에 적당과 마주쳤으나 동학도들이 (신석찬에게) 한 편이 되자고 했다. 그러나 신석찬이 "의를 내세워 청을 거부하고 도리어 그들을 교화했다"고 기록하고 있다.

신석찬의 기록에 "성항산(城項山)에 올라 같은 유학도들과 비적(동학교도)을 칠 궁리를 하고 내려와, 드디어 적을 쳐서 없앨 계책을 결정했다. 이정표(李庭杓), 홍기진(洪祺鎭), 이류(李瑠)는 신원에서 적세를 탐지하게 하였고, 홍기표(洪祺杓), 우규석(禹圭碩), 백성근(白成根)은 한편으로 서남(西南, 효령)에 빨리 통지하게 하였다. 또한 본 면 각 리에 당부하여 앞에서 부르면 뒤에서 호응하여, 밤을 새워 동원(調發)시켜 매상(昧爽=이른 아침)에 대사를 거행키로 했다.

8월 21일, "… 이정표를 동으로 보내고, 나는 서쪽으로 가서 소재지에서 각기 무리를 일으키도록 했다. 어떤 이가 와서 말하기를 "동도가 밤에 거수리 김좌수 집에 들어와 약탈하고 갔는데, 빼앗은 물건을 수령해 가기 위해 한 놈이 남아 있습니다."라고 했다. 곧바로 가서 결박하고 뒤따라갔다. 또 발빠른 사람으로 하여금 군위와 효령 등지에 통지하게 하고, 선봉대로 하여금 곧바로 신원을 향하여 구 장터로 달려가게 하고, 남쪽의 무리들은 이미 유목정에 이르렀고, 동쪽의 무리들도 남방제에 이르렀다. …일시에 나란히 나아가서 삼면을 포위하고 담력이 큰 사람 수백 인으로 하여금 빨리 굴속에 들어가 먼저 병기를 거두고 토벌하게 하니, 거괴(巨魁)는 머리를 바쳤고, 여러 무리들은 달아나는 것으로 상책을 삼았다. 사로잡은 자는 27인이었다. …적이 달아나면서 칼을 휘두르니, 아군이 상처를 입은 자가 또한 많았다. 거의 죽게 된 자는 사람들에게 부축하여 집으로 돌아가게 했고, 상처를 입은 자는 사람들에게 이끌고 나가게 하고….”

위의 전투 상황은 자신의 덕(德)이나 공(功)을 중심으로 기록하여 상세하지 않지만, 피아간에 죽거나 죽음에 이르는 중상자가 많고, 수괴가 머리를 바쳤다는 말의 의미도 정확하지 않다. 오히려 칠곡의 소용구(蘇龍九)가 와서 포로를 죽일 것을 주장했지만 자신은 덕을 베풀어 살려서 관에 넘겼다고 했다. 이 상황을 좀 더 상고

신녕현 관아 터. 동학농민혁명 당시 동학농민군의 공격을 받았다.

할 필요가 있다.

화산 적의 포로에게 형틀을 채워 앞장 세워 곧바로 효령(군위군 효령면)으로 달려가니, 그 지역에도 동도가 설치한 소굴이 있었는데, 이곳에서 군사가 간다는 소문을 듣고 이미 스스로 해산했고, 소용구가 동북(東北, 칠곡)과 영서(嶺西, 군위 효령 서면) 양 면의 무리를 거느리고 먼저 동도를 붙잡아서 기다리고 있었다. 이어 화산에서 붙잡은 자들과 함께 나란히 결박하여 사중(沙中, 현 군위군 화곡면 사지리) 군위 현감 이인극(李寅兢)에게 인계했다.

8월 23일에 율리에 들어가 군막을 촌 아래에 설치하고 군사 훈련을 하게 되는데, "(동학농민군이) 신원의 하장터에 모였으며, 군위의 소계동에서도 또한 참여했다"고 했지만 이 지역 동학교도의 소요는 잠잠해진 듯했다.

8월 25일 급서가 당도했는데, "적당이 효령으로 향하고 있다고 하여 출동했으나 효령에 이르니 적이 이미 듣고 달아나버려 그 거처를 알 수 없다"고 했다.

9월 들어 "김산(김천), 상주 등지에서 군도가 취산(聚散= 모였다

의흥향교, 이 지역에는 유림이 민보군을 조직하여 동학농민군 토벌에 나섰다.

의흥면사무소 입구에 세워진 의흥 관아의 공덕 비석.

흩어지기를 하면서)하여 바야흐로 약탈하며 돌아다닌다고 한다."고 하여 2차 봉기 시기에 동학농민군의 활동이 다시 활발했던 정황을 보여준다.

호서 동학농민군 북상에 따라 분주하게 대응

공주 우금치 전투에서 패전한 뒤 손병희가 이끄는 호서 동학농민군은 전봉준과 함께 남하를 계속하다 헤어진 후, 남원 임실 새목터에서 최시형을 재회하여 북상을 했다. 경상도 지역의 호서 동학농민군을 두고 경상 지역이 다시 한번 긴장된 상황을 맞는다. 이런 다급한 정황이 『창계신공실기』에도 고스란히 실렸다.

> 12월 2일 김천군수가 당시 전 영남 조방장이 되었는데, 도집강, 양향유사, 문안유생을 택출(擇出: 가려서 뽑음)하라는 뜻을 본 읍의 현감에게 관문으로 전하니, 교중에서 천망(薦望: 사람을 벼슬자리에 천거함)하여 택차하라고 첩문이 내려왔다.

12월 13일 밤 술각(7시-9시)에 이르러 인동부 토포사 조응현이 급히 관문을 보내왔다. 인동으로 달려가 토포사 조응현을 만나 서로 협조하기로 상의한 뒤 12월 15일 어둠을 틈 타 읍에 돌아와 토포영에서 문답한 일을 관에 고했다.

12월 16일 현감이 내게 이르기를 "군액(軍額: 군용으로 쓸 곡물의 양)이 비록 정하여졌으나, 흉년이 들고 백성들이 굶주려 군량을 마련하는 것이 실로 어렵다. 매 명당 10냥씩 달마다 번갈아 주기로 결정했다"고 했다.

12월 19일, 영남 토포사의 명으로 신석찬은 "군사 2백 명을 조발하여 김산으로 출동하라"는 명을 받는다. 이들은 22일에 출발했다가 김천까지 갔으나 되돌아오게 된다. 이는 손병희가 이끄는 호서 동학농민군이 영동, 황간에 이르러 잠깐 경상도로 들어갈까 망설이다가 보은 쪽으로 들어갔으나 보은 북실에서 패하여 흩어졌기 때문이다.

주요 사적지

- **최시형 은거지:** (현, 군위군 효령면 화계리 불냇(火溪)) 최시형이 1885년 8월부터 9월 중순까지 머물렀다. (영천군 편 참조)
- **의흥(義興) 관아 점령:** (현, 의흥 관아 터) 군위 동학농민군이 습격했다.
- **동학농민군 토벌 지휘소:** (현, 군위군 부계면 부림(창평)리)
- **신원장 싸움터:** (현, 군위군 소보면 신원길, 구 장터) 동학농민군과 민보군이 싸움을 벌여 "거괴는 목을 바쳤고 27인을 사로잡았다"고 했다.
- **동학농민군 싸움터:** (현, 군위군 부계면 명산리(거수리) 이곳에서 동학농민군과 민보군 쌍방에서 인명이 살상되는 전투가 벌어졌다.

영천 신녕현 화산부 전투

최제우 재세 시기에 "신녕현에 동학 지도자 하치욱이 활동했다"는 기록이 보인다. 그러나 이후의 기록이 없어 동학농민혁명 시기의 활동과 어떻게 연결이 되었는지는 알 수 없다.

1875년, 최시형 영천 신녕현 순행 포교

최시형의 행적 기록에 의하면 "(최시형이) 포덕16년(1875) 2월 단양 절골[寺洞]에서 송두둑으로 이사를 하여 추석을 맞아 천제를 봉행하고 나서 9월 초 영남 순행에 나섰다. 이때 문경→상주→선산→신녕→용담 가정리→청하→달성의 경로로 순했다고 기록하고 있다. 여기서 선산과 신녕이라는 구체적인 지명이 등장하는 것으로 보아 영천 지역에 동학교도가 이미 존재했다는 사실을 알 수 있다.

그리고 『천도교서』 포덕 26년(1885) 6월 조(條)에 따르면 "충청도 관찰사 심상훈이 단양군수 최희진과 통모하여 6월에 보은 장내리 본부를 기습하여 많은 동학도들을 체포하여 투옥한 일이 있다."고 했다.이때 최시형은 가까스로 몸을 피하여 공주 마곡사 인

멀리서 본 신녕면. 동학농민혁명 당시 신령 관아가 점령되었다.

신녕현(新寧縣) 관아 터의 공덕 비석들

영천군 기계면 남계리는 최시형의 포교와 도피처다.

근에 1개월간 은신했다가 먼 경상도 영천군 임고면 불냇(화계=火溪, 현 군위군 효령면 화계리)으로 가서 9월 중순까지 머물렀다는 기록으로 미루어, 규모는 알 수 없으나 영천 지역에 동학교도가 있었음을 확인할 수 있다.

신녕 화산부 전투

신석찬이 이끄는 민보군(유회군)이 "본원[薪院]에 유진(留陣)하고 있을 때, 이웃 고을 신녕(新寧)에서 동도(東徒)가 바야흐로 화산부(花山府, 영천시 화산면)에 소굴을 설치했다"는 소식이 들어온다. 이에 최임문에게 1백여 군사를 보내 "보검과 3명의 적(동도)을 포로로 잡았다"고 기술하고 있다.

주요 사적지

- 신녕현(新寧縣) 관아 터: (현, 영천시 신녕면 화성리 419) 동학농민혁명 당시 이곳에 관아가 있었다.
- 신녕 전투지: (위치 불상) 1894년 8월 22일 신석찬이 이끄는 수성군과 동학농민군이 전투를 벌였다.
- 신원리 싸움터: (현, 영천군 청통면 신원리) 신석찬이 이끄는 민보군과 동학농민군이 싸움을 벌였다.
- 화산부 동학농민군 진지: (현, 영천군 화산면 이하 위치 불상)
- 효령 동학농민군 진지: (현, 군위군 효령면, 이하 위치 불상)

최제우의 박해와 순도의 땅 대구·경산

대구 감영에서 22차에 걸친 혹독한 신문

동학 창도주 최제우는 득도한 지 4년 만에 혹세무민의 죄로 붙잡혀 대구 관아를 거쳐 서울로 압송되었다. 최제우를 실은 수레가 과천에 도착했을 때 철종 임금의 죽음 소식으로 대구 감영으로 되돌아온 때는 1864년 정월 초였다.

대구 감영에 도착한 최제우는 관찰사 서헌순(徐憲淳)으로부터 22차례의 혹독한 신문을 받았다. 당시 참사관으로 배석한 이는 상주목사 조영화, 지례 현감 정기화, 산청 현감 이기재 등이었다.

1월 21일부터 2월 하순까지 거의 매일 고초를 당했다. 당시 최제우와 함께 신문을 받은 제자는 강원보(姜元甫), 최자원(崔子元), 이내겸(李乃謙), 이정화(李正華), 박창욱(朴昌郁), 박응환(朴應煥), 조상빈(趙相彬), 조상식(趙相植), 정석교(丁錫敎), 백원수(白源洙), 신덕훈(申德勳), 성일규(成一奎) 등 13명이다.

당시 최제우에 대한 신문의 정황을 인용하면 "추운 겨울 날 묶어 놓고 마당에 꿇어앉힌 다음 매질을 가하면 얼어붙은 살은 쭉쭉 갈라지고 선혈이 낭자하여 차마 눈뜨고 볼 수 없는" 끔찍한 광경

대구 달성공원에 선 동학 창도주 최제우 동상

이었다. 이 정황에 대한 또 다른 기록에 "1864년 2월 하순 대구 경상 감영의 뜰에서 우두둑 하는 큰 소리가 났다. 경상 감사 서헌순이 '무슨 소리냐'고 묻자 '죄인의 다리뼈가 부러지는 소리입니다'고 했다"라 적고 있어 가혹한 심문 과정을 짐작케 한다.

당시 조서 내용은 "동학이란 서양의 도술을 그대로 따른 것으로, 오직 이름만 바꾸어 세상을 현란시키는 것"이며, "만일 조속히 토벌하여 법으로 철저히 다스리지 않으면 더욱 심해질 것이며, 이들은 황건적이나 백련교와 같아질 것이 뻔하다"고 하여 동학을 서학과 같은 사교로 규정지었다. 그러나 최제우는 이러한 죄목이 옳지 않다고 일축하고 도리어 그들에게 무극대도의 참뜻을 설파했다. 경상 감사 서헌순은 최제우에 대한 신문 내용을 조정에 보고조차 하지 않고 지방 감영에서 흐지부지 처리하고 말았다.

관덕정 참형, 이 땅에 평등을 꽃피우다

1864년 3월 10일, 최제우는 대구 남문 앞 개울가 기다란 판자 위에 꽁꽁 묶인 채 엎드려져 있었다. 목 밑에는 나무토막이 받쳐져 있었다. "최복술을 참수하여…" 최복술(崔福術)은 최제우의 아명이

천주교 순교 기념관 관덕정. 현재 대구 관덕정의 자리는 원래 있던 자리가 아니다.

며, 만 40세였다. 그러나 최제우의 참수는 이 땅에 뒤틀린 삶의 틀을 바꾸자는 '다시개벽'을 위한 거룩한 희생이었고, 그 희생은 이 땅에 새로운 시대와 문명을 향한 개벽 대장정의 시작점이 되었고, 그 흐름은 역사의 굽이마다 평등을 꽃피웠다.

한편, 최제우와 함께 신문을 받았던 제자들 중 12명은 강원도 등지로 유배되거나 엄형을 받거나 혹은 무죄로 석방되기도 했다. 최제우의 순도 후 시신은 김경필, 곽덕원, 정용서, 임익서, 김덕원 등이 거두어 구미산 용담정 앞 다릿골에 안장했다.

최제우의 순도 자리

최제우가 참형을 당한 대구 관덕정은 옛 아미산 북쪽 아래 대구읍성 남문, 즉 「영남제일문」 밖 서남으로 200보 지점에 있는 대구 감영의 도시청(都試廳)이었으며, 관덕정 부근은 평소에 관병들이 군사훈련을 받거나 무예를 조련하는 곳이다. 관덕정의 마당은 현재 적십자병원 일대와 동아백화점 앞에서 반월당 사거리, 즉 아미산 언덕 아래 전 지역을 포괄한다. 또 최제우의 경우처럼 참수형 등의 형을 집행하는 곳도 관덕정 앞 마당이었다. 그 뒤 1917년 8월에 이곳에 동문시장 일부가 옮겨왔다. 1919년 7월에는 나머지 동문시장마저 이곳으로 옮겨와 새로운 시장이 형성되었다. 이때부터 남문시장으로 불렸으며, 1937년까지 장터로 사용되었다. 또한 이 관덕정 마루는 아미산 등성이로, 관덕정 앞을 흐르는 개천을 건너서 언덕까지 약 140보의 거리인데, 이 아미산 언덕에 현재 복명초등학교가 자리 잡고 있다. 이곳이 최제우의 순도 자리로 추정된다.

관덕정에서 조금 떨어진 대구 달성공원에는 최제우 순도 100주

대구감영 선화당. 최제우가 심문을 받던 곳이다.

최제우는 대구 관덕정에서 좌도난정률로 처형되었다. 당시 관덕정이 있었던 남문시장 약전거리.

년이 되는 1964년에 최제우의 동상이 건립되었다.

최제우 나무. 경상감영에 딸린 감영옥 자리에 선 400년 수령의 회화나무. 현재 대구 종로초등학교 교내).

대구 감영, 동학농민혁명 초기부터 대응

대구 감영에서는 동학농민혁명 초기부터 동학 세력을 제압하려는 움직임을 보였다. 1894년 5월 5일 주한 일본공사관의 「경상도내 동학당 경황 탐문보고서」에 "김산 지례 거창에서 4월 중순 동학당 혐의로 대구 감영으로 잡혀온 20여 명 중 3명이 동학 주문을 품안에 숨기고 있었다."고 했다. 이로 보아 대구 감영이 동학농민혁명 초기부터 동학교도의 움직임에 적극 대응한 사실을 알 수 있고, 일본 공사관에서는 김천 지례 거창지역을 요주의 지역으로 지목한 사실을 알 수 있다.

2차 봉기 때 경상 감영의 진압 활동

동학농민혁명 2차 봉기 시기에 경상 감영은 관찰사 조병호(趙秉鎬)를 중심으로 경상도 지역 동학농민군에 대한 토벌 본부가 되었다. 1894년 9월 25일에 조정에서 보낸 공문에 "소모사로 창원부사(昌原府使) 이종서(李鍾緖), 대구판관(大邱判官) 지석영(池錫永), 인동부사(仁同府使) 조응현(趙應顯), 거창부사(居昌府使) 정관섭(丁觀燮)을 임명"하여 여러 고을을 나누어 토벌하게 했다. 이들은 각 지역을 돌며 그 지역 민보군과 함께 토벌 활동을 벌였다. 특히 10월 29일 토포사 지석영을 부산 통영으로 내려보내 일본군과 합류하여 경상 남부 해안 지역에서 동학농민군 토벌 활동을 벌였고, 11월 10일 대구 감영으로 복귀했다. 지석영은 비류를 뒤쫓아 생포하고 엄하게 곤장으로 징계하고 풀어 주었는데, 그 숫자가 71명이라고 보고 했다.

또, 경상도 각 지역에서 붙잡힌 동학농민군이 현지에서 처형되기도 했지만 대구 감영으로 압송된 동학농민군도 많았다. 감영에서 이들을 어떻게 처리했는지에 대해서는 기록이 없다.

주요 사적지

- 관덕정 최제우 처형 터(관덕정, 최제우 순교지, 현, 대구광역시 중구 덕산동 53-3, 남산동 937, 938, 계산 2동 198-1번지 일대) 1864년 3월 10일 동학 교조 최제우가 순교한 곳. 최제우가 처형된 것으로 추정되는 관덕정 마당터에는 현재 대구적십자병원과 동아쇼핑센터가 자리하고 있다.
- 달성공원, 최제우 동상: (현, 대구광역시 중구 달성동 294-1번지) 1864년 3월 10일 대구 관덕정에서 순교한 동학교조 최제우의 순교 100주년을 맞아 달성공원 내에 세운 동상(大神師水雲崔濟愚像)이 세워져 있다. 안내판이 설치되어 있다.
- 대구 경상감영공원: (사적 538호, 현, 대구광역시 중구 경상감영길 99, 포정동 21) 1863년 12월 체포된 동학교조 최제우가 1864년 3월 10일 처형될 때까지 수감되어 있던 대구감영 자리에 대구 경상감영공원이 조성되었다.
- 최제우 나무: (현, 대구광역시 중구 포정동 경상감영길 49(서문로1가 1-5), 종로초등학교 교내) 경상감영에 딸린 감영 옥 자리에 선 400년 수령의 회화나무로, 최제우가 갇힌 옥을 지켜보았다고 붙여진 이름이다.

최제우 재세 시기부터 동학 전파 청도

최제우 포덕 시기에 청도 접주 임명

『천도교회사초고(天道教會史草稿)』에 따르면 최제우는 1862년 12월 경주(慶州)를 비롯한 경상도와 인근 지역까지 16명의 접주(接主)를 정했는데, "대구(大邱), 청도(淸道) 및 경기 접주로 김주서(金周瑞)를 임명했다"고 했다. 이로 보아 창도주 최제우의 재세 시기에 청도 지역에 동학 세력이 상당하다는 사실을 알 수 있다.

이 지역은 뒷날 최시형의 주요 포덕 활동 지역이기도 했다. 최시형은 최제우로부터 도를 받고, 겨울에도 매일 찬물 목욕재계를 하는 등 고된 수련에 임했다. 1862년 3월 최제우로부터 포교에 힘쓰라는 명을 받고 "영해·영덕·상주·홍해·예천·청도 등지를 돌아다니면서 포교를 해 많은 성과를 거두었

청도 운문사. 동학농민혁명 시기에 7만여 명의 동학농민군이 둔취했다.

다."고 했다. 그러나 더 이상 이 지역의 동학교도 활동에 대한 기록은 없다.

청도 운문사 둔취했던 7만여 동학농민군 오치에서 전몰

이후 1894년 동학농민혁명 시기에 경상남도 밀양 산내면의 끝자락에 있는 오치마을에서 청도 동학농민군 활동이 구전으로 확인된다. 오치마을은 임진왜란 때 달성서씨들이 경북 청송에서 피난을 오면서 형성된 마을이다. 한때 40가구의 주민들이 살았는데, 이 마을 서보욱(60) 씨가 전해주는 구전에 "조선 후기 동학농민혁명 때 청도 운문사에 있던 7만여 동학농민군이 이 마을로 피신해 왔다. 관·일본군이 동학농민군이 진을 친 마을을 포위하여 전원 몰살했다. 까마귀 떼가 방치된 동학농민군의 시체를 수년 동안이나 쪼아 먹어서 까마귀 마을(烏峙)이 되었다"라고 했다. 7만여 명이라는 숫자와 몰살이 터무니없으나 전혀 근거가 없는 이야기 같지는 않다. 이는 청도 운문사 동학농민군 둔취 기록이나 부산 수비대 소속 후지타(藤田) 부대가 경상도 청도에 탐정대 7명을 파견했다는 기록과 무관하지 않다.

주요 사적지

- 청도 운문사 동학농민군 주둔 터: (현, 청도군 운문면 운문사길 264번지) 청도 운문사 둔취했던 7만여 동학농민군이 밀양 고을 오치에서 전몰했다. 이는 부산의 후지타(藤田) 부대가 청도에 파견된 사실과 무관해 보이지 않는다.

가산산성을 중심으로 동학농민군 토벌 활동 칠곡

칠곡, 의흥, 군위군 삼읍의 유학 세력이 약정을 규합하여 활동한 신석찬의 『창계신공실기』에 따르면 "(낮에는 인적이 끊겼다가 밤이 깊어 사람들이 나와서 보고하기를) 남쪽의 대율(大栗)과 서쪽의 거수(巨首), 칠곡의 동북(東北), 군위 효령(孝令)은 가히 하늘과 땅을 그물질한다고 할 만해서, 우리 마을에서 당했던 것보다 더 심했다고 한다" 라고 하여 칠곡이 군위 지역보다 동학농민군의 피해가 컸던 사실을 전하고 있다.

칠곡 부사 남궁억, 십수 명의 동학농민군 참형

신석찬이 칠곡 가산으로 출동한 기록에서 칠곡 지역의 동학농민군 활동 사실을 만날 수 있다. "(11월 20일) 칠곡의 가산은 바로 험준한 곳에 의거한 지켜야 할 요충지로서 다섯 읍의 진관(鎭管, 요충지)이다. 당시 칠곡 부사 남궁억(南宮檍)이 문무를 겸비했으며, 의리를 내세우고[仗義], 도적의 침략을 막았으며[禦敵], 또한 비류 십수 명을 베어 죽였다."고 했다.

신석찬은 동학농민군 토벌을 공조하기 위해 가산에 머물면서

칠곡향교를 중심으로 민보군을 결성하여 동학농민군을 진입했다. 특히 소용구의 토벌 활동이 잔혹했다.

칠곡 부사 남궁억과 고을 약정과 교유한 사실을 기록하고 있다.

칠곡 지역에서 부사 남궁억을 도와 활약한 약정은 조화승(曺華承), 이재후(李在厚), 이경용(李敬用) 등이었다.

소용구의 활동을 통해 동학농민군 활동 상황 추정

칠곡의 동북(東北) 사람 소용구(蘇龍九)가 찾아와 말했다. "그들(동학농민군)은 감히 조정의 명령을 거역하였으니 국가에 죄지은 역도이고, 이미 비류(匪類)라고 일컬었으니 백성에 반란자들이며, 하나같이 약탈을 일삼았으니 민간의 큰 도적입니다…이들은 이른바 사람마다 누구나 죽여도 되는 자들입니다"라고 했고, 몽둥이 하나를 들고 선창하니, 일만 사람이 함께 호응하여 "마침내 어두운 하늘에서 어지러이 (몽둥이) 우박이 쏟아지니 그의 손에 떨어지는 것을 몰랐다. (모두 죽이고) 그 사실을 (관에) 품고하였다."라고 하여 칠곡 지역 민보군 소용구의 잔혹한 토벌 행위를 짐작할 수 있다.

"소용구는 무리를 거느리고 서쪽으로 향했다. 화산에서 사로잡은 포로들을 형구를 채워 앞장세웠다. 곧바로 효령에 다다랐는데, 그 지역도 동도가 소굴을 설치한 곳이었다. 그곳의 동도들은 이곳에서 군사가 간다는 소식을 듣고 이미 스스로 흩어져 버렸고, 우두머리인 자만이 아직 남아 있었었다.… 그때에 소용구도 칠곡의 동북(東北)과 영서(嶺西) 두 면 사람들을 거느리고 와서 먼저 비도들을 붙잡아서 기다리고 있었다. 이에 화산에서 붙잡은 자들과 함께 나란히 결박하여 백사장 숲에 데리고 가서 죄를 캐내어 물으니, 신원(薪院)에서의 공초(供招: 죄인에 한 심문)와 같았으므로, 어제처럼 (때려죽임으로써) 처리하여 다스렸다. (이에 신석찬이) 최임문과 소용구의 용맹을 칭찬하고 격려했으며, 군사들에게는 술을 상으로 내렸다. 마침내 그 일을 고을 사또에게 아뢰어 보고했다.

위의 전투 상황은 자신의 덕(德)이나 공(功)을 중심으로 기록하여 전투 상황은 상세하지 않다. 이와 흡사한 기록이 있다. "남쪽의 대율(大栗)과 서쪽의 거수(巨首), 칠곡의 동북(東北), 군위의 효령(孝令)은 가히 (동도 세력이) 하늘과 땅을 덮었는데, 본동에서 만난 것보다 심함이 있다"고 하여 당시 칠곡 근동은 온통 동학농민군이 점령한 정황을 보여주고 있다.

한편, 조시영이 이끄는 소모영의 동학 토벌 지역은 김천을 비롯해 인동, 칠곡, 선산, 성주, 개령, 군의, 의홍, 비안, 고령 등지였다.

갑오년 12월 1일 각 읍(邑)과 본읍(本邑) 16개 면에 보낸 감결(甘結)에 "군문(軍門)에서 쓰는 활을 제작하는 일은 매우 시급하여 활 제작에 드는 우근(牛筋, 소힘줄)을 각 읍에 분배하는데, 타 고을 20근, 15근에 비해 칠곡에는 10근이 배정되었다."고 했다. 이로 보아 칠곡 고을의 재정 상태가 빈약했던 것으로 보인다.

「소모사실」에 12월 24일 칠곡(漆谷) 고을에 보낸 감결은 질책에 가깝다. 즉 "군문이 설시된 뒤 후로 감칙한 것이 한두 번이 아니었는데, …한 번도 보고하지 않았다."고 하였다. 보고할 내용이 없었을 만큼 비교적 안온했다고 추측해 볼 수 있다.

그리고 칠곡은 좌목(義柒谷軍三邑約長座目)을 작성할 정도로 보수 유림 세력이 압도적으로 동학농민군 활동을 제약했다. 신석찬의 『창계신공실기』에 "(8월 24일) 우리 세 지역 사람들이 이미 약속을 정하고 한마음으로 적을 막아내었다. … 모두 신원의 아랫장터에 모이게 했다. 군의 소계동(召溪洞)에서도 참여했다. 이 마을이 요충지에 위치해 있고, 주민들이 정탐하는 일에 익숙하다. 그중에서 부지런하고 일을 주도할 만한 자를 골라서 통수(統首)로 가려 뽑고, 그에게 사람들(민보군)을 연습시키게 하였다. … 8월 24일, 편지 한 통이 칠곡(漆谷)에서 왔다. 편지를 뜯어보니, 비도의 무리가 바야흐로 효령(孝令)으로 향하고 있다는 것이다. 즉시 일어나 사람들을 깨웠다. 마령(馬嶺)을 넘어가는 길은 주변에 험난한 곳이 많아 도적들의 계책을 예측할 수 없기 때문에 앉아서 새벽을 기다렸다. … 새벽에 사람들을 이끌고 가서 응하였다. 고개에 이르니 비도들이 간 곳이 없었다."

동학농민혁명 시기에 활약한 칠곡의 약정은 조병위(曺秉衛)·조병구(曺秉樞)·정치환(鄭致賢), 군위는 신숙균(申琡均)·이달상(李達祥)·서정곤(徐正坤)·채윤기(蔡尹基), 신녕은 장두영(張斗永)·장두길(張斗吉) 등이었다.

『창계신공실기』에 11월 25일, 서쪽 사여동(沙余洞) 사람들이 적도 1명을 잡아서 약중(約中)에 바쳤는데, 죽여야 한다고 하는 사람이 있었다. 내가 말하기를, "비도도 같은 사람이니 가볍게 죽일 수 없다."라고 기록했다. 신석찬은 계속해서 내면의 여러 사람들과 함께 신원에서 회합하여 동학농민군들의 상황을 조사하였다. 그리고 그들이 '굶주리고 추운 무리들'로서 지역의 안정을 해칠 것을 염려하여 "지경 밖으로 축출했다"고 했다.

11월 29일에는 신원에서 사람들이 동학농민군의 동향을 신석찬에게 알려 왔다. 수상한 사람 4, 5명이 어젯밤 우현곡(右峴谷)에 잠입했다는 것이었다. 당시 칠곡 부사 남궁억(南宮檍)은 문무의 재주를 겸비하였다고 보았는데, "의(義)를 지켜 적을 막아냈으며, 비류 십수 명을 베어 죽이고… 군기(軍器)를 관장하기 위해 가산(가산산성)에 머물러 있었다"고 했다. 칠곡 고을의 약정(約正) 조승화(曺華

가산산성. 칠곡의 민보군은 산성에 의지하여 동학농민군을 방어했다.

承), 이재후(李在厚), 이경용(李敬用)이었다.

전 경상 감사 이용직의 유배지 칠곡

전날 경상 감사 이용직은 재직 시 수탈이 극심하여 의금부에 소환되어 심문 끝에 유배형을 선고받았다. 그는 고종의 6촌 형뻘인데, 무슨 미련이 남았던지 유배지를 경상도 칠곡(귀양지는 김천시 부항면 해인리 삼도봉 부근인데, 당시는 칠곡 지역이었다)으로 택했다가 충청도 영동 밀골과 수석으로 옮겨서 귀양살이를 하다가 타향에서 세상을 떴다. 그가 묻히고 싶은 곳을 경상도로 유언했지만 그의 상여가 추풍령 경계를 넘으려 하자 경상도 주민들이 나서서 "도둑놈의 송장을 받을 수 없다."고 하여 발길을 돌렸다는 일화가 있을 정도로 탐관오리의 대표적인 인물이다.

□ 남궁억(南宮檍, 1863~1939): 조선왕조 말기의 계몽운동가, 일제강점기의 독립운동가이자 교육가, 사회운동가, 시인, 저술가, 작사가, 작곡가, 언론인 등 다양한 이력이 붙었다. 조선 한성부에서 출생했으며, 강원도 홍천에서 잠시 유아기를 보냈고, 경상도 동래에서 유년기를 보냈다. 1887년 영어학교를 졸업하고 고종의 통역관이 되어 관직에 나갔으며, 1894년 내무부 토목국장이 되어 경성부 탑골공원(파고다 공원) 공사의 감독을 맡아 완공했다. 그 뒤 개화기에 계몽운동을 추진하다가 1903년부터 성주목사, 양양군수를 지냈으나 1905년 을사보호조약 이후 관직에서 사퇴하고 대한협회장, 관동학회(關東學會) 회장 등으로 활동하며 계몽, 교육 활동에 전

념했다. 1918년 고향 홍천 모곡으로 낙향하여 교회와 학교를 짓고 무궁화 보급 운동을 추진했다. 1933년 12월에 체포되어 서대문형무소에서 복역하다가 1935년 석방되었으나 4년 뒤에 고문 후유증으로 생을 마쳤다.

많은 사람들에게 독립운동가로 기억되는 남궁억은 자신의 많은 직함 중에 묘비명을 "칠곡부사 남궁억의 묘"라고 썼다. 그기 1893년 칠곡부사로 부임했고, 1894년 동학농민혁명 시기에는 칠곡 지역 '십수 명'의 동학농민군을 처단했다. 그리고 동학농민혁명이 마무리 되기 전에 칠곡부사를 그만두고 서울로 올라갔다.

주요 사적지

- 가산산성: (현, 가산면 가산리 산 98-1) 동학농민혁명 때 칠곡부사 남궁억(南宮檍)은 동학농민군 십수 명을 베어 죽였다. 약정(約正) 조승화(曺華承), 이재후(李在厚), 이경용(李敬用)은 군기(軍器)를 갖춰 가산산성에 머물러 있었다. 성내에 별장을 두어 성을 수호하고, 인근 경산, 하양, 신령, 의흥, 의성 지역의 군량이 있었다.
- 이용직 경상 감사 유배지: (삼도봉, 현, 김천시 부항면 해인리(당시 칠곡현)) 이용직은 고종의 6촌형으로, 경상감사 시절 수탈로 이곳에 귀양을 왔다. 충청도 영동 밀골로 옮겼다가 수석리로 옮겨 살았다,

고령 동학교도 활동은 있었으나 기록이 없다

고령 지역 동학농민혁명과 관련된 기록은 많지 않다. 그러나 관 기록을 통해서 동학농민혁명 시기의 활동을 추정할 수 있다.

"안재관 김성심…난민을 뿌리 뽑아라"

「소모사실」에 고령(高靈) 관아에 보낸 감결이 있다. 그 내용에 "동도(東道)에 물들어서 수창(首倡)하여 여러 모로 폐단을 일으키고 있다고 하니, 듣기에 해괴 막심하다. 그 때문에 좌목 속에 있는 이름자를 즉시 제거해 버리도록 하고, 이에 비밀리에 감결을 보내노니 본읍으로부터 상세히 몰래 탐문해서 참으로 수창한 흔적이 있거든 잡아 가둔 뒤에 보고해 올릴 것"을 지시하고 있나. 이 감결에 "안재관(安在寬), 김성심(金性心) 그리고 이름을 알 수 없는 강가(姜哥)가 난민(亂民)"이라고 이름을 명시했다. 이들 무리에 대해 "난세에는 동학을 하고, 평시에는 주구(誅求)를 하는 것이다. 그러므로 심상하게 다스리지 말고 뿌리를 뽑아 버려야 한다"고 했다. 동시에 "한 교졸(校卒)을 각 면, 각 리에 은밀히 보내어 기한을 정해 놓고 살펴 잡아서 본옥(本獄)에 굳게 가두고 형지(形止)를 치보

고령 군청. 옛 관아 터에는 동화궁전타운이 들어섰다.(사진 고령군청 제공)

(馳報)"하라고 구체적인 행동 지침을 하달하였다. 즉 '동도'를 수색하라는 감결인데, 무슨 일인지 이에 대해 고령 현에서는 답신이 없었다. 그러자 이에 대한 독촉 감결이 내려온다. "이 감결이 도착하는 즉시 번등(翻謄)해서 각 면, 각 동의 약정(約正) 도총(都摠)에게 영칙(令飭)하여 특별히 폐단을 막도록 하라. 구습을 고치지 않았다가 만일 발각되는 놈이 있으면 즉시 관으로 잡아들여 본관의 조처를 기다리도록 하라"고 거듭 재촉하는 감결이 내려온다.

동학농민군 활동에 대비하여 고령 관아에 군문 신설

그러나 고령 관아에서는 당시 이웃 고을의 동학농민군 활동에 대비하여 "원포는 17명, 별포 150명은 본 군문에서 신설"하여 동학농민군에 대비하고 있음을 볼 수 있다.

그리고 "조시영이 이끄는 소모영의 관할 구역은 김산을 비롯해 인동, 칠곡, 선산, 성주, 개령, 군의, 의흥, 비안, 고령" 등이다. 각 관아에 군수품을 할당하는데, 고령 지역에는 "화약 20근, 연환 300개, 화승 100파, 소힘줄 10근"을 배정하였다. 이는 김천의 화약 10근, 연환 200개, 화승 100파, 소힘줄 10근에 버금가는 양이다.

고령현의 관아가 위치했던 곳은 현재 고령군 대가야읍 쾌빈리 일원이다.

주요 사적지

- 고령 관아 터: (현, 고령군 고령읍 쾌빈리 433-1번지, 동화궁전타운) 「소모사실」에 "고령 관아에 '동학교도 3인의 성명을 명시하면서 잡아들여서 옥에 가둔 뒤 보고하라'"는 감결을 내리지만 무슨 영문인지 관아에서는 답변하지 않았다. 당시 관아에는 고령 객사 인빈각과 가야관이 있었다.

제6부
경상남도

경상남도 동학 사적은 동학 창도 시기에 최제우의 수련 장소였던 울산, 양산 지역 사적이 있다. 동학농민혁명 시기 갑오년 봄에 산청, 하동, 진주 동학농민군의 기포와 활동을 만날 수 있다.
9월 18일 재기포 전후 시기에 경상남도 해안 지역과 지리산 권역을 중심으로 전개된 하동, 진주, 고성, 남해 지역의 동학농민군 활동이 대표적이다.

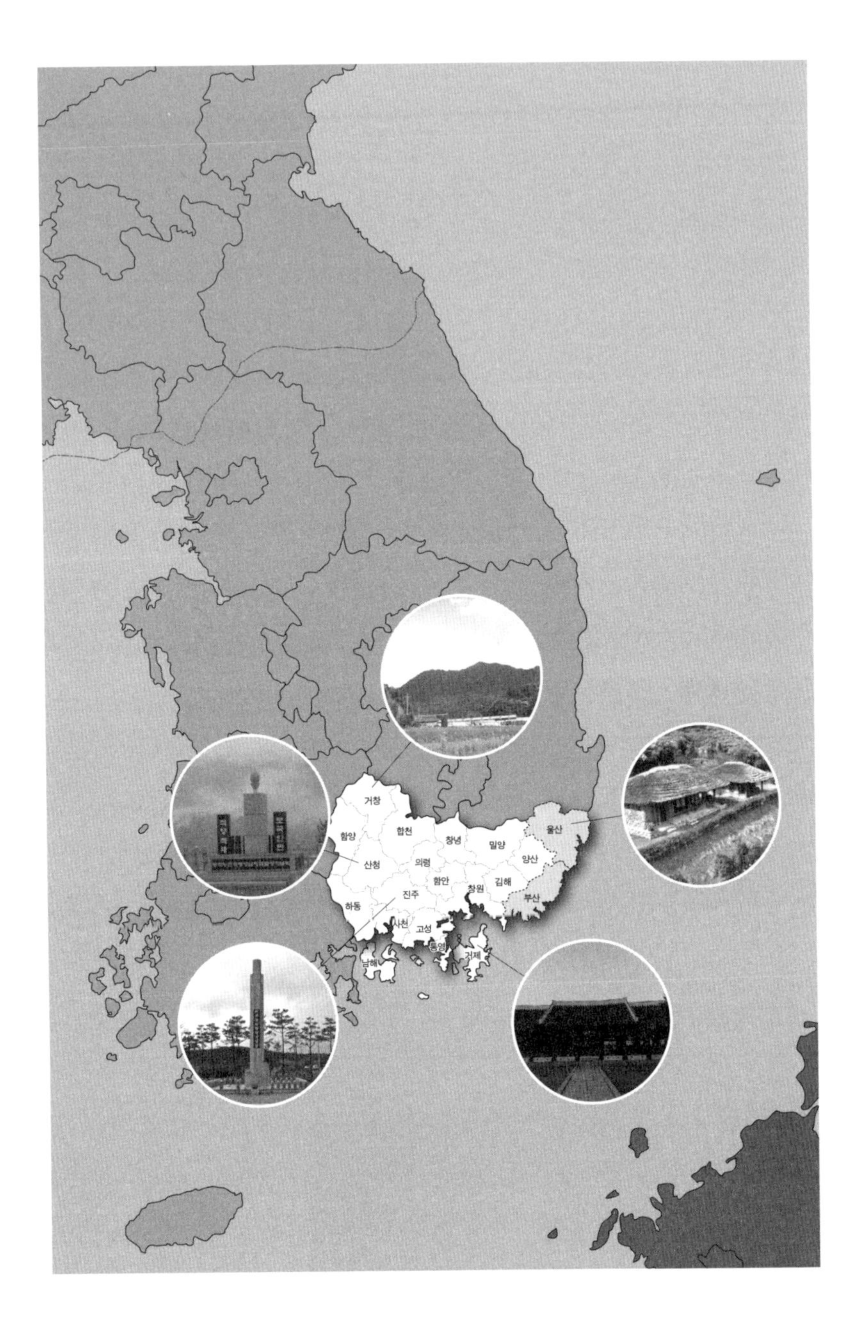
거창
함양
합천
창녕
밀양
울산
산청
의령
양산
함안
창원
김해
진주
하동
부산
사천
고성
남해
통영
거제

총론/ 경상남도 동학의 흐름

경상남도 동학 사적은 크게 동학 ① 창도 시기를 포함한 동학 포교 시기의 활동 ② 동학농민혁명 시기의 갑오년 봄 기포와 집강소 설치 시기의 투쟁 활동 ③ 9월 18일 재기포 시기의 경상남도 해안 지역과 지리산 권역을 중심으로 전개된 활동 양상 ④ 관·일본군-민보군의 토벌전 등으로 고찰할 수 있다.

1862년, 고성 성한서 접주 입명

경상 남서부 지역에 동학이 처음 전파된 것은 창도 초기인 1862년 초로, 고성 성한서(成漢瑞)가 경주 용담으로 최제우를 직접 찾아가 입도함으로써 경상 남서부 지역에 동학이 전파되었다. 성한서는 포덕에 힘써 창도주 최제우의 재세 시기인 1862년 12월에 접주로 임명되었다. 이는 당시 그의 수하에 상당수의 동학교도가 있었음을 뜻한다.

교조신원운동을 전후하여 동학교도 폭발적으로 늘어

다른 지역이 그랬듯, 1893년에 공주와 삼례에서 잇달아 교조신원운동을 벌이게 되자 동학 교세가 급격히 늘어났다. 천도교 기록에 따르면 1893년에 입도한 동학 지도자들은 창원 김치엽(金致燁) 이재상(李在詳), 함안 이재홍(李在弘) 이재형(李在馨), 사천 김재현(金在賢) 이무현(李武鉉) 박재원(朴載遠) 진환수(陳煥秀) 김경성(金敬聖) 신금룡(申今龍), 곤양 신금순(申今順) 황태식(黃泰植) 배동엽(裵東燁) 정재용(鄭載鎔), 고성 최상관(崔祥寬), 진주 김용옥(金龍玉) 전희순(全熙淳) 허봉석(許鳳碩) 박규일(朴奎一) 최윤호(崔允鎬) 황수현(黃水現) 김상정(金相鼎) 강필만(姜泌晩) 주석률(朱錫律) 정용안(鄭龍安) 박운기(朴雲基) 등 26여 명에 이른다.

1893년 3월에 보은과 금구-원평에서 교조신원운동을 넘어 척왜양창의운동(斥倭洋倡義運動)이 전개되어 세인들의 이목이 집중되자 그 뜻을 헤아린 선각 지식인들의 입도가 늘어난 것이다. 당시 보은취회 관련 기록인「취어(聚語)」에 따르면 하동접에서 50명, 진주접에서 60명의 동학교도가 집회에 참가했다.

이 시기에 대한 특이한 기록도 보인다. 오횡묵이 쓴『경상도고성부총쇄록(慶尙道固城府叢鎖錄)』에 "듣건대 작년(1893년) 보은에서 소란이 있은 후 비류들은 섬섬 치열해져서 혹은 호남에 취당했다 하고 혹은 지례 삼도봉(三道峰, 민주지산) 아래 둔취했다고 하며, 혹은 진주 덕산에 (동학 도당의) 소굴에 있다는 설이 낭자하다"고 했다. 이는 보은취회에 참가했던 동학교도들이 민주지산의 삼도봉에 모였다가 흩어진 정황으로 보이며, 이는 당시 경상남도 지역 동학교도의 활발한 활동을 뜻한다.

경남 서남부 지역은 백낙도와 손응구가 주도

1908년 당시 진주교구에 시무했던 신용구(申鏞九, 1883-1967, 고성 출신 천도교 지도자, 뒷날 교령 역임)는 『신인간』 인터뷰에서 "임진년(1892)에 백낙도(白樂道, 현 산청군 삼장면 당산리) 씨가 전북 장수군에 있는 유해룡(劉海龍)으로부터 도를 받고 돌아와 포덕에 종사하여 진주를 중심으로 점차 퍼져 갔다"고 증언했다는 기록이 있다. 또, 신용구를 회고하는 글이 『여시아문』에 실렸는데 "(백낙도 씨가) 사천 배춘(培春, 사천군 축동면 배춘리) 사람인데, 포덕 33년 임진년 산청군 덕산으로 이사를 가서 전라도 장수 유해룡 씨로부터 도를 받아 교화에 전력을 다했고, 그 밑에서 최진구 씨도 크게 활동했다."라 하여 백낙도가 사천에서 산청으로 이주한 사실을 알 수 있다. 하지만 보수적인 입장에서 기록된 「백곡지(栢谷誌)」*에 따르면 "진주인 백낙도는 본시 무뢰자로서 제우(濟愚)에게 학(學)하여 하루아침에 선사(善士)가 되어 눈을 감고 단정히 앉아 그 가르친 것을 지키는 것처럼 했다.… 진주에는 낙도로부터 학(學)한 자가 무려 수천이었고, 손웅구(孫雄狗, 일명 수캐, 孫殷錫으로 개명)가 가장 알려졌다. 웅구의 무리로는 고만준(高萬俊), 임정룡(林正龍), 임말룡(林末

---

* 한약우(韓若愚)가 지은 경상남도 진주 백곡리 마을 역사서. 저자가 이 책을 저술하게 된 동기는 동학농민전쟁의 여파를 막기 위한 것이었다고 했다. 1892년 백곡에서는 허물어져 가던 국가와 향촌 질서를 회복하기 위해 경상 감사의 지시에 따라 강안(講案)을 정하고 절목(節目)을 만들었다. 그 뒤에는 동학의 발생과 전파, 동학농민전쟁 당시의 상황을 적고 있다. 소장자는 경남 진주의 한주(韓冑)이며 『경상사학(慶尙史學)』 제6집에 영인되어 소개되었다.

龍)이 으뜸이었고 그 나머지는 수를 헤아리기가 어렵다"고 막강한 동학 세력을 설명했다. 위 두 기록을 종합하면 손웅구가 사천 사람으로, 장수 지역 유해룡으로부터 도를 받아 포덕을 크게 일으켜 진주 사천 여수 순천 광양 등 서남부 지역과 투쟁을 연계한 사실을 엿볼 수 있다.

갑오년 봄부터 동학농민혁명의 기치를 올리다

1894년 4월에 덕산(현 산청군 시천면 사리)에서 접주 백도홍이 최초로 기포의 기치를 올렸다. 그러나 백도홍이 진주목 병방 박희방(朴熙房)이 이끄는 병영군에 의해 체포되어 참형 당함으로써 초기에 동학 활동이 크게 위축되었다.

그러나 4월 26일에 손은석(孫殷錫) 접주가 이끄는 수천의 동학농민군이 진주 읍을 공격해 들어가자 병방 박희방 등은 달아나고 동학농민군에 비교적 우호적이던 경상우병사 민준호와 타협하여 원만한 관계를 유지하게 되었다. 당시 덕산지역 동학도 중에는 사족의 신분을 가진 이들이 적지 않았으므로 우병영 관리들은 동학에 호의적이기나 적극 후원했을 것으로 보인다. 『주한일본공사관기록』에서도 "외촌의 동비들을 제압하려면 먼저 관인과 가까운 동비를 제거하고, 상인과 천인의 동비들을 제거하려면 먼저 반족의 동비들을 제거해야 하며, 각 읍의 동비를 제거하려면 먼저 진주의 동비를 제거해야 한다. 진주의 동비를 제거하려면 덕산의 동비와 삼장(三壯), 시천(矢川, 청암), 사월(沙月) 등 4~5리에서 반상이 같이 사는 동학도의 마을을 제거해야 한다"는 정탐 대목이 있다. 이로 미루어 덕산과 삼장, 시천, 청암, 사월 지역에서는 양반 사족들이 동학에 적극 협력했다는 사실을 짐작할 수 있다. 아마 사족들은 반일 감정 때문에 동학교도에게 호의적이었던 것 같다.

9월 재기포 시기에 하동 진주 등 남서부 일대 장악

동학농민군이 다시 본격적으로 기치를 올린 것은 9월 재기포 시기였다. 이때는 여장협(余章協)이 이끄는 하동 지역 동학농민군과 손은석이 이끄는 진주 지역 동학농민군이 연합하여 일본군에 맞섰다. 당시 순천을 장악하고 있던 영호 대접주 김인배의 지원을 받아 하동부를 점령했고, 연이어 사천 남해, 고성, 곤양, 곤명 등지 남부 해안 지역을 차례로 휩쓸었다. 이때 손은석이 이끄는 동학농민군이 산청, 진주 일대를 장악함으로써 경상 남서부 지역을 장악했다.

감영병과 일본군 동학농민군 토벌에 나서

한편 조정과 경상 감영에서는 이와 같은 다급한 소식을 듣고 대구판관 지석영(池錫永)을 토포사(討捕使)로 임명하여 일부 군병을 이끌고 진주 하동 등지로 가서 일본군과 협력해서 동학농민군을 토벌토록 했고, 통영에도 군병을 동원해서 합류토록 했다. 일본 측에서도 조선 침략을 위해서는 동학 세력의 기반을 이번 기회에 초멸해야 한다고 생각했고, 이를 계기로 조선 각지 요소에 군대를 주둔시킬 좋은 기회라고 판단했다.

일본군은 9월 25일 감리서(監理署) 서기 2명과 서예(書藝) 15명,

막정 153명 및 일본군 3개 소대 150명을 긴급 파견했다. 그들은 부산에서 배편으로 창원 마산포에 닿은 뒤 진주 하동으로 진출했다.

고승당산에서 일본군에 패해

10월에는 진주와 하동 지역 동학농민군이 합류하여 남원과 구례 지역 동학농민군의 지원을 받아 진주 지역까지 진출해 있던 일본군에 정면으로 맞섰다.

10월 14일에 동학농민군은 고승당산에서 관·일본군과 치열한 전투를 벌였으나 일본군의 신무기 앞에서 무참하게 패퇴하고 말았다. 그 뒤에 덕산 쪽으로 후퇴한 동학농민군은 곳곳에서 간헐적으로 소규모의 전투를 치렀고, 서남쪽으로 물러난 하동 지역 동학농민군은 고하와 갈록치(渴鹿峙) 등지에서 일본군에 완강하게 저항했으나 다시 밀려 섬진강을 건너 전라도 광양 쪽으로 후퇴하고 말았다.

이렇게, 관군과 일본군의 계속되는 토벌 활동에 동학농민군의 세력이 크게 위축되었지만, 동학농민군은 지리산 주변을 근거지로 삼아 사천, 남해, 단성, 직량 등에서 무기를 탈취하는 등 경남 서부 지역 곳곳에 출몰하면서 간헐적인 투쟁 활동을 지속했다.

경상 남부 지역의 동학농민군은 몇 차례의 크고 작은 전투 끝에 흩어지고 나서 관·민보군·일본군의 토벌대에 의해 1천여 명의 동학농민군이 희생되는 토벌전이 전개되었다.

일본군 보병 제18대대를 동학농민군 토벌대로 투입

1894년 일본군 대본영이 조선에 파병한 '동학당 토벌대'로 동학농민군 학살에 앞장섰던 일본군 후비보병 제18대대 소속 미야모토 다케타로(宮本竹太郎) 소위가 일본군의 동학농민군 학살 실상을 구체적으로 기록한 '메이지 27년(1894) 일청교전 종군일지'가 있다. 이 기록에 의하면 1894년 12월 일본군 보병 제18대대가 경상도에 진입하여 동학농민군 토벌작전을 시작했다. 일본군은 "12월 16일에 경상도 상주목의 서기관 박용래를 체포해서 고문한 끝에 관직을 박탈한 뒤 추방했으며, 18일 개령의 관리들 수십 명을 동학교도라는 이유로 모두 총살했고, 19일 김천에서 동학농민군 10명을 죽이고, 23일 경남 거창의 촌락을 수색해 8명을 체포해서 총살했다"는 구체적인 날짜와 인물 지명을 기록하고 있다.

울산 최제우가 '을묘천서'를 받은 동학의 성지

'을묘천서'를 받은 유곡동 여시바윗골

울산 유곡동(裕谷洞) 여시바윗골은 대봉산(大峯山)과 함월산(含月山)의 서쪽 기슭(현 울산시 중구 유곡동)에 있다. 유곡동에는 절터골과 여시바윗골 두 개의 골짜기가 있는데, 이 중 여시바윗골은 동북쪽으로 뻗은 골짜기로, 바위 위에 여우가 자주 나타나서 붙은 마을 이름이다. 이곳은 창도주 최제우의 부인 박씨의 친정 마을이며, 당시 최제우는 오랜 천하주유가 끝나고 작금의 현실이 덧없음을 깨닫고 새로운 구도의 방향을 모색하며 사색의 시간을 갖기로 작정한 시기였다. 이를 위해 용담의 가족들을 박씨 부인의 친가에 머물게 하고 최제우는 처가에서는 오래 머물 형편이 되지 못해 울산 읍의 여사(旅舍)에 머물면서 정착 생활과 구도에 필요한 초가삼간 초옥을 짓고 논밭을 마련했다. 당시 여시바윗골을 찾은 최제우의 처지는 실제로는 '벼랑 끝에 몰린 절박한 상황'이었다.

최제우가 여시바윗골의 초옥에 입주하여 사색과 소요를 병행하며 구도의 방향을 모색하던 1855년(을묘) 어느 봄날, 금강산 유점사에서 왔다는 한 이인(異人)으로부터 천서(天書)를 받게 된다.

이것을 훗날 '을묘천서'라고 명명했다. 최제우는 '을묘천서'를 받는 체험을 통해 오랜 천하주유의 방랑 생활을 청산하고 동학 창도를 향해 가는 본격적인 수도 생활로 전환하게 되었다. 이것이 수운 최제우의 첫 번째 신비체험으로, 동학이 종교로서 정체성과 체계를 갖추게 되는 중요한 계기가 된 것이다.

'을묘천서'를 받은 여시바윗골 초당

최제우가 을묘천서를 받은 여시바윗골의 초당 위치나 정황은

울주군 내원암. 창도주 최제우와 3세 교주 손병희의 기도처로 알려진 곳이다.(사진 심국보 제공)

울산 여시바윗골 전경

여시바윗골 여섯 두락 논에 새로 지은 동학관. 현재 외부 공사를 마치고 내부 시설 중이다.(사진 심국보 제공)

매우 실증적이다. 고 표영삼 상주선도사가 천도교기관지 『신인간』에 "… 최제우가 머물던 집은 1885년(포덕 28)까지 남아 있다가 어떤 부호가 풍수설을 믿고 '그 자리에 묘를 쓰면 부귀공명이 자손 만대까지 가리라'하여 그 집을 사서 헐어낸 뒤에 바로 집 자리에는 감히 묘를 쓰지 못하고 집 자리만 겨우 남겨 놓고 바로 그 옆에다 묘를 썼다는데, 비석에 '처사 문모지묘(處士文某之墓)'라 했다. 우리 일행은 집터에 둘러서서 '을묘천서' 받은 이야기가 시작되었다. … 최제우가 '을묘천서'를 받았던 집터는 대나무로 우거져 있고 다만 감나무 한 그루만이 옛집 마당가에 표지석처럼 자리를 지키고 있다. 집터의 대나무 속에는 구들장과 굴뚝으로 사용한 것으로 보이는 검게 그을린 돌들이 남아 있다"(『신인간』 통권22호)라 하여, 필자인 고 표영삼 상주선도사의 조사 기록이 매우 실증적이다.

최근에는 당시의 초당을 복원하였고, 또한 시설을 계속 보강하여 그 중요성에 걸맞은 성지로 조성해 가는 중이다.

'을묘천서'와 관련된 사적으로 최제우가 49일 기도한 천성산 적멸굴(양산)과 내원암이 있다. 내원암에서는 동학농민혁명 당시 북접 통령으로 호남의 전봉준과 함께 공주 우금치 전투를 전개하였고, 후에 천도교의 3대 교주가 된 손병희가 49일 기도를 하였고, 적멸굴에서는 손병희가 동학·천도교의 중요한 법설인 성령출세설(性靈出世說)의 깨달음을 얻기도 했다.(이하 양산 편 참조)

창도시기 서군효 접주 포교 활동

『천도교서』에 따르면 1861년 11월, 경주를 떠나 전라도로 향할 때 최제우는 제자 최중희(崔仲羲)를 데리고 길을 나섰다. 표영삼에 따르면 "이때 최제우가 처음 찾은 곳은 울산이었는데, (이유는) 그곳에 뒷날 접주가 되는 서군효 등 가까운 도인이 있었기 때문"이며, "며칠 후 누이동생이 사는 부산으로 갔다"고 했다. 그리고 『도원기서』에 따르면 "선생께서 잡혀 있을 때에 함께 있던 사람들은 맹륜(최세조, 최제우의 조카), 하치욱, 박하선, 이경여, 최규언, 성한서, 하처일, 김주서, 서군효, 박여인, 강선달, 임익서, 임근조, 김덕원, 김석문, 오명철, 곽덕원 등이며, 그 나머지는 가히 기록할 수가 없다"고 했다. 여기에 울산 접주 서군효의 이름이 다시 등장한다.

울산 접주 서군효와 동학교도 전윤경이 1871년 3월 10일 이필제 주도로 이뤄진 영해교조신원운동 참여자로 등장하는 것으로 보아 영해 교조신원운동에 다수의 울산 지역 동학교도가 참여한 것으로 추정할 수 있다. '을묘천서'의 핵심 메시지는 '하늘에 기도하라'는 것이었다. 수운은 장기간에 걸쳐 기도를 위한 준비를 마치고 이듬해(1856) 4월 양산 통도사 부속 암자인 내원암에 들어가 49일 기도를 드리게 된다. 그러나 47일째 되던 날 숙부의 죽음을 예지하게 되어 기도를 중지하고 경주로 가 장례를 치렀다.

주요 사적지

- 울산 유곡동(여시바윗골) 초당: (현, 울산광역시 중구 유곡동 636번지, 울산광역시 기념물 제12호) 최제우가 초당을 짓고 수행하던 곳이다. 현재는 성역화가 이루어졌다. 수운의 49일 기도처이며, 수운의 성령(性靈)이 금일(今日) 손병희 자신의 육신에 모셔져 있음(出世)을 깨닫는다.
- 내원암: (현, 울산광역시 울주군 온양읍 운화리 1312, 온양읍 대운상대길 382) 최제우와 손병희의 49일 기도처이기도 하다.

창도 시기 동학 구도의 성지, 적멸굴 양산

적멸굴은 수운의 본격적인 구도의 장소

양산의 천성산 적멸굴은 최제우가 을묘천서를 받은 후 그 책에 씌어진 대로 다시 49일간의 기천(祈天) 수도를 수행했던 곳이다. 내원암에서 49일 기도(48일 만에 중지)를 한 데 이어 『천도교창건사』에 "그 이듬해 병진(1856) 여름에 이르러 최제우는 동자 한 사람을 데리고 집을 떠나 양산 통도사 내원암에 들어가 49일 기도를 작정하고 견성공부에 힘쓰더니… (숙부의 환원으로 뜻을 이루지 못하고) 이때 최제우가 다시 천성산에 들어가 공부를 계속코저 할새… 목적한 대로 밖에 철점(鐵店)을 설하고, 적멸굴에 들어가 49일의 공부를 무사히 마치고 돌아왔다"고 기록하고 있다. 여기서 철점이란 철광석에서 철을 제련하여 파는 곳을 말한다. 최제우는 경제적인 여건이 어려워 여시바윗골에 있는 6두락의 땅을 7인에게 팔아 마련한 자금으로 천성산 입구에 철점을 운영했다. 그리고 이해 7월 전날에 기도 장소로 정해 두었던 천성산 내원암 근처에 있는 적멸굴에서 애초 계획대로 49일 기도를 마쳤다.

최제우에게 적멸굴 기도가 지니는 의미는 '여시바윗골 천서(을 적멸굴에서 본 바깥 풍경. 최제우가 '을묘천서'를 실천하는 중요한 기도처가 되었다.

적멸굴 가는 길. 적멸굴은 동학이 종교로서 정체성과 체계를 갖추게 되는 계기가 되었다.(사진 최인경 제공)

묘천서)'를 받은 이후 결정적인 종교적 깨달음으로 향해 가는 과도기라는 점이다. 즉, 최제우는 1여 년 가까이 초당에 머물면서 천서의 내용대로 기천 수도를 했지만 한울님의 가르침을 얻지 못했다. 그러나 최제우는 이에 실망하지 않고 집을 떠나 천성산 내원암에서 첫 49일 기도를 봉행했다. 기도를 봉행하던 최제우는 47일째 되던 날, 문득 숙부가 세상을 떠서 자신이 상복을 입게 될 것을 예감하고 이틀을 앞두고 기도를 중지하고 경주로 향했다. 경주에서는 부고가 울산에 당도하기도 전에 최제우가 당도하자 모두 크게 놀랐다(이때의 일이 경주 가정리 일대에 설화로 구전된다. 조동일, 『동학성립과 이야기』 참조). 최제우는 비로소 자신의 수행이 어느 정도 진전했다는 사실을 깨달았다. 이때부터 사람들은 최제우를 이인(異人)으로 보기 시작했다.

다시 적멸굴로, 수도의 중요성을 깨달아

그 이듬해 1857년, 내원암에서 숙부의 별세로 49일 기도를 마치지 못한 것이 못내 아쉬움으로 남았던 최제우는 다시 49일 기도 봉행을 결심한다. 그리하여 최제우는 내원암에서 조금 못 미쳐 있는 자연 동굴 적멸굴을 새로운 기도 장소로 택하게 된다.

적멸굴의 위치는 천성산(千聖山)에서 서남으로 뻗어 내린 능선 중간 지점이다. 동굴은 남쪽을 향해 나 있고, 멀리 맞은 편에는 원효봉(元曉峰)이 솟아 있다. 적멸굴은 암벽이 부식되어 생긴 길이 6M 정도의 석굴이다. 입구의 높이는 약 4m 정도이고 안쪽 높이는 약 1m정도이다. 고 표영삼 상주선도사가 기행한 2003년 당시에

"석굴 안쪽에서 식수가 나오고, 잠자리로 썼을 법한 온돌이 입구 왼쪽에 남아 있었으며, 굴 아래 언덕 밑에는 옛날에 쓰던 그릇 조각들이 흩어져 있다"고 썼다.

이곳 사람들은 지금도 "경주 최 선생이 적멸굴에 와서 도를 닦다가 도통하여 독수리(북수리)가 되어 날아갔다."는 설화를 전하고 있다. 그렇지만 적멸굴의 기도 이후에 최제우에게는 시련이 계속되었다. 먼저, 철점이 망한 것과, 최제우가 49일 기도에 들어가기 전에 판 땅이 문제가 되었다. 최제우는 '본래 잘못은 내게 있으니 무슨 답변이 있으리오. 관에 의한 처결을 바랄 수밖에 없다' 하면서 친히 소장을 지어 7인에게 나누어 주었다. 하지만 관에서는 먼저 땅을 산 사람에게 권리가 있다고 하여 소송이 마무리되었다.

최제우의 두 번째 적멸굴 기도는 수도의 중요성을 체험했다는 데 중요한 의미가 있다. 잡힐 듯 잡힐 듯 잡히지 않는 도의 실마리를 염두에 두고 최제우는 울산에서의 생활을 접고 최후의 구도처인 용담으로의 귀환을 결심한다.

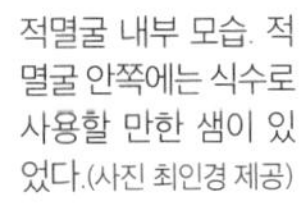
적멸굴 내부 모습. 적멸굴 안쪽에는 식수로 사용할 만한 샘이 있었다.(사진 최인경 제공)

동학의 성지로서의 내원암

뒷날, 손병희는 '두 차례나 49일 기도를 봉행한 창도주 최제우의 뜻'을 생각하며 내원암에서 49일 기도를 봉행했다. 기도를 봉행한 손병희는 그 인근에 있는 또 다른 49일 기도처인 적멸굴을 방문하였다. 이때 손병희는 자리에서 적멸굴(寂滅窟) 앞에 서니 문득 정신이 황홀하여 무아(無我)의 경(境)에 우유(優遊)하더니"("석시차지견(昔時此之見) 금일우간간(今日又看看)")이라는 시를 지었다.

손병희는 49일 기도를 기념하기 위해 내원암 입구 절벽에 49일 기도에 참가한 동학교도의 이름을 각자(刻字)해 놓았다.

동학농민혁명 참여자 황두화 접주

동학농민혁명 시기 양산 지역 동학교도 활동에 관한 기록은 거의 없다. 다만 양산 접주 황두화(黃斗化)가 동학농민혁명에 참여했다가 그해 12월 순천에서 체포되어 타살(打殺)되었다는 기록이 보인다. 황두화의 출신 지역이나 구체적인 활동상은 기록이 없어 알 수 없으나 양산 지역 동학교도가 기포하여 투쟁 활동이 활발한 경상 서남부 지역으로 이동해 갔을 것으로 추정된다.

주요 사적지

- 황두화(黃斗化, 접주)가 양산에서 동학농민혁명에 참여했다가 1894년 12월 순천에서 체포되어 타살(打殺)되었다는 기록은 있지만 다른 활동 양상은 기록이 없다.
- 최제우의 기도처 내원암과 적멸굴: (현, 양산시 하북면 내원로 207, 적멸굴: 하북면 용연리 산63-1) 을묘천서를 받은 뒤 이곳에서 두 차례 49일 기도를 봉행했다.

밀양 '밀양취회'가 있었고, 일본군과 전투를 치렀다

삼랑진 지역 동학농민혁명 활동은 일본군 활동 기록을 통해 두 차례 언급된다. 1894년 9월 14일 대구에 주둔하던 일본군이 출동했으며, 삼랑진 수비병 4명이 밀양에서 전투를 벌였다는 기록이다.

1893년 밀양취회

밀양에서 동학농민혁명 당시의 투쟁 흔적은 보이지 않으나 계사년(1893) 취회 기록이 특이하다. 「영상일기(嶺上日記)」에 의하면

밀양부 동헌 근민헌(近民軒)

동학농민혁명의 전사로서 "척왜양창의 운동 당시 밀양에서 동학 취회가 있었다"는 기록이 보인다. 이를 옮기면 "3월 보름경, 전해 듣기로 삼남 동학 무리가 각 도에서 도회를 가졌는데, 충청도는 보은에서 모였고, 영남은 밀양에서 모였고, 호남은 금구 원평에서 모였다고 한다. 참가자는 각각 수만에 이르는데 이들의 옷은 소매 없는 푸른 두루마기(無袖青周衣)에다 소매 끝은 붉은 색으로 장식했다."라고 하여 집회 상황이 매우 구체적이다.

취회 장소나 규모, 주도한 이가 누구였는지는 알 수 없으나, 삼남 지방에서 동시에 모였다고 기록한 점과, 그들의 옷에 대한 규정이 구체적이라는 점이 특이하다. 이는 이들의 집회가 일정한 집단의 통제 아래 조직적으로 이뤄졌다는 사실을 보여준다. 밀양집회는 경상도 전역의 동학 세력을 밀양에 집결시켜 당시 공동 문제였던 '척왜양 운동'을 주지시키고 전파한 것으로 보인다. 금구 원평 집회와 마찬가지로 밀양 집회 역시 보은 집회가 해산되자 더 이상 진척을 보지 못하고 흩어졌다.

동헌 앞에 세워진 역대 밀양 부사 불망비. 이 불망비 안에 최제우를 참형한 서헌순의 불망비도 서 있다.(왼쪽)

밀양시장 전경(오른쪽)

동학농민혁명 시기에 밀양 전투

동학농민혁명 시기의 밀양 전투에 대해서도 간략하게 전하는 기록이 있는데 "1894년 9월 14일 대구에 주둔하던 일본군이 출동했으며, 삼랑진 수비병 4명이 밀양에서 전투를 벌였다."고 했다. 이 9월 15일 전투에서 "약 1,500명의 동학농민군과 전투를 벌여 8명을 죽이고 10명을 부상을 입혔다."고 기록했다. 그렇지만 전투 장소나 상황에 대해서는 밝혀지지 않았다. 밀양의 동학농민군 1,500명의 존재에 대해서 좀 더 실증적인 자료가 필요하다.

동학농민군이 몰살한 오치마을 구전

밀양 산내면의 끝에 있는 오치마을은 임진왜란 때 달성서씨들이 경북 청송에서 피란을 오면서 마을이 형성됐다고 한다. 이 마을에서 나고 자란 주민 서보욱(60) 씨의 증언이다. 오치(烏峙)는 까마귀 고개라는 뜻인데, "동학농민운동 때 청도 운문사 7만여 동학군이 이곳에 피신했다. 관·일본군이 마을을 포위하여 전원 몰살했다. 까마귀떼가 시체를 수년 동안 쪼아먹었다고 해서 '까마귀가 사는 동네'라고 불렀다."고 한다. 7만 명의 숫자는 과장 되었지만 정황은 사실적이다.

주요 사적지

- 밀양취회 터: (현, 장소 불상) 1893년 봄, 보은취회와 같은 시기에 수만 교도가 모였는데, "옷은 소매 없는 푸른 두루마기(無袖靑周衣)에 소매 끝을 붉은 색으로 장식했다."고 했다.
- 밀양 전투지: (현, 장소 불상) 1894년 9월 14일 대구에 주둔하던 일본군이 출동하여 밀양에서 전투를 벌여 "8명을 죽이고 10명을 부상을 입혔다"고 했다.

동학접주 이익우와 가조면 이은우의 활동 거창

거창 지역은 지리적으로 보면 북쪽으로는 동학 교세가 성했던 김천을 접하고 있고, 서쪽으로는 남원 지역을 접하고 있다.

석강리 이은우가 안의에서 전도 받아 포교 활동

현재까지 거창 지역 동학농민군의 지도자는 가조면 석강리 출신의 이은우(李殷宇, 1856~1894)가 알려져 있다. 이은우는 일찍이 안의에 사는 처족의 인척으로부터 동학을 전도받아 포교 활동을 벌였다.

다른 기록에, 거창의 동학접주로 이익우(李翼宇)로 알려졌다. 이 밖에 기록에 "거창군 가조면 석강리 출신의 이은우는 거창 지역 동학농민혁명의 상황을 알려주는 유일한 인물이다. 이은우는 본관이 전주이씨로, 동학교를 전도 받아 남하면 양항리에 와 "각 지역의 동학농민 봉기 소식을 알리고 마을사람들에게 동참을 권장했으나 별다른 호응을 얻지 못했다."라고 했다. 그렇다고 동학접주 이익우와 석강리 출신 이은우가 어떤 관계의 인물인지는 확인할 길이 없으나 동일인이거나 한집안 사람으로 보인다.

그리고 이 밖에 동학농민혁명에 가담한 인물로는 "위천의 경주

옛 거창 관아 터 침류정(원래 위치와 다른 곳에 복원되었다). 거창부 관아는 7월 15일에 점령되었다.

이씨와 거창읍 가지리에 사는 진양형씨였다는 설이 있으나 고증할 만한 자료는 없다"고 했다.

일본 공사관 기록에 "거창은 김산, 지례와 더불어 요주의 지역"

당시 거창의 동학 세력이 어느 정도였는지 알 수 없으나, 1894년 5월 5일 주한 일본 공사관의 「경상도내 동학당 경황 탐문보고서」에 의하면 "김산, 지례, 거창에서 4월 중순 동학의 혐의로 대구로 잡혀온 20여 명 중 3명이 동학의 주문을 품안에 숨기고 있다"는 기록을 통해 이미 거창 지역을 포함한 김산, 지례는 일본군으로부터 요주의 지역으로 지목되어 있었다는 사실을 알 수 있다.

거창 가조 출신 김시후(金時烋)의 『갑오실기(甲午實記)』에 7월부터 시작한 동학 활동이 잘 나타나 있다.

"1894년 7월 15일 거창에서는 동학농민군 수십 명이 말을 타거나 도보로 이동하여 거창부 관아에 진입했다. 당시 거창부사 남정헌은 크게 겁을 내며 제압할 바를 몰랐고, 아전 두 사람이 소문을 듣고는 곧바로 그 사람들을 통솔해 무기를 갖고 뛰어 들어가 16명을 죽이고 그 나머지는 모두 도망갈 무렵에, 부사 남정헌은 임기가 다 되어 귀환하게 되자 관아는 비워져 사람들의 심정이 더욱 위태로움에 떨었다고 한다. 이에, 향중(鄕中, 유향소의 임원)이 모여 이준학(李埈學)으로 3면의 도통(都統)으로 삼아 먼저 거창부에 도소를 설치하고, 아전으로 좌우부장으로 삼아 (거창부를) 방어하는 방책을 마련하였다."

위 내용에 따르면 동학농민군의 거창부 관아 점령 상황은 모호하다. 이후 부사 남정헌이 임기가 되어 고을이 비자 향중이 아전을 시켜 고을을 방어하게 한 것이다.

신임 부사 정관섭이 부임하여 대비

조정의 실록에도 "함양군수(咸陽郡守) 김영순(金永順)은 병으로 걷지 못하여 중요한 지방을 맡기 어려우니 개차(改差)하고, 거창부사 정관섭(丁觀燮)은 자기 녹봉(祿俸)을 내어 군량에 보태고 여러 차례 이웃 고을의 적을 토벌했다"라고 기록하고 있다.

이는 『갑오실기(甲午實記)』에서도 확인할 수 있다. "새로 부임한 거창부사 정관섭은 동학농민군이 길을 막아 도보로 간신히 관아에 도착하여 이준학으로 거창부의 도통수로 삼고, 면마다 1명의 통수와 마을마다 1명의 통수를 세우고, 또 오가작통법(五家作統法)을 실시하여 대비했고, 경내에서 동학교도로 의심을 받는 사람을 조사하여 찾아냈다." "또 대포를 잘 다루는 이를 뽑아 포수 100여

망덕산 정상에서 본 거창읍

명을 선발하고, 백성들 중에서도 포수 100여 명을 선발하여 대오를 정비하여, 각 고을에 명하여 동학농민군 토벌을 위한 창의를 권하였고, 무주(戊州)와 지례에 관군과 민보군으로 구성된 군대를 파견하여 동학농민군 10여 명의 목을 베었다." 라고 했다.

위의 활동으로 보아 거창부사 정관섭이나 도통수 이준학은 비교적 조직이 잘 된 군사를 이끈 듯하다.

재기포 시기에 기포했으나 패배

재기포 시기에 거창의 향촌 사림들은 거창읍 망덕산에 성을 쌓고, 동학농민군에 대항하여 군대를 조직하여 동학농민군을 진압했다. 「동학당정토인록(東學黨征討人祿)」과 「갑오군공록(甲午軍功錄)」에 거창에서 활약한 '의려'로 등록된 인물들을 보면 거창 지역의 동학 교세를 미루어 짐작할 수 있다. 전 감찰 신세해, 전 사과 유영환, 전 도사 이현규, 전 주사 이준학, 전 중군 정찬건, 하종호, 신계근, 정해석, 신영선, 강달용, 신면형, 김재로 등 동학농민군 토벌에 공을 세운 민보군 지도자가 12명이나 된다.

망덕산 싸움에서 패해 포로가 된 동학농민군이 영천 강변에서 처형했다.

망덕산 전황은 앞의 『갑오실기(甲午實記)』에 기술되었다. "가조와 가북을 중심으로 거창 각처에서 운집한 수백 명의 동학농민군이 거창 곳곳에서 관·민보군과 전투를 치렀으나 무기의 부족과 훈련의 미비로 전과도 거두지 못하고 패했다. 10월 15일 전투에서 이익우를 비롯하여 상당 수의 동학농민군을 체포하여 1894년 10월 16일 거창 영천에서 공개 처형했다." 이로 보아 거창의 동학농민군은 일찍부터 조직이 잘 된 관·민보군에 크게 패해 이익우와 여러 동학농민군이 포로가 되어 처형되었다.

남원에서 소백산맥을 따라 올라가던 호서 동학농민군의 위협

1894년 12월 14일 안의현감 조원식(趙元植)이 순영(巡營)에 올린 첩보에 의하면 "동학도 수만 명이 장수현(長水縣)을 불태우고 영봉(靈峰)을 거쳐 안의와 거창(居昌)으로 향하고 있다"고 보고하였다. 이에 따라, 경상 감영에서 영관 최응규(崔應圭)가 남영병(南營兵) 100여 명을 인솔하고 고령(19일), 합천(20일), 거창(21-23일), 고령(24일)을 순회했다.

거창군 가조면 석강리 대배미 마을. 마을 사람들은 "거창 동학농민군의 지도자 이은우가 이 마을에서 기포하여 거창읍 영천교 부근 강변에서 처형됐다."고 증언했다.

거창군 가조면 석강리 대배미 서호정(현, 가조면 석강리). 거창 동학농민군 지도자 이은우가 이곳에서 기포했고, 서호정에 이익수의 영정을 모셨다고 했다.

일본군, 동학교도 8명 총살

정토 기록에 따르면 동학농민군 강기만(姜基万), 오성서(吳聖瑞) 두 사람이 1894년 12월에 경상도 거창의 민보군에 의해 살해되었다. 또, 구체적인 일본 측 기록이 있는데, 후비보병 19대대 소속 구스노키 비요키치 상등병의 종군일지에 따르면, "1894년 12월 23일, 경상도 거창 촌락을 수색해 (동학농민군) 8명을 체포해서 총살했다"는 기록이 보인다.

참여자 기록을 통해서 본 거창 동학농민군 활동

3인의 실명이 거론되는데 강기만(姜基万), 오성서(吳聖瑞)는 동학농민혁명에 참여했다가 1894년 12월 거창 민보군에게 살해됐다. 김성지(金成之)는 1894년 12월 초순 경 장수에서 관군과 일본군에 체포되어 처형될 위기에 놓인 동학농민군 150여 명의 결박을 풀어주고 거창으로 피신하여 동학농민군의 명을 보존했다.

주요 사적지

- 거창군 가조면 석강리 대배미 서호정: (현, 거창군 가조면 석강리) 거창 동학농민군 지도자 이익수가 이곳에서 기포했다.
- 거창 관아 싸움터 침류정: (현, 거창군 거창읍 강변로 109) 1894년 7월 15일 동학농민군 수십 명이 말을 타거나 도보로 이동하여 거창부 관아에 진입했다가 16명의 희생자를 내고 패해 달아났다.
- 거창 망덕산 싸움터: (현, 거창군 거창읍 송정리 산58 운정마을 뒷산) 동학농민군과 민보군 사이에 전투가 벌어졌다.
- 동학농민군 처형 터: (현, 거창군 거창읍 영천교 부근) 망덕산 싸움에서 포로로 잡힌 동학농민군을 영천 강변에서 처형했다.
- 동학농민군 처형 터: (현, 장소 불상) 1894년 12월 23일(양), 후비보병 19대대 소속 구스노키 비요키치 상등병의 종군일지에 "거창 촌락을 수색해 8명을 체포하여 총살했다"고 했다.

함양 남원 동학농민군의 거대한 무덤이 된 안의

함양의 서쪽은 지리산을 경계로 동학 교세가 창성했던 남원과 임실에 인접하고 있다. 남쪽으로는 역시 동학 교세가 막강한 하동 산청 지역과 접경을 이루고 있다.

「갑오군정실기」에 경상우병사 이항의가 보내는 장계를 통해 "(남원 운봉지역에) 함양(咸陽)에서 포군 1백 명을 보낸 사실을 보고"(『동학농민혁명 신국역총서6』)하고 있다. 이로 인해 안의 지역은 남원 동학농민군의 보복 공격이 있었고, 오히려 안의 현감의 꾀에 빠져 희생이 컸던 곳이다.

남원 동학농민군의 무덤이 된 안의 현청

남원 동학농민군이 지리산 팔랑재를 넘어 함양을 지나 안의까지 들어온 이유는 구체적으로 "안의 현감 조원식이 포군 1백 명을 파견한 것"과 무관하지 않아 보인다. 이는 포군 1백 명을 운봉에 보냈으니 고을이 비었을 것이라는 추측과 함께 경상도 지역에서 군량미를 확보하려는 목적 또는 포군을 보낸 안의 현감 조원식을 징치하려는 의도로 볼 수 있다.

현아 자리에 있던 광풍루

그러나 김개남 휘하의 남원 동학농민군은 이곳에서 허망하게 희생되었다. 황현(黃玹)이 쓴 「오하기문(梧下記聞)」에 따르면 6월말 이후 전라도 동학군이 지리산을 넘어 경남 서북부 지역으로 들어오면서 서부 경남 지역 동학도들의 활동이 활발해진 것으로 보인다. 6월 26일에 남원의 동학농민군이 운봉을 거쳐 함양을 공략하고 안의 지역으로 넘어 들어왔다.

황현은 당시 안의 지역에서 일어난 전투 정황을 이렇게 기술하고 있다.

"남원의 적(동학농민군)이 안의를 침범하자 현감 조원식이 이들을 섬멸했다. 남원에는 동학교도가 많았는데, 5월 이후로 간사한 백성들까지 이들을 추종하여 그 숫자가 수천 명에 이르게 되었다. 이들은 때를 만나 무리를 지어 인근의 7~8개 읍을 약탈했고, 계속하여 함양 땅으로 들어가 개평정씨의 재물을 약탈한 다음, 안의로 들어왔다. 이때 안의 고을 아전과 백성들은 흩어지지 않았고, 조원식은 민심을 얻고 있었으므로 적이 온다는 소식을 듣고 아전이며 백성들과 은밀히 약속한 바대로 일을 꾸몄다. 곧, 소를 잡아 술

현청 터 안의초등학교. 동학농민혁명 당시 안의 현청은 남원 동학농민군의 무덤이 되었다.(위)

남원 동학농민군 3백 명을 학살한 현감 조원식 공덕비(아래)

을 마련해 놓고 동쪽 문을 활짝 열어 적(동학농민군)을 맞아들인 뒤 윗자리에 모셔 질탕하게 먹였다. 술이 반쯤 돌았을 때 조원식은 자리를 당겨 앞으로 다가가 속삭이기를 "읍은 워낙 궁벽한 곳에 있고 백성들의 살림살이 또한 곤궁하여 봉급이 몇 푼 되지 않습니다. 겨우 3천 냥을 마련했으니 부디 대군의 양식을 마련하는 데 보태시기 바랍니다. 그리고 이 늙은이의 얼굴을 보아 우리 고을의 백성들을 번거롭게 하지 마시고 머물러 집강소의 주인이 되어 주십시오."라고 했다. 적(동학농민군)은 이 말을 듣고 크게 기뻐하면서 마음 놓고 술을 마셨다. 얼마쯤 있다가 조원식이 슬며시 일어나 뒷간으로 가서 총소리를 한 번 울려 신호를 보내자 칼날이 번뜩이고 몽둥이가 사정없이 날아들었고, 양쪽 옆 담장 밖에서 총대가 쑥쑥 튀어 나왔다. 적은 술에 취하고 배불리 먹은 포만감으로 몽롱한 상태에 있었기 때문에 손을 써 볼 겨를도 없이 총탄과 칼에 맞아 300여 명이 거의 죽었으며, 살아서 도망친 자 수십 명은 함양의 산골짜기와 길에서 자고 달아났다. 조원식은 (동학농민군의) 시체를 모아 반듯하게 눕혀 놓고 얼굴을 불로 지져 누가 누구인지 알아보지 못하도록 한 다음 큰 구덩이를 파고 한꺼번에 묻어 버렸다. 이에 함양의 백성들은 이러한 소식을 듣고 용기가 배가하여 안

공덕비와 광풍루. 원래 현아 위치에 있었으나 현재 장소로 옮겨졌다.

함양 시장 거리. 전라도 팔랑재를 넘어온 동학농민군이 함양을 석권하고 안의로 들어왔다는 기록으로 미뤄 함양 관아는 쉽게 함락된 것으로 보인다.

함양 들어가는 길. 팔랑재를 넘어온 남원의 동학농민군이 함양을 거쳐 안의로 들어갔다. 그리고 동학농민군은 현감 조원식의 꾐에 빠져 몰살당했다.

의와 함께 서로 도와 팔랑재를 막아 보루로 삼았다."

위의 내용에 따르면 안의는 300여 남원의 동학농민군 무덤이 되었던 셈이다. 이런 전과로 인해 함양 안의 지역이 동학농민군의 공격으로부터 안전했다는 것이다.

남원의 동학농민군이 안의에서 희생된 뒤 경남 지역으로 들어오려고 길목인 운봉을 몇 차례 공격했지만, 번번이 실패하여 경남 서북부 지역에는 동학농민군의 영향이 크게 미치지 못했다.

참여자 기록을 통해서 본 동학농민군 활동

김병국(金炳國)은 1894년 남원, 구례, 함양 등 지리산 북부 지역 일대에서 동학농민군으로 활동하다가 함양군 마천면으로 피신했으며, 강도연(姜道連)은 함양 출신 동학교도로 1894년 동학농민혁명 전투에 참여했다가 1898년 1월 전라도 태인에서 체포됐다.

주요 사적지

- 함양 현청 터: (현, 함양군 함양읍 고운로 35, 군청처) 팔랑재를 넘어온 남원의 동학농민군은 함안 동헌을 점령하고 안의로 들어갔다.
- 안의 동헌 동학농민군 학살 터: (현, 함양군 안의면 당본리 201-2, 금성길 14번지, 안의 동헌, 안의초등학교 일대) 현감 조현식은 팔랑재를 넘어온 남원 동학농민군을 안심시키고 술과 음식을 취하도록 대접한 뒤 동학농민군을 공격하여 300여 명을 죽이고 구덩이를 파고 묻어버렸다.
- 안의 광풍루: (현 안의면 당본리 197, 경상남도 유형문화재 92호) 원래 안의 현청 안에 있었으나 이곳으로 옮겼다.
- 법인사 안의현 자리: (현, 안의면 금성길 14-0) 동학농민혁명 당시 여기까지 현청 자리였다.
- 현감 조원식 공덕비: (현, 안의면 당본리 197) 광풍루 뒤편에 있다. 원래 현아 자리에 있었지만 이곳으로 옮겼다.

대접주 백도홍이 일찍부터 투쟁 활동 전개 산청

산청 지역은 지리산을 가까이 두고 있어 투쟁 활동이 용이했으며, 주로 이 지역을 근거지로 삼아 바깥 지역으로 투쟁을 확대해 나가는 양상을 보였다.

갑오년 봄, 백도홍이 일어났다가 참형

산청군 지역에 동학은 일찌감치 전파되었으며, 1894년 4월부터 백도홍(白道弘, 일명 白樂道) 접주에 의해 경상 남서부 지역 최초로 시천(현 산청군 시천면 사리)에서 500여 명의 동학농민군을 이끌

시천면 내대리 동학군 집결지 전경. 산청군 시천은 백도홍이 500여 명의 동학농민군을 이끌고 기포한 곳이다.(사진 성강현 제공)

고 기포했다. 그러나 바로 진주목 병방 박희방(朴熙房)이 포군 수백 명을 동원하여 4월 15일에 주동자 백도홍을 체포했다. 다음날인 16일에 덕산 장터에서 백도홍을 참형함으로써 산청 지역 초기 동학 활동이 좌절되고 말았다. 이에 대해 『천도교창건사』에는 "백낙도, 신사(최시형)의 명교를 받아 각 군 대접주 수십 명으로 더불어 기포했다가 관군에 피살된 뒤…."라고 하여 산청 지역 백도홍 기포가 단독으로 결정된 것이 아니었던 사실을 보여주고 있다. 또 『천도교회사초고』에 "손은석은 제 도인으로 교남 각 군에서 기포하도록 하니 진주 영장 박희방이 민보군 3백 명을 모집하여 30여 도인을 참살하고…"라고 했다.

산청 지역 하수태 씨의 증언에 "잡았니 잡았니 백도역(백도홍)이 잡았니…"라고 전래되는 노래가 있는데, 이는 신출귀몰하는 백도홍의 무용담에서 나온 노래라 했다.

손은석이 진주목 함락, 진주 병사와 우호 관계 형성

박희방의 백도홍 참형으로 초기에 경상 서남부 지역 동학농민

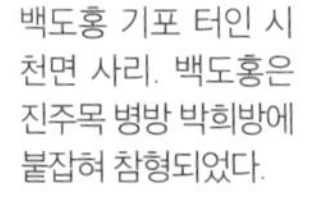
백도홍 기포 터인 시천면 사리. 백도홍은 진주목 병방 박희방에 붙잡혀 참형되었다.

군의 활동이 위축될 처지에 놓였으나 4월 26일경에 손은석(孫殷錫) 접주가 이끄는 수천의 동학농민군이 진주 읍을 공격해 들어가자 병방 박희방 등 군사들이 놀라 달아났으며, 민준호 경상우병사와 타협하여 우호적인 관계를 맺게 된다.

위와 같은 산청 지역 동학농민군의 활약에 대해 조정에는 다음과 같이 보고되었다. "산청 현감 정복원(鄭宓源)은 힘을 다하여 폐단을 바로잡았으나 너무 나약한 잘못이 있으니 과오를 추고(推考)할 것입니다." 즉, 동학 교세가 워낙 막강하여 감당해내지 못했으니 산청 현감의 죄를 덜어주자는 보고였다.

이런 산청 동학농민군의 기세는 단성, 의령, 사천, 고성, 남해, 함

내대리 전투 기념비. 이곳은 백도홍이 이끄는 동학농민군 진지였으며, 진주영장 박희방의 군사와 전투를 벌였다.

단성 현아 자리인 단성초등학교. 이곳에서 수많은 동학농민군이 희생되었다.

동학농민군 지도자 백낙도의 참형 터인 덕산시장

안, 진주 등 서부 경남 지역으로 확산되었다. 9월 18일 제2차 기포 시기까지 기세가 이어져 동학농민군이 진주성에 무혈입성하게 되며, 10월 말까지 서부 경남 지역에 크고 작은 전투가 전개되었다.

토벌 시기, 단성의 동학 지도자 처형

단성 현감 윤태일(尹泰馹)이 1894년 12월 6일 경상도 감사에게 동학농민군 지도자 5명을 붙잡아 심문하여 처형한 사실을 보고하고 있다. "단성에서 체포한 동학농민군 권인택(權仁宅)은 말을 타고 읍촌에서 횡행하던 실상이 드러났으며, 강순서(姜順瑞)는 양반을 위협하여 벼를 탈취했고, 이재석(李在石)은 노비로서 동학농민군에 들어가 상전을 위협했으며, 김준이(金俊伊)는 마을에서 자의대로 토색을 했고, 김재수(金在守)는 어리석은 백성들을 유혹하여 강제로 도당에 들어가게 했으므로 이 같은 죄를 물어 12월 6일 처형했습니다."

주요 사적지

- 산청 기포터: (현, 산청군 시천면 사리) 1894년 4월, 경상 남서부 지역 최초로 백도홍 대접주가 기포했다. 2015년 10월, 산청 동학농민혁명기념비를 세웠다.
- 동학농민군 집결지 내대리: (현, 시천면 내대리) 1894년 4월에 동학농민군이 기포하여 이곳에 집결했다.
- 백도홍이 참수된 덕산 장터: (현, 산청군 시천면 남명2길 21) 동학농민혁명 초기인 4월 15일에 동학두령 백도홍이 진주목 병방 박희방에 의해 대내리에서 체포되어 다음날 덕산 장터에서 참수되었다.
- 단성면 동학 지도자 처형 터: (현, 산청군 단성면 목화로961번길 10, 성내리 596-2, 단성 현청 자리, 단성초등학교) 단성 현감 윤태일이 1894년 12월 6일 경상감사에게 동학농민군 지도자 5명을 처형한 사실을 보고했다.

영호남 지역 동학농민군의 최대 격전지 하동

하동은 일찍부터 동학 교세가 성하여 영남과 호남의 동학농민군이 관군, 민보군, 일본군을 상대로 하동 읍성을 놓고 치열한 공방전을 벌였다. 하동 지역 대표적인 전투는 고승당산 싸움과 금오산 싸움이다.

보은취회에 50여 명 참가

경상도 남서부 지역 중 하동 지역은 동학 교세가 성했다. 「취어」에 보은취회에 하동접에서 50명이 참가했다는 기록이 이를 뒷받침한다. 당시 하동을 대표하는 접주로 여장협(余章協)을 들 수 있다.

진주 덕산을 중심으로 한 동학 조직이 보은의 충경(忠慶) 대접주 임규호(任奎鎬) 계통이었던 데 비해, 하동을 중심으로 한 동학 조직은 순천 광양의 영호(嶺湖) 대접주 김인배(金仁培) 계통이다. 하동은 특히 진교면과 고전면, 양보면 지역에 동학이 성했던 것으로 보인다.

하동 고승당산 전투 기념비. 하동은 영남 호남의 동학농민군 투쟁의 핵심 지역으로, 경상 남부 지역 최대의 전투지로 기록되었다.

민란 시기와 동학농민혁명 시기에 민포단 조직

하동부사 이남희는 1892년 각지에서 민란이 발생하는 어수선한 정세에서 부임했다. 하동은 강대한 동학 세력을 갖고 있는 전라도 순천, 광양과 접경이었기 때문에 하동부에서는 일찍이 민란에 대비하여 민포단을 조직하여 전 훈련원 주부 오위장인 화계 지역 김진옥을 대장으로 삼아 대비했다.

1894년 정월, 전라도 지역에서 동학농민혁명의 기세가 높아지자 하동에서는 민포단의 민병을 증원시켜 동학 세력에 대비했다. 『하동군사』에도 "영장 여건상(余建相)이 향병 7백 명을 모집했고, 민포장 진사 김형수(金瀅秀), 김진현(金鎭鉉), 좌수 정재선(鄭在瑄), 수리 정찬두(鄭燦枓), 전 좌수 강윤수(姜崙秀), 전 사과 김태룡(金泰龍) 등이 수천 명의 향병을 모아들였다"고 했다.

민보군 대장 김진옥, 하동 동학교도 광양으로 추방

1894년 7월에 이르러 하동부에서 동학도를 탄압하는 사건이 일어났다. 하동 동학도들은 전라도와 진주처럼 자유롭게 활동할 수 있는 방도를 숙의한 끝에 성부역(星浮驛) 접주 박정주(朴正周)를 찾아가 1백 명의 장정을 선발하여 하동으로 건너와 지원해 달라고 요청했다. 같은 포 소속이던 영호포에서는 하동 동학농민군의 요청을 받아들였다.

7월 7일에 1백 명의 동학교도들이 하동읍내 광평(廣坪)으로 건너와 접주 여장협과 협력하여 영남의소(嶺南義所)라는 간판을 걸고 활동을 시작했다. 7월 초에 하동부사로 부임한 이채연(李彩淵)

이 이를 알고 크게 놀랐다. 먼저, 동학교도들을 설득했으나 듣지 않자, 화개면에 있는 민포대장 김진옥(金振玉)을 불러 동학교도를 섬멸할 방도를 논의하게 되었다. 앞에서 본 바와 같이 당시 하동 지역에는 일찍부터 민포군이 조직되어 있었고, 1894년 3월에 동학농민혁명이 일어나 전라도 일대가 소란해지자 민보군을 추가 모집하여 대비책을 강화해 오고 있었다.

하동 부사 이채연의 요청에 따라 민포대장 김진옥은 수백 명의 민보군을 이끌고 하동으로 들어와 동학교도 전원을 체포했다. 김진옥은 체포한 동학교도를 모두 죽이려 했으나 이채연 부사가 만류하여 광양으로 쫓아 버렸다. 가족들과 함께 광양으로 쫓겨난 하동 지역 동학교도들은 광양 지역 동학교도의 지원으로 살아가게 되었다.

김인배, 하동 반격에 나서

8월이 되자 주변 지역 동학농민군은 항일투쟁을 위해 바쁘게 움직이고 있었다. 남원대회를 마치고 광양으로 돌아온 김인배 대접주는 각 접에 통문을 보내 8월 28일에 섬거역에 모이도록 동원령을 내렸다. 섬거역에 1만여 명 동학농민군이 모여들자 편제를 마치고 8월 30일에 하동읍 건너편 광양군 다압면(현 광양군 다압면 도사리)으로 진군했다.

이들의 목표는 하동부 점령이었다. 하동 부사 이채연은 전라도 동학농민군이 출동했다는 소식에 겁을 먹고 원병을 청하기 위해 경상 감사를 만나러 간다는 핑계로 달아나 버렸다. 일설에는 고향인 칠곡으로 달아났다고 했다. 이에 민포대장 김진옥도 다급해졌다. 통영으로 달려가 지원군을 요청했지만 대완포 12문을 얻어오는 데 그쳤다. 김진옥은 악양, 화개, 적량, 하동읍 등지에서 급히 수천 명의 민병을 동원하여 맞서 싸울 준비를 했다. 당시 하동읍에는 읍성이 없으므로 병력과 대포를 강변과 뒷산 안장봉에 배치했고, 일부 병력은 해량포구에 포진시켰다.

하동 전투 시작

8월 29일 오후, 섬진강 서쪽 강가에 동학농민군 대부대가 나타나자 민포군은 이에 대응하여 북과 징을 울리고 총포를 쏘아댔다. 민포군의 배치를 살펴 본 동학농민군은 9월 1일 아침에 도강작전을 펼쳤다. 주력부대는 하동읍 북서쪽 상류에 있는 섬진관(蟾津館) 나루를 건너 만지등(晩池嶝)으로 건너갔다. 여울목은 물살이 세기는 했으나 수심이 얕아 도강하는 데 큰 어려움이 없었다. 쉽게 화심리(花心里) 두곡리(豆谷里) 일대를 장악했다.

동학농민군 총공세로 주봉 점령

9월 2일 새벽부터 동학농민군은 총공격에 나서 저녁 무렵에 주봉을 점령하고 읍으로 들어왔다. 날이 어두워 관군과 민포군을 추격하지 못했다. 그렇지만 첫날 전투에서 동학농민군은 삼면에서 포위하여 민보군을 고립시키는 데 성공했다.

『하동군사』에 당시 전황이 좀 더 상세하다.

"9월 2일 동도 두목 박정주(朴正周)가 동학농민군 1만여 명을 이끌고 본격적인 도강작전을 시작했다. 이때 안봉에는 김진옥 등 수천 명의 민병이 대완구 등 무기를 갖춘 관군과 함께 진을 치고 있었다. 전라도 동학농민군이 섬진강에서 주력이 강을 건너 만지등에 진지를 구축하고 일부는 섬진관에서 큰 짚동을 밀고 그 뒤에 숨어 강 모래사장으로 하여 해량 건너편까지 내려왔다. 만지등 일대의 동학농민군은 하동 동학 여장협이 인솔하는 1천여 명의 동학농민군과 합세하여 안봉으로 차츰 다가왔다. 그런데 안봉의 관군 측에서는 대완구를 쏠 수 있는 사람이 없었다. 관군들이 당황해하고 있을 때 한 청년 민병이 나와 자기가 대완구를 쏠 수 있다고 하며 막대기 끝에다 기름을 묻혀 대완구 구멍에 넣고 불을 붙이자 대포알이 섬진강 강물에 힘없이 나가 떨어졌다. 동학농민군은 대완구의 위력이 없음을 눈치 채고 4일 총공격을 개시했다. 이날 치열한 싸움 끝에 민포군 대장 김진옥, 진사 김영수, 수리 정찬두 이하 수많은 병사들이 전사했고, 다음날 백의 강륜수 등도 남은 병사들과 같이 전사했다. 이리하여 안봉에 있던 민포군 및 관군이 거의 전멸되자 5일 오후 6시경에 읍내는 동학농민군의 수중에 들어가게 됐다."

당시 하동을 공격한 동학농민군 세력에 대해 다음과 같이 기록하여 동학농민군의 조직 체제가 잘 잡혀 있던 사실을 짐작할 수 있다. 하동 동학농민군의 도통령(都統領)은 정운승(鄭運昇)이라 하며 수백 명을 거느렸고, 중군장은 4~5백 명을 거느렸다. 그리고 하동포(河東包)는 7~8백 명, 우선봉은 5~6백 명, 후군장은 4~5백 명,

하동 읍성 터. 김인배가 이끄는 영남동학농민군은 하동을 점령했으나 섬진강 전투에서 수많은 동학농민군이 익사했다.

도통찰(都統察)은 1백여 명을 거느렸다. 이 밖에 단성접, 남원접, 섭천접(涉川, 진양 여동면 천전약동 지역), 상평접(上平接, 진주시 상평동), 오산접(吾山接, 진양 鳴石面 佳洞五美 지역), 구례접(求禮接)에서 온 동학농민군도 하동읍 각처에 산재하여 주둔했다.

동학농민군의 보복 방화

하동 읍내로 들어온 동학농민군은 관가와 민가를 방화하여 700호 이상이 불타 전 읍내가 잿더미로 변하고 말았다. 기록마다 차이는 있지만 『오하기문』에 상세하게 전한다. "…읍에 들어간 동학농민군은 민가 10여 채를 소각하고 나서 부중에 도소를 설치한 뒤… 화개동에 올라가 민포의 수창자의 집에 불을 지르니 5백여 채나 됐으며…전후 10여 인을 살해했다"고 했다.

특히 『하동군사』에는 "(동학농민군이) 민포의 발상지인 화개에 침입하여 탑리(塔里)로부터 법하리(法下里) 일대의 가옥을 모조리 불사르고 재산을 몰수했으며, 이어서 악양과 적량에 들어가 민포군의 집을 낱낱이 찾아내어 불태워 버렸다."고 하여 동학농민군과 민보군 사이의 극단적인 갈등을 여실히 보여주고 있다.

동학농민군, 진주와 사천 고성 남해 지역 석권

하동 전투에서 동학농민군이 대승을 거뒀다는 소식이 전해지자 진주 인근 군현의 동학농민군의 사기가 하늘을 찌를 듯했다. 이에 고무된 진주 지역 동학농민군들도 일본군을 몰아내기 위한 준비를 서둘렀다.

하동을 점령한 영호 대접주 김인배는 9월 10일경부터 전라도의 흥양, 순천, 광양 지역 일부 병력과 하동 지역 동학농민군을 진주 쪽으로 이동시키면서 각 군현 동학농민군들이 기포하도록 지원했다. 병력을 몇 개로 나누어 사천, 남해, 고성 등지로 파견하여 관아를 점거하여 그 지역 동학농민군이 기포하도록 했다. 그리고 김인배 휘하의 주력은 곤양을 거쳐 진주로 진출했다.

하동 동학농민군 다솔사에서 집회, 곤양 읍성 함락

1894년 9월 15일, 하동의 동학농민군 수천 명이 곤양 다솔사(多率寺)에서 집회를 가졌으며, 광양, 순천 동학농민군 수천 명이 곤양 읍성에 돌입하여 조총 20자루를 빼앗아 진주로 향하여 접경 지역인 완사역(完沙驛)에서 두 세력이 합류하여 진주로 돌입했다.

동학농민군의 전세가 이렇게 되자 일본군이나 관 지방군의 움직임도 긴박해졌다. 9월 2일 하동이 동학농민군 수중에 들어갔다는 소식을 접한 부산 동래에 주둔하고 있던 일본군은 9월 5일에 정찰대를 보내 실상을 알아보도록 했다. 정찰대로는 동래 감리서(監理署) 주사 이모(李某)와 순사 4명을 차출했고, 일본 헌병 순사 4명도 같이 파견했다. 탐지 결과는 15일과 20일 두 차례에 걸친 보고를 통해 전달되었는데, 경상 남서부 일대가 동학농민군의 수중에 들어갔음을 확인했다. 특히 동학농민군이 진주와 통영 쪽으로 진격해 온다는 첩보를 받자 출병을 지체할 수 없다고 판단했다.

9월 22일, 일본 재부산 영사관은 일본군 출병에 따라 조선 지방 관아에서 편의를 제공하여 주도록 하는 조치를 요청했다. 그런 다음 9월 23일과 24일에 일본군 남부병참감(南部兵站監)은 엔다(遠田) 중위와 스즈키 아키라(鈴木彰) 대위에게 2개 소대와 1개 중대 약 200명을 이끌고 선편으로 출동하라는 명령을 내렸다.

한편 정부에서도 9월 25일자로 대구판관 지석영(池錫永)을 토포사(討浦使)로 차하(差下)하여 현지로 파견했다. 지석영은 9월 26일에 대구를 출발, 28일에 부산에 도착, 감리서(監理署)와 일본 영사관에 들러 협조를 받아서 29일에 배편으로 통영에 상륙했다. 여기서 포군(砲軍) 100명과 군관 4명, 즉 104명을 인계받은 다음 10월 2일에 고성으로 향했다. 여기서 일본군과 합류하기 위해 기다렸다.

10월 5일에 일본군이 고성에 도착하여 대기 중이던 토포사 지석영이 이끄는 관군과 합류했다. 진주 구해창(舊海倉)을 거쳐 10월 7일에 곤양으로 들어가 자리를 잡았다. 곤양에 진주한 이유는 곤양이 성곽도 있고 하동, 진주 그리고 사천과 덕산 등 동서남북으로 통하는 길목이었기 때문이다. 그리고 해창에서 포착해 온 동학농민군 접주인 임석준(林石俊)을 8일 정오에 곤양 성내 북쪽 장터에서 군중을 모아 총살했으며, 나머지 17명도 학살했다.

금오산 전투

동학농민군과 관·일본군의 첫 번째 전투는 하동군 진교면 안심리(安心里) 뒷산인 금오산(金鰲山) 줄기의 봉우리 시루봉에서 시작됐다.

10월 9일, 동학농민군이 시루봉에 집결해 있음을 탐문한 일본군은 곤양에서 10일 새벽에 출동하여 공격을 시작했다. 하동 접주 여장협(余章協)이 이끄는 동학농민군은 일본군의 하동 진출을 막기 위해 진다리(辰橋)에서 서쪽 4킬로미터 떨어져 있는 안심리(현 하동군 진교면 안심리)와 고하리(古下里, 현 경남 하동군 고전면 고하리) 일대에 수백 명의 동학농민군을 배치하고 있었다. 당시 금오산 전투 상황은 「경상도관찰사 장계」에도 잘 나타나고 있다. "9일 밤에 동도 기백 명이 하동 안심동 뒤에 있는 금오산 줄기인 한 봉우리(시루봉)에 둔취해 있다는 사실을 알았다. 밤중이라 공격하지 못하고 10일 아침에 군관 신철회, 정인식이 이끄는 본군과 일본군이 같이 떠나 접전을 벌였다. 이 전투에서 동학농민군 8명을 포살했고, 본군이 21명을 생포했다. 일병에게 생포된 자가 9명이고 이 밖에 총에 맞고 도망치다 죽은 자는 이루 헤아리기 어렵다"고 했다. 이날 금오산 전투에서 당한 하동 동학농민군의 구체적인 피해 기록은 없지만 매우 컸다는 사실을 알 수 있다. 한편, 여장협이 이끄는 하동 지역 동학농민군은 금오산 전투에서 패한 뒤 단성으로 옮겼다.

상평촌 전투

두 번째 전투는 10월 10일 같은 날 진주 남강 쪽 상평(上坪 현 진주시 상평동)에서 벌어졌다. 전투 규모와 결과에 대해서는 알 수 없으나 『주한일본공사관기록』에 "지난 7일(음 10월 10일) 상평촌 공격 때 관군 10명을 인솔했는데 아병에게 오히려 방해가 됐다"는 짤막한 기록이 보인다. 아마 일본군이 남강을 건너올 때 상평 쪽에 대기하고 있던 동학농민군이 공격한 듯하다. (이하 진주 편 참조)

하동의 가장 큰 전투 고승당산 전투

세 번째 전투이자 하동 지역 가장 큰 전투였던 고승당산(현, 하동군 옥종면 북방리) 전투는 10월 14일에 벌어졌다. 이에 앞서 동학농민군이 진주 북쪽에서 출몰하자 일본군은 이를 공격하기 위해 출동했다가 허탕 치는 일이 있었다. 10월 13일에 스즈키 아키라 대위와 엔다(遠田) 중위는 동학농민군이 모여 있다는 송촌과 집현산 쪽으로 각각 출동했으나 이미 동학농민군이 단성지방으로 철수했기 때문에 진주로 돌아오고 말았다. 스즈키 아키라 대위가 이마하시(今橋) 소좌에게 보고한 내용은 다음과 같다. "9일 오전 6시 곤양을 출발하여 수곡촌에 이르러 휴식 중에 포토사 지석영이 보낸 급사가 왔다. 진주부 동쪽 20리에 있는 초촌(招村, 召村)과 동 30리 집현산하 및 단성 북쪽 10리 정정(頂亭)과 동 5리 원본정 등 여러 곳에 동학당 4~5백 명이 집합하여 모두가 진주성을 향해 진격하여 동소의 무기를 탈취하려 한다는 공문이 있다고 하며, 상황이 화급하니 속히 회군하기를 바라므로 곧 길을 바꾸어 진주부로 들어왔다.

단성 지방의 상황을 탐색하고 있었는데 이날 오후 9시경에 단성에 집결해 있던 동학당이 진주를 습격하려고 수곡촌으로 나왔는데, 대체로 4~5천 인이라 한다. 곧 식량 등을 준비하여 11일 새벽 4시에 진주를 출발, 수곡촌과 곤양 사이로 가서 적을 맞으려 한다."

고승당산 전투에 대해서는 「주한일본공사관」의 관련 기록이 비교적 상세하다.

> "어제 11월 11일(음 10월 14일) 오전 4시 진주를 출발하여 서쪽 30리 남짓한 곳에 있는 수곡촌에 모여 있는 동학당을 공격하려고 그 마을에 갔더니, 동학당이 산과 들에 가득차서 대략 1천4~5백 명(그 지방 사람의 말로는 4~5천 명이라 함)이 있었다. 8시 5분 그들이 사격해 오므로 응전했다. 점차 공격하며 전진하여 가는데, 그들의 절반은 산 북쪽으로 퇴거했다. 그래서 먼저 산 위에 있는 적을 공격했으나, 산정의 첩루(疊壁)에 의지해서 완강하게 방어했으며 또 북쪽으로 퇴거했던 적도 다시 나와 우리의 우측을 공격했다. 10시 15분쯤 1개 소대를 가지고 산 위의 성벽으로 돌격하여 이를 점령했다. 이때 우리 측 부상자는 3명이었다. 다른 1개 소대는 계속 우측의 적을 공격해 들어갔다. 이보다 앞서 엔다(遠田) 중위로 하여금 1개 소대를 인솔, 좌측으로부터 적을 몰아내게 하고 그곳에 있는 적을 격파하여 드디어 적의 배후에 이르러 적군을 격멸 소탕했다. 오전 11시 대오를 수습하니 적은 서북쪽 덕산(智異山) 쪽을 향해 퇴각하므로 계속 이를 추적했으나 미치지 못했다. 일본군 부상자 3명, 동학농민군 전사자 186명, 생포 2명, 전리품은 총 136자루, 칼 18자루,

창 54자루 나팔 3개, 북 3개, 깃발 3개, 화살 2다발, 탄환 약 5관, 말 17두, 소 2두….”

경상도 관찰사 장계에도 희생자 수가 비슷한 내용으로 실려 있다.

“진주목사의 보고에 의하면 동학도 기백 명이 방금 본주 시천(矢川)과 수곡(水谷) 양면에 모여 있다고 한다. 고로 12일(음) 새벽에 진주로 행군했다. 파송했던 장리의 보고에 따르면 시천의 동학도는 이미 해산했고, 진주에서 50리 떨어진 수곡면에 수천 동학도가 점점 모여들어 성을 함락시키는 것도 조모(朝暮)에 달렸다 한다. 본군은 진주성을 지키고 있었고 일병은 진주에서 출동, 접전하고 있었다. 동학도의 포살자는 186명이요, 부상당하여 도망친 수는 헤아리기 어렵다.”

다음은 동학농민군의 기록이다. 동학농민군은 10월 13일(양 11월 10일)에 진주성을 공격하기 위해 손은석 휘하의 병력을 은밀히 백곡으로 집결하고 있었다. 『백곡지』에 의하면 “웅구(손은석) 등은 또한 크게 두려워 난을 일으키고자 10월에 18포의 무리 10여 만을 백곡평에 모아 발동하니 돈과 식량을 탐내어 생민을 학대함이 이르지 않는 곳이 없다”고 했다.

손은석 대접주는 일이 있을 때마다 백곡 지역에 동학도를 집결시켜 왔다. 앞서 대우치(大牛峙) 모임도 바로 얕은 산등을 사이에 두고 있는 백곡과 같은 지역에 있다. 4~5천에 이르는 동학농민군은 지금의 하동군 옥종면 북방리의 들판과 고승당산 일대에 유진하고 있었다. 이 사실을 알게 된 일본군은 10월 14일 새벽 4시에 진주에서 수곡으로 출동했다. 상오 7시경에 덕천강(德川江) 동쪽에 당도하여 강을 사이에 두고 동학농민군과 대치하기에 이르렀다. 8시가 되자 일본군이 강을 건너왔고, 전방에 출동했던 동학농민군의 선제공격으로 전투가 시작됐다. 대포 2문으로 일본군을 공격했으나 소리만 요란했을 뿐 쇠붙이에 지나지 않았다. 얼마 후 전방에 있던 동학농민군은 일본군이 신식 무기로 맹렬히 반격해 오자 후퇴하기 시작, 주력부대가 있는 고승당산으로 합류했다. 고승당산은 해발 185미터의 야산이지만 삼면이 들판이고 서쪽만 낮은 능선과 연결되어 있다. 정상에는 자연 암석이 성곽처럼 둘러싸여 천연의 요새를 이루고 있었다.

동학농민군과 일본군은 이 정상을 놓고 2시간 동안이나 치열한 공방전을 벌였다. 동학농민군은 "산상 첩벽(疊壁)에 의지해서 완강하게 방어했다"는 일본 기록과 같이 정상에 1백보 정도의 둘레에 돌성을 쌓아 은폐물을 만들어 놓고 올라오는 일본군을 저지했다. 동학농민군은 이 고지를 내주지 않기 위해 결사적으로 사수했으며, 결과적으로 많은 전사자를 내게 되었다.

동학농민군은 진주 공격을 시도하다 일본군 1개 중대의 신식 무기를 당하지 못하여 패퇴한 셈이다. 이 전투에는 진주 접주 손은석, 단성 접주 임말룡, 마동 접주 박재화, 김창규, 백주헌, 남해 접주 정용태, 사천 접주 윤치수, 하동 접주 여장협이 참가했다. 그러나 전사자는 일본군의 기록보다 배나 많은 4백여 명을 넘었고 접주급 지도자도 많이 전사했다. 마동 접주 백재화, 김창규, 백주헌, 하동 접주 여장협 등이 고승당산 전투에서 전사했고, 우정진 접주는 청암에서 체포되어 대구 감영에서 처형되었다. 진주 접주 손은석, 사천 접주 윤치수는 살아남아 뒷날까지 활동했다.

고승당산 전투에서 희생된 동학농민군은 어느 정도일까? 일본기록에는 185명이라 했으나 『천도교회사초고』에는 3백여 명이라 했다. 『오하기문』에는 "4백여 급을 참했다"고 했다. 이 지역 사람들은 수백 명이라 했으며 『백곡지』에는 "죽은 자가 5~6백 인"이라 했다.

고승당산 전투에서 패한 동학농민군의 행적

고승당산 전투에서 패한 동학농민군은 일본군의 맹추격을 받으며 덕산 쪽으로 후퇴했다. 이때 오산접 동학농민군은 명석면 오산리(진주시 명석면 오산리)에서 일본군과 한차례 전투를 벌였다.

덕산 쪽으로 후퇴한 동학농민군은 곳곳에서 소규모의 전투를

노량대교에서 본 하동

치렀고, 서쪽으로 물러선 하동 지역 동학농민군은 고하(고전면 고하리)와 갈록치(渴鹿峙, 고전면 월진마을)에서 일본군에 완강하게 저항했으나 다시 밀려 섬진강을 건너 광양 쪽으로 후퇴하고 말았다. 동학농민군은 몇 차례의 소규모 전투와 소탕전에서 다시 1천여 명이 희생되었다.

하동 갈록치 전투

일본군과 관군은 동학농민군을 추격하기 위해 10월 17일(양 11월 14일)에 하동 쪽으로 제각각 출동했다. 지석영이 이끄는 관군은 황토치(黃土峙)까지 갔다가 일군을 만나지 못해 진주로 되돌아왔다. 21일에 일본군이 하동 섬진나루에서 동학농민군의 공격을 받아 접전 중이라는 연락을 받고 출발, 곤양에서 하루를 자고 하동으로 출발하여 10월 22일에 50리 지점인 하동 갈록치(渴鹿峙, 『河東郡史』에는 갈마재로 기록)에 이르러 일본군에 밀려 후퇴하는 동학농민군 기백 명과 만났다. 이날 동학농민군이 선제공격을 감행했으나 오히려 30명의 전사자만 낸 채 광양 쪽으로 달아나기에 바빴다. 동학농민군은 배로 섬진강을 건너가거나 산골짜기로 도주했다. 여기서 관군은 동학농민군을 추격하여 11명을 사살하고, 17명을 생포했으며 총검 등도 노획했다. 『오하기문』에도 지석영은 하동 두치(豆峙, 河東郡史에는 豆置를 蟾津江의 옛 이름이라 했다) 나루에서 동학농민군과 싸워 격파했다고 기록했다. 23일(양 11월 20일)에는 흩어진 동학농민군을 토벌하기 위해 각 동을 탐색했으나 동학농민군의 행방을 알 수가 없었다.

동학농민군과 벌인 전투와 동학농민군 희생자에 대해서는 영남토포사 지석영의 12월 10일 자 보고에 "10월 9일에는 밤에 (동도) 수백 명이 하동(河東)의 금오산(金鰲山)에서… 비도들과 접전을 벌여 8명을 총살했고, 본군에서 21명을 생포했으며 일본군은 9명을 잡았습니다. 그 밖에 총을 맞고 달아나다가 죽은 자가 헤아릴 수가 없었습니다. 그러나 본군과 일본군은 한 명도 부상을 당하지 않았습니다"라고 했다. "10월 22일에는 행군하여 갈록치(渴鹿峙)에 이르렀는데…서로 육박전을 벌여 11명을 총살하고 17명을 생포했으며 …(생포한 동도) 중에서 김달덕(金達德), 김성대(金性大), 김재희(金在僖) 등은 전후에 그들이 저지른 죄악을 자백했기 때문에 모두 총살했습니다. 일본 육군 대위의 편지를 받아 보니, "하동의 싸움에서 제1차로 총살한 자들이 3명이며, 생포한 자들은 2명이고, 부상을 입고 도주한 자는 그 수를 알 수가 없으며…"라고 하여 곳곳에서 벌어진 전투에서 수많은 동학농민군이 희생된 사실을 알 수 있다.(『갑오군정실기7』, 81쪽)

일본군 부산으로, 토포사 지석영 철수

고승당산 전투 후 하동으로 이동했던 나가이 대위가 이끄는 일본군은 섬진강을 사이에 두고 순천 방면의 동학농민군과 몇 차례 접전을 하였으나 이마저 뜸해지자 11월 21일에 하동을 떠나 11월 27일에 부산으로 돌아갔다.

진주와 하동에는 관군을 각 100명씩 두어 수비하게 했다. 진주와 하동 지역은 평온을 다시 찾았으나 '영남 지방에는 동학농민군의 소요가 아직도 종식되지 않았다' 하여 조정에서는 12월 4일에 하동부사 홍택후(洪澤厚)를 조방장으로 내려보내 진압하게 했다. 홍택후는 지석영 토포사를 따라 내려와 부임했으므로 일군과 관군이 철수하자 언제 동학농민군이 재침할지 모르는 형편이라 군대의 상주를 요청했다. 그래서 우병사 휘하 군교 박두각(朴枓珏)이 거느린 1백 명 관군을 잔류시키고, 일본군은 26일에 창원, 마산포로 철수, 부산행 기선에 승선하여 돌아가 버렸다. 하동 부사 홍택후는 11월 28일에 영우(嶺右) 13읍 조방장으로 임명됐다. 홍택후는 동학교도에게 너그럽게 대하는 정책으로 별다른 충돌 없이 지냈으며, 김인배로부터 칭송까지 받았다.

관·일본군의 정토에 대해 『오하기문』은 "날씨는 춥고 옷이 얇아 순라를 돌고 보초를 서는 일이 고통스러웠기 때문에 다투어 강을 건너 적을 추격하고자 했으나, 실은 노략질을 하는 데 정신이 팔려 있었다. 택후는 나루터를 엄중히 단속하여 단 한 명의 병졸도 함부로 건너지 못하게 했다. 이 때문에 광양 지방의 백성들은 택후를 덕스럽게 여겨 서로 칭송했다. 적의 무리 중 숨어 있던 자들이나 인배 등도 택후를 장자로 여겼고 도인들을 죽이지 않았으므로 다시 미친 듯이 날 뛸 생각이 없었다"고 했다.

참여자 기록을 통해서 본 하동 동학농민혁명 활동

현재 파악된 하동 동학농민군 참여자 명단은 44명에 이른다. 백도홍(白道弘)처럼 동학농민혁명 초기에 희생되었거나, 하동 전투, 고승산 전투와 토벌전에 의해 희생되었다. 명단은 다음과 같다.

□ 옹방규(邕方奎), 김이갑(金以甲), 남정일(南正日), 백도홍(異名: 樂道, 대접주), 여장협(余章協), 최기현, 윤상선(尹相善), 양태환(梁台煥), 김성대(金性大), 김재희(金在僖), 김달덕(金達德), 최학권(崔鶴權, 집강), 조성인(趙性仁), 김단계(金旦桂), 강몽생(姜夢生), 김명완(金命完, 곤양 대정), 한명선(韓明善 곤양 대정), 최성준(崔聖俊, 곤양 대정), 김경련(金敬連), 최몽원(崔蒙元), 강오원(姜五元, 중정), 김인배(金仁培), 조승현(趙升鉉), 고광신(高光臣), 하성하(河聖夏), 신관준(申寬俊), 김성재(金性在), 유윤거(柳允擧), 신관오(申寬梧), 육병명(陸炳明), 육상규(陸相奎), 김학두(金學斗), 전백현(全伯賢), 박정주(朴正周), 박사영(朴士永), 양기환(梁箕煥), 하수태(河壽泰), 김화순(金華順), 윤상준(尹相俊), 성낙주(成洛周), 정낙원(鄭洛元), 하성원(河聖源), 하성기(河聖基), 심송학(沈松鶴, 도집강).

□ 하수태(河壽泰)는 동학농민혁명 당시 덕산 지역 동학농민군을 이끌고 전투에 참가하여 전투 도중 전사했다.

주요 사적지

- 하동 고승당산 싸움터: (현, 하동군 옥종면 북방리산 13-30) 동학혁명군위령탑, 1894년 10월 14일부터 근동의 동학농민군은 관·일본군과 전투를 벌여 수백 명의 희생자를 냈다.
- 섬진진(蟾津鎭) 동학농민군 공격 터: (광양시 다압면 도사리 섬진마을) 김인배가 이끄는 영남 동학농민군은 섬진관 나루를 건너 만지등(晩池嶝)을 거쳐 하동 읍성 공격에 나서 화심리와 두곡리 일대를 장악했다.
- 주교장 동학농민군 처형 터: (현, 하동읍 시장1길 12-2, 배다리 시장) 1894년 10월 24일 동학농민군이 이곳에서 총살되었다.
- 섬진강 솔밭공원 처형 터: (현, 하동읍 광평리 443-10) 총살된 동학농민군의 시신이 섬진강에 버려졌다.
- 하동읍성 싸움터: (현, 하동군청 뒷산 하동 전망대, 안봉(鞍峯)) 치열한 전투 끝에 동학농민군이 하동읍을 점령했다.
- 하동 금오산 전투지: (현, 하동군 진교면 안심리 뒷산) 금오산 줄기 시루봉 일대에서 전투가 벌어졌다.

진주 경상 남서부 지역 동학 활동의 중심지

창도 초기부터 동학이 유입되어 교세 확장

산청 편에서 본 것처럼, 진주에 동학이 들어온 것은 1862년 고성 사람 성한서가 창도주 최제우를 직접 찾아가 입도한 뒤 돌아와 포교를 시작하면서부터이다.

다른 한편으로는 백도홍이 1892년 장수 지역 유해룡으로부터 도를 받아서 포교 활동을 벌여 동학 교세가 성하게 되었다.

보은취회에 진주접에서 60명이 참석했다. 각종 기록에 보이는 동학농민혁명 당시의 접주는 대략 18명인데 강필만(姜泌晩), 김상경(金尙慶), 백도홍(白道弘), 김상정(金相鼎, 대접주), 김용기(金用基), 황수현(黃水現 진주 누동), 박운기(朴雲基, 대접주), 박규일(朴奎一, 접주 진주 서봉), 손은석, 박재화, 김창규(金昌奎), 김용옥(金龍玉, 중정 진주 신안리), 주석률(朱錫律, 대정 진주 일반성면 창촌리), 정용안(鄭龍安, 집강), 최윤호(崔允鎬, 집강), 전희순(全熙淳, 대접주 진주 평거동), 허봉석(許鳳碩, 중정) 등이다.

앞의 기록과 중복된 부분이 있지만, 1893년에 입도한 동학 지도자로, 진주 김용옥(金龍玉), 전희순(全熙淳), 허봉석(許鳳碩), 박규일

(朴奎一), 최윤호(崔允鎬), 황수현(黃水現), 김상정(金相鼎), 강필만(姜泌晩), 주석률(朱錫律), 정용안(鄭龍安), 박운기(朴雲基) 등이 있다.

진주의 이런 교세를 바탕으로 인근 지역 함안 칠원(柒原) 등지로 들불처럼 번져나가 동학농민혁명 시기에는 투쟁의 중심 지역이 되었다.

진주 덕산에서 4월 초순 기포, 경상우병사와 타협

경상 남서부 지역 최초 기포는 4월 초순 진주 덕산에서 시작되었다. 산청 백도홍이 진주영장 박희방에게 참살된 뒤 대접주 손은석이 4월 24일 1천여 명의 동학농민군을 이끌고 진주로 쳐들어왔다. 이에 신변에 위협을 느낀 영장 박희방은 도망쳐 버렸고, 우병사 민준호(閔俊鎬)가 동학농민군과 타협하여 사태를 수습했다. 우병사 민준호는 동학과의 타협이 임시방편이었다기보다 동학에 지속적으로 호의를 가진 것으로 보인다. 이에 대해서 『일성록』에 "전 진주병사 민준호는 다만 어리석게 겁을 먹고 비류를 후히 대했으며, 하동부가 위급할 때 병졸 하나 보내지 않았으니 잡아다 엄히 심문하여 처리하라"고 한 것으로 미뤄 민준호는 동학농민군에게 지속적으로 호의적이었다.

반면에 진주 지역 동학도들은 4월 25일부터 우병사 민준호와 타협을 이끌어 내면서 어느 정도 자유로운 활동을 할 수 있었다. 이를 계기로 경상 남서부 지역 동학교도의 활동이 왕성해졌는데, 진주 지역을 이끈 대접주가 2~3명 정도였고, 접주급 지도자는 40여 명이나 되었다.

9월 들어 진주 인근 지역 동학농민군 활동 활발

1894년 9월 들어 진주 부근의 동학교도들은 하동 전투에서 동학농민군이 대승했다는 소식이 전해지면서 사기가 충천했다. 『오하기문』에 따르면 "진주, 사천, 곤양 등지에 오래전부터 동학에 물들었던 사람들과 간사한 백성들이 일시에 들고 일어나 그 기세가 말할 수 없을 정도로 성대했다"고 했다. 동학농민군이 하동싸움에서 승리하자 이에 고무된 진주 지역 동학농민군들도 일본군을 몰아내기 위한 준비에 들어갔다.

경상우병사 민준호의 묵인 아래 진주 지역 동학농민군은 각 지의 이임(里任)에게 항일전을 위한 동원령을 내린다. 주한일본공사관기록에 "이 지역 동학교도가 9월 2일(음)에 73개 이임(里任)에게 통문을 보내 지식인과 장정 13명씩을 동원하여 동학도소가 있는 평거(平居) 광탄진(廣灘津)으로 모이라고 했다"고 했다.

동학농민군은 9월 8일에 열린 광탄진대회에서 "보국안민을 위해 일본군을 물리치는 데 함께 나서자"고 결의하고 동학도들에게는 통문을 보냈다. 10일에는 충경대도소 명의로 "영남우도민에게

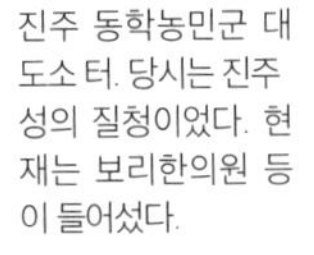

진주 동학농민군 대도소 터. 당시는 진주성의 질청이었다. 현재는 보리한의원 등이 들어섰다.

항일전에 나서기를 호소하는 방"을 내걸었다. 방의 내용에 "경상 우병사 민준호가 동학농민군과 깊은 관계를 맺고 있다는 사실을 알고 새로운 병사를 임명했다"고 기록하고 있으며, 통문에는 "왜적을 섬멸하고 그들의 잔당을 초토할 뜻으로 진주에서 대회를 가졌으니 이를 행동으로 옮기기 위해 동리의 크고 작음에 따라 50명 이내 10명 이상의 인원을 배정하여 11일에 부흥 대우지로 모이라"라고 했다.

남부 지역, 동학농민군에 의해 완전 장악

한편, 하동을 점령한 영호 대접주 김인배는 9월 10일경부터 동학농민군을 진주 쪽으로 이동시키면서 각 군현 동학교도들에게 기포를 종용했다. 하동을 점령한 동학농민군은 11일에는 남해를, 13일에는 사천, 15일에는 곤양, 20일에는 진주를 점령했다.

손은석이 이끄는 산청 지역 동학농민군도 이에 호응하여 대여촌에 집결해 있다가 때맞추어 진주로 들어가 장터에 장막을 치고 부중을 장악했다. 그 일부 세력은 22일에 고성 옥천사까지 진출하여 절을 불사르고 관아를 점거했다.

손은석이 이끄는 진주 지역 동학농민군이 진주 북쪽 지역을 휩쓸었고, 전라도 김인배와 하동 지역의 여장협은 하동 지역을 포함한 서남쪽 지역을 휩쓸어 경상 남서부 지역 일대를 동학농민군이 완전히 장악하기에 이르렀다.

9월 18일에는 영호 대접주 김인배가 1천여 명의 동학농민군을 이끌고 진주성에 도착했다. 당시 진주성에 진주한 동학농민군의

진주농민항쟁 기념탑. 이곳은 옛 무실장 터 자리다.

위세에 대해 "성의 둘레에 오색 깃발이 휘날리고, 성루의 맨 앞 큰 깃대에는 붉은 바탕에 보국안민(輔國安民)이라 쓴 대형 깃발을 내걸었다. 동라(타악기의 일종)를 두들기고 북을 치며, 산천을 진동시키는 우레와 같은 대포를 연방 쏘아댔다. 창검으로 무장한 동학농민군이 즐비하게 도열하여 번득이니 이를 바라보는 읍민들은 새 세상이 온 것 같이 신바람이 났다"라고 했다.

일본군 출동

부산에 있던 일본군 남부 병참관은 동학농민군을 격퇴시키기 위해 수비대 1개 중대를 급히 진주 쪽으로 파견했다. 10월 20일에 출병 준비를 마치고 인력 및 식량 공급에 관해서는 대구 경상 감사에게 요청했고, 22일에 출병하여 김해, 웅천, 창원, 칠원, 함안, 진해, 고성, 사천, 곤양의 노정(路程)으로 진주에 들어왔다.

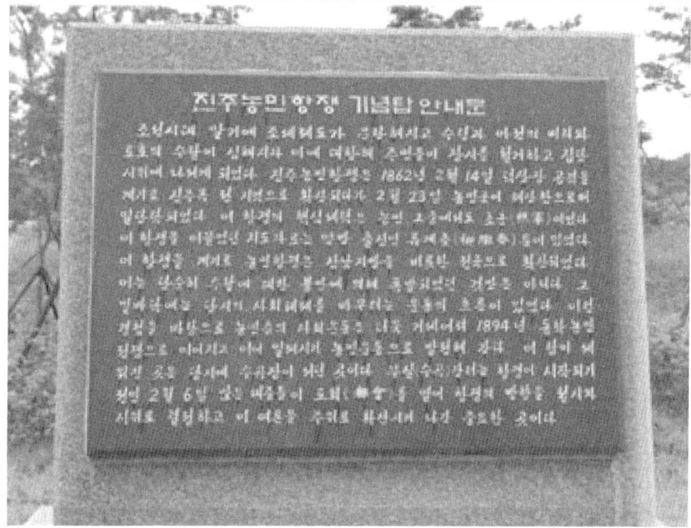

진주농민항쟁 탑. 1862년에 민란이 일어났고, 1870년에는 이필제가 민란을 일으켰다. 동학농민혁명 시기에는 진주 동학농민군이 기포하여 투쟁의 전통을 이었다.

한편, 김인배는 1만여 명에 달하는 전라도 동학농민군을 오랫동안 주둔시키려면 많은 식량과 숙소의 문제 등으로 민폐가 되기 때문에 인근 각 군을 어느 정도 장악한 다음 경상도 동학농민군에 맡기고 10월 20일에서 30일 사이에 일단 후퇴했다. 이 때문에 일본군은 큰 저항 없이 진주성을 탈환한 듯하다. 일본군에 의해 진주성을 되찾자 관군과 유생들은 일본군이 계속 주둔해 줄 것을 요청했고, 또한 전라도 지방의 동학당을 진무키 위해 인천으로부터 출동한 조선 군대의 성과를 보기까지 퇴진하지 말아달라고 일본병참사령에게 애원까지 했다. 그래서 진주 및 경상 해안 지역의 동학농민군은 막강한 신무기의 일본군을 피하기 위해 일시 후퇴하게 되었다.

진주성 2차 공격 시도

이 시기에 일본군은 동학농민군을 섬멸하기 위한 소탕 계획을 세웠다. 각 읍의 동학농민군을 섬멸하려면 "먼저 진주의 동비를 제거해야 하며, 그리고 진주의 동비를 제거하려면 덕산의 동비와 삼장, 시천, 청암, 사월 및 사오리에 거주하고 있는 반인, 상인이 동비들과 함께 살고 있는 마을을 제거해야 한다"는 계획을 세웠다. "특히 동비 5명 이상을 숨겨준 마을의 우두머리는 처형하거나 귀양을 보내고, 접주를 숨겨준 자는 즉시 죽이며, 10명 이상의 마을은 동학을 하고 아니한 것을 논하지 말고 그 집을 불태우며, 접주와 동학교도는 모조리 죽여서 용서하지 않는다는 법을 만든 연후에야 동학을 제거할 수 있을 것"이라고 했다.

이러한 토벌 계획 아래서 동학농민군은 최후의 결전을 계획하지 않을 수 없게 되었다. 그리하여 경상도 동학 지도부는 진주를 총공격하기로 하고 11월초부터 행동에 나섰던 것이다.

동학농민군의 진주 공격은 서쪽과 동쪽에서 협공하기로 했다. 서쪽에서는 산청의 삼정과 시천과 단성, 10월에 집결해 있던 동학농민군이 하동군 옥종을 거쳐 진양군 수곡을 향해 움직였다. 그리고 동쪽에서는 집현산과 송촌에 집결해 있던 동학농민군이 움직였으며, 남서쪽에서는 금오산으로 움직이기 시작했다. 그런데 금오산 동학농민군은 11월 6일에 일본군의 공격을 받고 흩어졌으며, 동쪽 집현산에 집결해 있던 동학농민군은 10일 일본군 하라다 중위의 공격을 받고 흩어졌다. 이들 동학농민군은 여기서 흩어져 북쪽으로 이동하여 단성에 재집결했다. 그리하여 옥종 쪽의 동학농민군 부대와 합류했다.

진주 동학 지도부는 단성에서 단성 현감 장직근의 협조를 받아 진을 치고 있던 중 일본군이 온다는 정보를 듣고 지세의 불리함을 생각하여 수곡으로 이동하여 건너편 고승당산으로 옮겼다.

고승당산은 천혜의 요새이다. 동학농민군은 자연으로 된 석루를 더 보강하여 일본군 신무기 공격에 대비했다.

이때 진주에 주둔하고 있던 일본군 제4중대장 나가이 대위는 단성의 동학농민군이 수곡으로 옮겼다는 정보를 입수하고 3개소대로 편성된 휘하 병력을 이끌고 수곡으로 진격해 들어갔다. 11월 11일 오전 8시에 고승당산에서 동학농민군과 일본군 사이에는 치열한 전투가 전개되었다. 이 전투가 바로 옥종면 대곡리와 북방리

에 걸쳐 있는 186미터의 야산인 고승당산 전투이다. (이하 하동 편 참조)

참여자 기록을 통해서 본 진주 동학농민군 활동

진주 지역 동학 참여자들의 면면은 다양하다. 동학농민혁명 초기인 4월에 참여하거나, 전라도 고창 여시뫼봉과 백산봉기에 참여했다가 전주성 전투를 치르고 나서 순천, 광양, 하동, 진주 지역에서 활동한 인물, 진주 광탄진대회와 하동부 점령, 진주성 전투와 고승당산 전투에 참전했다가 패퇴하여 진주 곤양 하동 등지에서 처형된 인물 등 다양하다.

□ 백홍석(白弘錫)은 1894년 4월에 살해되었다.

□ 하성원(河聖源) 하성기(河聖基) 하성하(河聖夏) 형제들은 9월 진주 광탄진대회에 참여한 이후 하동 고성산 전투에 참여하여 전사하거나 도피했다.

□ 박재화(朴在華), 김창규(金昌奎), 전희순(全熙淳, 진주 대접주)은 고승당산 전투에 참여하고 곤양 군기소를 공격한 뒤 군수 물품을 확보했다.

□ 김성대(金性大), 김달덕(金達德)은 경상도 진주에서 동학농민혁명에 참여했다가 1894년 10월 24일 하동 주교장에서 총살되었다.

□ 최학원(崔學元), 김상규(金商奎, 삼남도도성찰)는 곤양에서 체포되어 1894년 11월 13일 총살되었다.

□ 박범이(朴凡伊), 문미순(文米順) 두 사람은 전라도 익산에서 동학농민혁명에 참여했다가 1894년 11월 경상도 진주에서 체포되어

처형되었다.

□ 임석준(林石俊 異名: 碩俊)은 경상도 진주에서 동학농민군 지도자로서 활동하다가 체포되어 1894년 11월 8일 곤양장터에서 처형되었다.

□ 김창경(金昌慶), 이응도(李應道), 정대권(鄭大權), 최응칠(崔應七), 손은석(孫殷錫), 김권순(金卷順, 동몽(童蒙))은 진주에서 동학농민혁명에 참여하거나, 고성에서 군량미를 수송한 뒤 체포되어 1894년 11월 총살되었다.

□ 김인배(金仁培), 조승현(趙升鉉)은 처남 매부 간으로, 1894년 김덕명과 함께 부안 무장봉기부터 참여했다가 영호 대접주가 되어 순천, 광양, 하동, 진주로 진출했다. 김인배는 영호남 일대를 넘나들며 활동하다가 체포되어 1894년 12월 7일 효수되었다. 조승현은 도피하여 살아남았다.

주요 사적지

- 진주 동학농민군 대도소 터: (현, 진주시 평안동 111번지, 보리한의원 등이 들어선 건물), 동학농민혁명 당시 진주성의 질청[作廳]으로, 여기에 진주성을 점령한 동학농민군의 대도소가 설치되었다.
- 진주 동학농민군의 집회 터 광탄진 나루: (현, 진주 남강댐에 수몰. 옛 광탄진(廣灘津, 너우니 나루) 동학농민혁명 당시 진주 동학농민군 집회 터였다.
- 동학농민군의 대집회 장소 진주성: (현, 남강로 626) 동학농민군은 1894년 9월 18일 경상우병사 민준호의 영접을 받으며 진주성을 무혈 입성했다.
- 진주농민항쟁 첫 봉기지, 진주농민항쟁기념탑: (현, 나동면 내평리, 전주이씨 재각 옆 터) 1862년의 진주농민항쟁의 첫 봉기지 옛 수곡장이 섰던 덕천 강변(진주 수곡면에서 하동 옥종면을 넘어가는 다리)
- 진주농민항쟁 기념탑: (옛 무실장터, 현, 수곡면 창촌리) 진주 지역 농민항쟁은 1862년에, 그리고 1870년 이필제가 민란을 일으켰고, 동학농민혁명으로 투쟁 전통의 맥을 이었다.

사천 진주·곤양 지역과 전라 지역 동학농민군과 연계 활동

『오하기문』에 "진주, 사천, 곤양 등지에서 오래 전부터 동학에 물들었던 사람들과 간사한 백성들이 일시에 들고 일어나 그 기세가 말할 수 없을 정도로 성대했다"고 했다. 이로 보아 사천, 곤양의 교세는 컸으나 주로 하동, 사천, 진주, 광양 등지의 세력과 연계하여 활동한 것으로 보인다. 사천 지역 동학농민혁명 사적으로는 관아 점령과 사천 곤양 전투지를 살펴볼 수 있다.

20여 명의 동학 지도자

천도교 기록에 1893년에 입도한 사천 동학 지도자들로, 사천 김재현(金在賢), 이무현(李武鉉), 박재원(朴載遠), 진환수(陳煥秀), 김경성(金敬聖), 신금룡(申今龍), 곤양 신금순(申今順), 황태식(黃泰植) 배동엽(裵東燁), 정재용(鄭載鎔) 등이다. 『천도교창건록(天道敎創建錄)』에 따르면 1892년에는 김억준(金億俊, 사천시 서포면 자혜리), 이지우(李志祐, 교장, 사천시 곤양면 환덕리), 김학두(金學斗, 교장), 김용수(金瑢洙, 교수, 곤양), 최기현(崔璣鉉, 대정, 사천시 곤양면 중항리) 등이 입도했다.

사천 읍내 전경.(위) 사천 곤양 관아는 하동을 점령한 거대한 동학농민군 세력에 의해 거의 싸움도 없이 점령됐다.(중간)(아래)는 사천 시장 거리

동학농민혁명 시기에 활약한 사천 지역 동학농민군 지도자로 박치모(朴致模), 김재현(金在賢, 중정), 박재원(朴載遠, 도집), 이무현(李武鉉, 중정), 진환수(陳煥秀, 집강, 사천 삼천포 서리), 윤치수(尹致洙), 단성 임말룡(林末龍), 마동의 우정진(禹鼎鎭, 뒷날 청암으로 이주), 박재화, 김창규, 백주헌 등이 활약했다. 그리고 곤양 지역 동학 지도자로 김경성(金敬聖, 대정), 김성룡(金成龍), 황태식(黃泰植, 대정, 목촌리), 배동엽(裵東燁, 집강), 정재용(鄭載鎔, 곤양면 환덕리), 신금룡(申今龍, 중정, 곤양면 환덕리), 신금순(申今順, 중정, 곤양면 환덕리), 김학두(金學斗, 접주), 이광(李光, 접주) 등이 활약했다.

광탄진대회 참여로 투쟁에 나서

참여자 명단에 의하면 사천 하성원(河聖源), 하성기(河聖基) 형제는 1894년 9월 8일 진주 광탄진대회와 하동 고성산 전투에 참전했으며, 패한 뒤 사천으로 피신했다고 기록되었다. 이로 미루어 사천·곤양 지역 출신 동학교도들은 하동 진주 지역 동학교도와 연계하여 투쟁에 나섰으며, 사천·곤양 관아를 점령할 때 중심 세력으로 참여한 듯하다.

9월, 곤양 동헌 점령

사천현 삼공형의 보고에 따르면 "이달(9월) 13일에 동학도 수십 명이 조사할 일이 있다며 호장과 이방을 잡아갔으며, 그들 수백 명은 방포를 신호로 남문에서 곧바로 동헌으로 들어오니 본관은 두려워 어찌할 줄을 몰랐는데, 군기고를 부수고 무기를 탈취했다. 본

사천 읍성 터.(위, 아래) 사천읍성을 점거한 동학농민군은 무기를 빼앗고 전지표를 받아갔다가 모두 반납했다.

관이 여러 가지로 타이르자 무기는 반납했으나 전재를 함부로 뒤져내고 억지로 전표(錢標)를 받아갔다. 17일에 그들 접소로부터 사천 원님은 영호(嶺湖)에서 알아주는 선량한 관리라며 전지표(錢紙標)를 돌려주었다. 18일에는 호남 동학도 백여 명이 다시 쳐들어와 작청(作廳)에서 유숙하고 19일에 남해 쪽으로 모두 떠나갔다. 20일에는 각처 동학도 8백여 명이 각기 총칼을 갖고 진주 고을로 난입하여 관속만 보면 칼을 뽑아들고 협박했다. 공해에서 유숙한 후 하리인 황종우(黃鍾羽) 황태연(黃台淵)의 집을 불사르고 웬만한 집물(什物)은 모두 가져갔으며, 마을을 돌아다니며 우마와 의복 산물들도 마음대로 탈취해 갔다. 22일에는 고성 쪽으로 가기 위해 모두 퇴거했다."고 하였다.

곤양군수 송휘로(宋徽老)의 보고에 의하면 "이달(9월) 15일에 하동의 동학도 수천 명이 본군 다솔사에 모였다 하며, 광양 순천 동학도 수천 명도 깃발을 들고 각을 불고 총을 쏘고 함성을 지르며 성내로 들어와 유숙하고 혹은 점심을 먹고 가면서 말하기를 '진주로 가던 길에 들렀다'고 했다. 이들은 방금 진주 접경인 완사(浣沙) 등지에서 합류하여 본군을 지나갈 때 읍의 장정들이 연습하던 조총 20자루도 협박하여 탈취해 갔다."고 했다.

위의 기록으로 미루어 사천·곤양 관아는 거의 싸움 없이 하동을 점령한 동학농민군의 거대 세력이 큰 저항 없이 접수한 듯하다.

토벌 시기에 희생자로는 사천 이두원(李斗元, 도집)이 1894년 9월 일본군에게 체포되어 희생되었다는 기록이 보이는데, 어떤 과정에서 희생되었는지는 알 수 없다.

곤양 향교와 고을 수령들의 공덕비. 곤양 군수 송휘로의 보고에 따르면, 9월 15일 다솔사에 모였던 순천 광양 동학농민군 수천 명이 진주로 들어가는 길에 늘러 무기를 탈취해 갔다고 했다. 『천도교백년약사』에 의하면 진주 대접주 전희순과 김학주가 무기를 탈취해 갔다고 했다.

진주 대접주 전희순 곤양 군기 탈취

한편 『천도교백년약사』에는 10월 5일에 "경상도 진주 대접주 전희순은 기포하라는 통문을 받고 기골이 장대한 도인 김학주와 더불어 곤양 군기소에 이르러 군기감역 문 모에게 사유를 말하고 군기를 달라"고 하자 문 모는 응하지 않았다. 이에 전 대접주는 숯불이 가득한 화로를 들어 그의 앞에 던지고 뺨을 후려치면서 이르되 "'우리는 나라 일을 위하여 탐관오리를 제거하려고 혁명을 일으키는 것인데 네가 만약 이 나라의 백성이 되어 우리의 뜻을 순종치 않으면 너부터 당장에 쳐 죽이리라' 하고 다시 상 위에 있는 벼룻장을 집어 드니 문 모는 황급하여 군기고의 열쇠를 내어 주었다. 이에 군기고 문을 열고 두 사람이 한 짐 씩 지고 나왔다"고 했다.

고승당산 전투에 참여

전희순(全熙淳)은 1894년 10월 김학주와 함께 곤양 군기소에서 군수 물품을 확보하여 고승당산으로 이동했다. 당시 사천·곤양 출

곤양 동헌 터인 곤양초등학교. 곤양 동헌은 동학농민군에 의해 쉽게 점령되었고, 토벌 시기에는 곤양 장터에서 동학농민군이 처형되었다.

신 동학농민군이 고승당산 전투에 어느 정도의 규모로 참여했는지는 알 수 없으나, 10월 14일 고승당산 전투 전사자 명단에 곤양 출신 동학농민군 지도자 김명완(金命完), 한명선(韓明善), 최성준(崔聖俊), 최몽원(崔蒙元), 김학두(金學斗) 등 5명이 포함되어 있다.(하동편 참조)

이 밖에 고승당산 전투 전사자로 곤명군 마곡리 강제국, 삭팔리의 박소금이 있고, 신흥리의 여취익은 중상을 입고 시체 더미 속에 묻혀 있다가 구사일생으로 생환하여 불구로 여생을 보냈다. 역사로 알려진 김덕영은 선봉에 서서 활약했다가 관군에 체포되어 처형되었다.

최삼근(崔三根)의 증언에 의하면 “묵곡리(默谷里, 사천시 곤양면 묵곡리) 뒷산에 수백 명 동학농민군이 숨어 있다가 추격해 오는 일본군을 공격하여 치열한 전투가 벌어졌다. 동학농민군이 밀려 검무산(劍舞山)으로 후퇴하자 뒤에서 총격을 가해 많은 전사자가 났다”고 한다.

사천 시장 전경. 동학농민혁명 시기에 사천 동헌은 어렵지 않게 점령되었다.

하동 동학농민군 집회 터 다솔사. 수천 명이 점거했다가 완사역에서 합류하여 진주로 이동해 갔다.

사천 쪽 금오산 전투

금오산 전투는 사천 금오산(하동군 진교면 안심리 뒷산인 금오산(金鰲山)) 줄기 시루봉과 하동 방향 금오산 전투로 나누어 볼 수 있다. 11월 6일 일본 신무기에 의해 패전한 이 금오산 전투에서 동학농민군은 전사 6인, 생포 27명이어서 전투 규모가 결코 작지 않았다.

가혹한 일본군의 토벌전

1894년 11월 7일, 일본군이 동학농민군 토벌을 위해 곤양으로 들어왔다. 당시 기록에 따르면 "일본군은 11월 7일에 곤양장터에 도착하여 해창에서 포박해 온 동학농민군 접주 임석준(林石俊, 異名: 碩俊)과 이 지역 동학농민군 17명을 8일 정오에 성내 북쪽 장터에서 군중을 모아놓고 총살한 뒤 효수했다."고 기록했다.

그리고 또 다른 유형으로는 타 지역에서 희생 당한 경우다. 장학용(張鶴用), 임재석(林在石), 최학원(崔學元)은 경상도 곤양에서 활동하다가 1894년 12월 전라도 광양에서 체포되어 총살되었다.

참여자 기록을 통해서 본 사천 동학농민군 활동

ㅁ 하성기(河聖基)는 형제들과 함께 1894년 9월 8일 진주 광탄진 대회와 하동 고승산 전투에 참전했으며, 패한 후 사천으로 피신하여 살아남았다.

ㅁ 이두원(李斗元, 도집)은 사천에서 동학농민혁명에 참여했다가 1894년 10월(음 9월) 일본군에게 체포되었다.

주요 사적지

- **사천 동헌 점령:** (현, 사천시 수양공원길 59) 1894년 9월 13일 동학농민군이 동헌을 점령했다.
- **곤양 동헌 점령:** (현, 사천시 곤양면 성내리 195, 곤양초등학교) 1894년 9월 15일 동학농민군에 의해 외삼문 응취루가 점령되었다. 곤양 읍성 객사 출입문 응취루는 곤양초등학교 자리에 있었으나 1963년 현재의 자리(곤양면 성내공원길 11)로 이전됐다.
- **곤양 동학농민군 전투지:** (현, 진주 남강 쪽 상평(上坪)) 1894년 10월 10일, 곤양과 진주에서 일본군과 전투를 벌였다.
- **사천 선진리성 점령:** (현, 사천시 용현면 선진리 1082) 사천 지역 동학농민군은 선진리성에 있는 무기를 탈취하여 고승당산 전투에 사용했다.
- **곤양 동학농민군 전투지:** (현, 하동군 진교면 안심리 뒷산인 금오산 줄기 시루봉)
- **동학농민군 집회 터 다솔사:** (현, 사천시 곤명면 다솔사길 417번지) 1894년 9월 15일 하동의 동학농민군 수천 명이 다솔사(多率寺)를 거쳐 완사역에서 모여 진주로 들어갔다.
- **완사역(完沙驛) 영호남 동학농민군 합진 터:** (현, 사천시 곤명면 경서대로 3435(정곡리, 수몰로 위치가 조금 바뀌었다)) 다솔사에서 온 하동 동학농민군과 광양 순천 동학농민군 수천 명이 완사역에서 합진하여 진주로 들어갔다.
- **동학농민군 학살한 곤양장터:** (현, 곤명면 완사1길 53 일대) 해창에서 체포된 동학농민군 접주 임석준 외 17명을 총살한 뒤 효수했다.

고성 성한서가 최제우로부터 동학을 전수받다

현재의 고성군과 통영시 일대가 동학농민혁명 당시에는 고성현의 관할이었고, 남해안의 진보 중 통영(삼군수도통제영), 남촌진, 사량진, 당포진, 삼천진, 소을비포진이 고성현에 속했다.

성한서, 창도주 최제우로부터 동학 입도

1862년 初, 고성에 사는 성한서(成漢瑞)가 경주로 최제우를 찾아와 입도하면서 경상도 남서부 지역에 동학이 전파되었다. 성한서는 포덕에 힘써 1862년 12월에 접주로 임명되었는데, 이는 그의 수하에 상당수의 동학도인이 있었음을 뜻한다. 그러나 이 시기 동학의 맥이 어떻게 유지되었는지는 확인할 수 없다. 다만, 1871년 이필제 주도로 일어난 영해 교조신원운동에 고성의 동학도가 참여한 것으로 보아 당시에는 동학의 명맥이 유지된 것으로 보인다.

고성 지역 수접주로는 최상관(崔祥寬)이 거명되지만 구체적인 포교나 활동 내용이 별로 알려진 것이 없다.

고성은 북쪽에 진주와 함안, 서쪽에는 사천군, 동쪽에는 창원군, 남쪽에는 통영군이 인접해 있어서 일찌감치 이 지역 동학 포교의 중심 역할을 했다. 그러나 한 해 뒤인 1863년 12월에 최제우가 관에 체포되어 1864년에 순도하자 도세는 급격히 미약해졌다.

『천도교창건록』에 의하면 함안 지역 이원식(李元植)이 1889년에 입도했는데 육임직 교장(敎長)을 지냈다. 또 다른 천도교 기록에 따르면 1893년에 입도한 동학 지도자로 고성 최상관(崔祥寬)을 들고 있다.

동학농민군, 고성부와 옥천사 점령

1894년 9월 13일, 고성 최응칠(崔應七), 박문기(朴文璣), 이응도(李應道), 정대권(鄭大權)은 동학농민군 수천 명을 이끌고 고성부로 들어가 포량미를 탈취했다.

고성부사 신경균(申慶均)의 보고에 의하면, "관장이 영문에 갔다 돌아오는 길에 읍의 관리가 와서 고하는 것을 들으니 동학도 6백

고성산성(사진 고성군청 제공)

고성 동헌 터(현, 고성군청). 1894년 9월 14일, 동학농민군이 "동헌에 난입하여 무기를 탈취하고 옥문을 부수고 죄수를 멋대로 방면했다"고 했다.(사진 고성군 문화관광과 제공)

여 명이 각자 칼을 휘두르며 관장이 비어 있는 본 읍에 들어와 창고를 부수고 심영(沁營)에 보낼 쌀 수십 석을 마음대로 가져다 근처 마을에서 밥을 지어 먹고 밤낮으로 총을 쏘며 불량잡배를 유인하여 그 도에 끌어들였고, 부유층을 잡아다 토색질이 심했으며, 방금 읍저에 머물고 있다"고 했다. 즉 동학농민군이 고성부를 함락했음을 알 수 있다.

진주목사 유석의 보고에 "이달(9월) 14일에 본주 대여촌(代如村) 민인들이 교폐(矯弊)하자는 통문을 발송하여 각 면에 무리를 모아 읍으로 들어왔으므로 효유했으나 듣지 않고 장터에다 큰 장막을 치고 민가에 불을 지르고 동헌에 난입하여 갖은 말로 위협 핍박하면서 옥문을 부수고 죄수를 멋대로 방면했다. 천백의 무리들은 옥천사(玉泉寺)로 가서 불당과 승사를 모두 불 지르니 그들의 행동은 헤아리기 어렵다. (9월) 17일에는 하동으로부터 수천 명 동학도가

고성쪽에서 본 북방리 고성산성(사진 고성군청 제공)

본주에 도착하자 병사와 목사는 같이 성곽에 나가서 일변 방어하며 일변 많은 도당들은 승세를 몰아 난입하여 각 공해에다 도소를 설치했다."고 했다.

고승당산 싸움에서 패한 뒤 동학 세력 몰락

하동군 옥종면 대곡리와 북방리에 걸쳐 있는 이 고승당산은 속칭 고시랑산, 일명 고성산이라 하고 그 산정의 석루를 고성산성이라고 한다. 이 고승당산은 하동군에 속해 있으나 동학농민혁명 당시는 진주목 북평면이었다.

고성 지역을 포함한 부근 지역 동학농민군이 고승당산 싸움에서 패하자 동학농민군 세력은 급속도로 몰락하여 바로 민보군에게도 쫓기는 처지가 되었다.

지역 민보군에 토벌 되다

12월 21일 고성 부사 신경균(申慶均) 보고에 "비류를 토벌하는데… 부상(負商)의 접장(接長) 김용보(金龍輔)가 몸을 던져 의병을 일으켜 상대(商隊) 2백여 명을 규합하고 자비를 털어 재력(財力)을 보탰으며 정예(精銳)의 병사에 (준하여) 경내를 충분히 지켜낼 수 있을 것입니다"라고 하여 일본군 개입으로 이 지역 최대 전투인 고승당산 싸움에서 관·일본군이 승리한 이후 부상 민보군이 동학 토벌에 앞장선 사실을 알 수 있다.

참여자 기록을 통해서 본 고성 동학농민군 활동

□ 고성 최응칠(崔應七), 박문기(朴文璣), 이응도(李應道), 정대권(鄭大權)은 동학농민군 수천 명을 이끌고 9월 13일 고성 동헌에 들어가 쌀 수십 석을 탈취했다.

□ 최응칠은 장두(狀頭)로서 체포되어 통영으로 압송되었고, 박

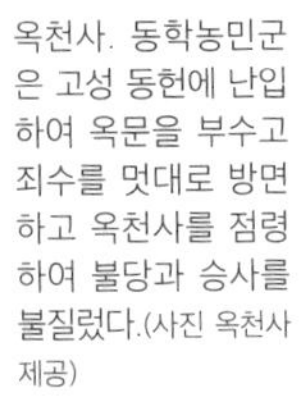

옥천사. 동학농민군은 고성 동헌에 난입하여 옥문을 부수고 죄수를 멋대로 방면하고 옥천사를 점령하여 불당과 승사를 불질렀다.(사진 옥천사 제공)

문기는 관군에 체포되어 수감되었다. 이 중 이응도, 정대권은 관군에 체포되어 그해 9월 진주에서 총살되었다.

ㅁ박규신(朴奎信), 김상헌(金相憲)은 관군의 추격을 받았다. 이 밖에 동학농민혁명 참여자로 김일수(金日洙), 강위필(姜渭弼)이 있다.

참고 『고성부총쇄록(固城府叢鎖錄)』: 저자 오횡묵(1834-?), 조선 말기의 문신이자 학자. 정선군수, 자인현감, 함안군수, 고성부사, 여수군수 등을 역임했다. 그는 부임한 지방의 수령으로 있을 당시, 자신의 시문(詩文)은 물론 관청에서 중요하게 집행되었던 일과 내외에서 일어났던 중대한 일 등을 일기체로 적어 놓았는데, 이것이 오늘날 동학농민혁명사의 귀중한 자료로 전해진다. 『고성부총쇄록』은 그가 고성부사로 재임하고 있을 때의 기록이다.

주요 사적지

- 옥천사(玉泉寺) 점령 터: (현, 고성군 개천면 북평리 408번지. 연화산1로 471-9, 경상남도 기념물 140호) 손은석이 이끄는 진주 지역 동학농민군이 대여촌에 집결해 있다가 때맞추어 진주로 들어가 장터에 장막을 치고 부중을 장악했다.
- 고성 관아 점령 터: (현, 고성군 고성읍 성내로 130) 옥천사를 점령한 동학농민군은 이어서 고성 관아를 점령했다. 최제우 재세 시기에 고성 성한서가 접주로 임명된 것으로 미뤄 고성에는 동학의 뿌리가 일찍부터 내렸다.

남해 수령과 악질 관료 노량 앞바다에 '우우통' 띄워 응징

1893년 여장협으로부터 동학 전수

남해에 동학이 전래된 연도는 1893년이다. 산청 백락도의 수교인인 진주 접주 손은석이 당시 남해면 야촌에 거주하는 여장협에게 전도했고, 여장협은 이종묵, 정용태에게 동학을 전했다. 정용태는 남해 접주로, 이종묵은 대정으로 활동했다. 여장협은 뒷날 하동으로 건너가 하동 접주가 되었다.

이들은 1893년 봄 하동 진주 성주 선산 인동 지역 동학교도와 함께 보은취회에 참여했다는 기록을 만날 수 있다.

남해 '우우통' 이야기

남해군 남면 당항리 우형마을에 거주하는 윤자신(1924년생)이 어릴 때 어른들에게서 들었던 이야기 중에 "남해의 동학농민혁명 시기에 '우우통'이라는 말이 돌았다고 했다. '우우통'이란 동학농민혁명 때, 동학농민군이 봉기하여 악질 관료와 지방수령을 끌어내어 짚둥치에 실어 노량(설천면 노량리) 앞바다에 띄워 응징하는 형벌을 일컫는 말이다"라 했다. 그는 이어 "우우통의 발상지는 남해군 남면인데, 남면 면민들이 남면에 집결하여 서면 연죽리 삼거리에서 서면 면민과 합류하여 남해읍으로 향했다. 이동면과 삼동면 동쪽 지역 면민들은 남해읍 죽산 마을에 집결했다. 군민 전체가 죽산에 집결하여 현청으로 쳐들어갔다"고 증언한다.

같은 이야기 안에 "남면에서는 동학농민군이 아닌 향약계에서 발의하고 주도했다. 남면 죽전마을 한 모 할아버지나 향촌 유비릭 할아버지가 우우통의 우두머리가 되어 민중봉기를 성사시켰다"고 했다.

천도교 고현교구 남정포 도정을 역임한 대사리 정도일 씨의 증언에도 "언제인지는 몰라도 고현면 탑동마을 음지고랑 정우진의 밭에서 덕석을 깔고 밥을 먹었다는 얘기를 어릴 때 할머니들로부터 전해 들었다. 이 사람들을 우우통꾼이라고 했고, 남해읍 야촌마을 김재인 씨는 "남해 접주 정용태는 야촌 마을에 거주했고, 문서에 사용했는지 아니면 다른 용도로 사용했는지는 몰라도 큰 도장을 가지고 있었다."고 증언한다.

남해 임진성(壬辰城)은 남해 동학농민군 주둔지였고, 투쟁지로 이동해갔다.(사진 박철 제공)

남해 정용태 접주 활동지인 야촌 마을 회관(사진 박철 제공)

위의 견해들은 남해 동학농민 활동의 한 특징을 드러내는 증언들이다.

9월 11일, 남해 현청 점령하여 동학교도 석방

남해 현령 이규풍(李圭豊)의 보고에 "이달(9월) 11일에 호남 동도 19명이 본 현[南海]에 쳐들어와 이청에 자리를 잡고 관리를 협박하여 감옥에 가두었던 비류 16명을 임의로 석방했고, 읍의 폐단[邑幣]을 바로잡는다면서 난류들을 모아 마을에 출몰하며 작폐가 대단했다. 9월 16일에 그들 2백여 명은 진주에서 '도로써 창의한다'며

죽전리 양지부락 전경. 동학농민군은 이 마을에 모여 남해 관아에 쳐들어갔다. 이 마을은 임진성과 가까운 거리에 있다.(사진 박철 제공)

곤양 쪽으로 떠나갔다."고 했다.

정용태, 수천 명을 이끌고 고승당산 전투 참가

1894년 11월 11일 하동 고승당산에서 신식 무기로 무장한 일본군 1개 중대 병력과 동학농민군이 대치했는데 이 전투에 남해 접주 정용태는 수천 명의 동학농민군을 이끌고 참여했다. 당시 동학 접주는 최소 100호 이상을 거느린 지도자였다. 그만큼 남해에서 동학이 왕성했다는 뜻이다.

남해 현청 점령 터인 현 남해군청. 1894년 9월 11일 동학농민군이 관아를 점령했다

남해 동학농민군 임진성 점령

남해 동학농민군은 일본군에 저항하기 위해 기왕산(起王山) 임진성(壬辰城)을 점령하여 구식 무기인 농기구와 대창 등으로 무장하여 진을 쳤다. 이 같은 사실은 어느 시기에 점령했는지 정확하지 않으나 일본군에 대적하기 위해서라면 고승당산 전투 전후 시기로 보인다. 임진성은 민보성(民堡城)이라 부르기도 하는데, 임진왜란 때 왜적을 막기 위하여 군관민이 힘을 모아 쌓은 성이라 붙인 이름이다. 남해도의 평산포 북쪽에 뻗은 낮은 구릉에 돌을 이용하여 둘레 286m의 작은 규모로 쌓은 산성으로, 동쪽과 서쪽에 문을 내었는데, 현재는 동문 터만 남아 있다. 북으로 송등산 북쪽에 귀비산과 천황산 동쪽으로 금산, 남쪽으로 대한해협을 마주하고 한려수도를 사이에 두고 여수시를 인접한 요새이다. 양익주는 기림산 전투에 참여한 뒤 쫓겨 고동산에 들어가 2개월 동안 잠복했다.

참여자 기록을 통해서 본 남해 동학농민군 활동

남해에서 하동으로 건너는 다리. 당시 남해 동학농민군은 이 강을 건너 활동했다.

ㅁ정용태(鄭龍泰, 접주)는 야촌마을에서 동학농민군을 이끌고 기포했으며, 특히 정원섭은 1894년 남해 고현면 집강으로 군량미를 모아 동학농민군을 뒷바라지 하는 역할을 담당했다고 했다.

ㅁ김귀서(金貴西)는 1894년 전라도 무주에서 동학농민혁명에 참여했다가 체포되어 남해에 정배되었다.

ㅁ정원섭(鄭元燮)은 1894년 남해 고현면 집강으로 군량미를 모아 동학농민군에게 제공하는 역할을 맡았다.

주요 사적지

- 남해 동학농민군 집결 터: (현, 남해군 남면 죽전마을) 남해 관아를 치기 위해 남해군의 동학농민군이 죽전마을에 집결했다.
- 임진성 동학농민군 주둔지: (현, 남해읍 남면 상가리, 경상남도 기념물 제20호) 남해에서 모인 동학농민군은 인근 투쟁지로 이동했다.
- 남해 현청 점령 터: (현, 남해읍 망운로 9번길 12, 남해군청) 1894년 9월 11일 동학농민군이 관아를 점령하여 옥에 갇혔던 동학교도를 멋대로 석방했다.
- 남해 접주 정용태(鄭龍泰) 활동지: (현, 남해읍 평현리 382, 야촌마을, 마을회관) 동학농민군을 이끌고 기포했다.

함안 이재형 접주의 활약이 구전으로 전해져

1871년의 이필제 주도로 일어난 영해 교조신원운동에서 함안(칠서, 칠원)과 고성의 동학교도가 참여한 것으로 보아 서부 경남의 동학 세력은 창도주 최제우의 순도 이후에도 교세를 유지한 것으로 보인다.

1893년부터 본격 포교

그러나 함안에 동학이 본격적으로 포교된 것은 1893년 경이었다. 천도교 기록에 따르면 1893년에 함안 이재홍(李在弘) 이재형(李在馨)이 입도했다. 『천도교창건록(天道教創建錄)』에 의하면 함안 지역 이원식(李元植)이 1889년에 입도했는데, 인근 지역 함안, 칠원(柒原) 등지로 들불처럼 번져나갔다고 했다. 이원식은 육임직인 교장(教長)을 지냈다. 이들 세력은 대체로 충청도 보은의 임규호 대접주 연원으로 알려졌다.

8월, 동학농민군 움직임에 칠원 현감 바로 대처

칠원현 현감이 동학농민군의 움직임 소식을 듣고 곧바로 대처하고 있는 점도 주목된다. 당시 고성 부사로 있다가 직무가 바뀌어 상경하던 오횡묵이 8월에 동학교도 2명을 만났는데, 그들이 "경상우도, 특히 상주, 선산, 성주, 고령, 의령, 함안, 사천, 단성, 진주 등지에는 동학교도들이 가득 차 있어 이곳을 피해 연해읍을 따라 대구로 올라가야 한다"고 권하는 사정을 보더라도 당시 함안 지역도 예외 없이 동학교도의 활동이 활발했던 사실을 짐작하게 한다.

이재형 접주 기포, 주변 고을까지 기포 독려

김의환 씨가 경남도지 편찬 자료를 얻기 위해 신용구 선생을 찾아 문답한 기록에 따르면 "함안의 이재형은 의령, 창녕, 영산, 밀양 등지의 동학 도인을 기포시켜 의령군 신반리에 주둔하게 했고, 이어 북진하려다가 관군과 접전(관군이 불을 놓음) 전사자 수천 명을 내게 되었다"고 했다.

다만, 신반리 희생자는 조사자료 수집을 할 때 채록에도 "… 신

함안 군청. 이 지역 동학농민군 지도자로 이재홍, 이재형을 들지만 그 외 활동은 기록이 거의 없다.

반에서 사람이 많이 죽었지. 그 사람들이 와서 동학에 입당하라고 모두 말이지, 입당을 안 하면 그 집에 와서 안 할라 카면 안 하면 그 집에 와서 모도 불도 지르고 모두 이랬거든… 마구잡이로 떨어가고 마 갖다 묻는기라 막.[생매장한다는 뜻] 마구잡이로 묻고…하동 으른이 말이지 이 동학당 함안 동학당한테 묶여 올라갔어, 응. 묶여 올라가 고 밑에다 장작을 태산같이 올려놓고 마 밑에서 불을 질렀어. 불을 지르께네….” 함양 동학농민군의 횡포를 중심으로 증언하는 것으로 보아 의령군 신반리에 동학농민군이 주둔할 때 양민이 피해를 입은 듯하다.

참여자 기록을 통해서 본 함안 동학농민군 활동

함안 출신 참여자 이재홍(李在弘), 이재형(李在馨)이 동학 교도를 이끌고 동학농민혁명에 참여했다고 되어 있으나 구체적인 활동 기록은 알 수 없다.

주요 사적지

- 동학농민혁명참여자 인명록에는 이재홍(李在弘) 이재형(李在馨)이 동학농민혁명에 참여했다고 되어 있다. 이재형 접주는 의령, 창녕, 영산, 밀양 등지의 동학도인을 기포케 하여 신반리에 주둔했고, “북진하려다가 관군과 접전하여 전사자 수천 명”을 냈다고 했다.

신반리를 중심으로 기포하고 주둔한 동학농민군 활동 의령

의령 지역 동학농민군 활동 기록은 그다지 많지 않다. 다만 함안 지역 이재형 접주가 독려하여 기포했다는 신용구 선생의 문답 기록과, 최제우 재세 시기에 마지막으로 동학 지도자들이 옥에 갇혔을 때 "의령 지역 강선달이 함께 옥에 갇혔다"는 기록이 있다.

이재형 접주, 창도주로부터 직접 도를 전수

함안 이재형의 경우 최제우로부터 직접 도를 받은 것으로 알려졌다. 이재형은 고성 출신으로, 천도교 지도자였다. 신용구(申鏞九,

신반시장 전경. 옛적 신반 시장은 현재 위치보다 우측으로 500M 정도 떨어진 곳에 위치했다고 증언한다.

1883-1967)의 경상남도 동학을 회고하는 글이 실린 『여시아문』에 "함안 이재형 씨는 대신사로부터 직접 도를 받아 칠원에 교세가 떨쳤다"고 하는 것으로 보아 함안 접주 이재형은 창도주 최제우로부터 직접 도를 받은 것이 특징이다.

동학농민군이 의령군 신반리 시장에서 기포하여 주둔

김의환 씨가 경남도지 편찬 자료를 취재하기 위해 신용구 선생을 찾아 문답한 기록에 "함안 이재형은 의령, 창녕, 영산, 밀양 등지의 동학 도인을 기포하게 하여 의령군 신반리에 주둔했고, 이어서 북진하려다가 관군과 접전하여 전사자 수천 명을 내게 되었다."고 한 내용이 의령 지역 동학 활동에 관한 증언으로 유일하다. 여기에서 북진은 경상감영이 있는 대구를 뜻한다.

또 위의 자료에 따르면 당시 동학농민혁명 시기에 문신 출신 안효제(安孝濟, 1850~1912)의 마을에는 피해가 없었다. 하지만 이는 안효제의 경우만 그렇고 다른 양반 거주 지역은 모두 동학농민군의 피해를 보았다고 했다.

주요 사적지

- 신반 주둔지: (현, 의령군 부림면 신번로7길 5-1 일대, 부림면 신반리 545-3) 함안 이재형 접주는 의령, 창녕, 영산, 밀양 등지의 동학 도인을 기포하게 하여 신반리에 주둔했고, "북진하려다가 관군과 접전하여 전사자 수천 명"을 냈다고 했다.
- 의령 백곡촌 기포 추정지: (현, 의령군 정곡면 백곡리) 오횡묵이 쓴 『고성부총쇄록』에 "하동 최달곤이 남원 전봉준 접소의 공문을 가지고 각 읍의 정치를 살펴보기 위해 각 지역을 순행한다"고 했다. 공문을 보니 "각 고을 수령의 정치와 민간 토호의 잘못을 살피고, 또 이달(8월) 15일 영남의 각 접이 의령 백곡촌에 모여 폐단을 바로잡는다"는 말이 들어 있었다.

의령 동학농민군 기포 때 같이 활동한 기록이 유일 창녕

창녕의 동학농민군 활동은 앞에서 언급한 신용구 선생의 문답한 기록에 따르면 함안 이재형이 창녕의 동학 도인을 기포하게 하여 의령군 신반리에 주둔했다는 사실이 거의 유일하다.

토벌 시기에 처형 정황

앞의 구술 자료에 "하동 으른이 말이지 이 동학당 함안 동학당한테 묶여 올라갔어 응. 묶여 올라가고 밑에다 장작을 태산같이 올려놓고 마 밑에서 불을 질렀어. 불을 지르께네…." 여기서 묶여 올라간 곳은 대구 감영으로 보인다.

주요 사적지

- 현재 알려진 사적지는 없지만 1894년 8월경 함안 이재형 접주가 의령, 창녕, 영산, 밀양 등지의 동학 도인을 기포하게 하여 신반리에 주둔했고, "북진하려다가 관군과 접전하여 전사자 수천 명"을 냈다고 했다.

창원 전통적인 농민항쟁의 지역이지만 구체적인 동학 활동 기록 없어

창원 지역 동학농민혁명

창원 지역에서는 김치엽(金致燁, 교수), 이재상(李在詳, 대정, 대산면 구술리 출신) 두 동학 지도자가 언급되고 있지만 이들의 활동에 대한 구체적인 기록은 거의 없다. 천도교 기록에 따르면 이들은 1893년에 입도한 동학 지도자들이다.

그리고 동학농민혁명 당시 조정에서는 창원 부사 이종서(李鍾緖)를 소모사로 임명하여 동학농민군 토벌에 앞장서도록 했다.

1893년(계사년, 고종 30) 10월 15일에 창원에서 발생한 농민항쟁에 대해 『일성록(日省錄)』 같은 관찬 자료에도 기록이 없어서 자세

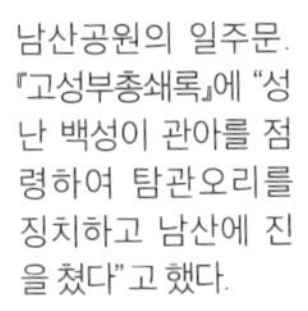

남산공원의 일주문. 『고성부총쇄록』에 "성난 백성이 관아를 점령하여 탐관오리를 징치하고 남산에 진을 쳤다"고 했다.

한 내막은 알 길이 없다. 다만, 당시 고성 부사를 지냈던 오횡묵의 『고성부총쇄록』에 짧게 언급하고 있다. "… 통영의 영창(營倉) 임시 감무 송필후와 색리(色吏) 김응숙이 와서 전하는 말에 의하면, 창원병사가 작년 가을 상경하여 이임한 이래, 금년 봄 병사(兵史) 강윤이 임명되었음에도 아직 읍에 도임하지 않았다 한다. 이 동안 읍의 사무에 많은 착오가 벌어졌다 한다. 이 이야기를 듣자니 참 해괴한 일도 있구나 하는 생각이 든다. 이달 보름께 읍내 대소민 수만 명이 일제히 소란을 피웠다고 한다. 그 우두머리는 소위 '소매와 옷깃을 마음대로 여미는 영수'로서 안팎으로 그에게 따르고 합세하지 않은 이가 없다 한다. 그가 민에게 끼친 해독과 범한 죄목은 무려 16조목에 달한다 한다. 가옥을 때려 부수고 남산(南山) 아래에 모여 주둔하고 있다 한다. 칠원 현감은 창원의 소요 사태를 접한 즉시 거기로 달려가 백성들과 함께 버티고 있는 중이라고 한다. 그 이웃 고을에서 이를 듣고 심히 놀라고 염려스러워 했다.…"

위의 기록을 통해 1893년 창원에 상당히 큰 규모의 항쟁이 일어났으며, 항쟁의 지도자는 큰 영향력을 갖춘 인물이었음을 짐작할 수 있다. 이처럼 대규모의 농민들이 참여할 수 있었던 것은, 대개 '민회(民會)'라는 일종의 농민 자치조직의 소집을 통해서 가능했다. 민회는

남산공원에 있는 창원대도호부연혁비. 1893년 10월 15일 창원에서 민란이 일어나 성난 백성들이 관아를 점령하고 탐관오리를 징치했다.

관(官) 주도의 향회와는 달리 항쟁을 계획한 주도자들에 의해 소집되었는데, 이들은 각 면·리의 향임이나 두민(頭民)들에게 통문을 돌려 소집 이유와 장소 등을 전달하고 이들을 통하여 농민들을 동원했다. 일단 농민들이 결집하여 민회가 이뤄지면 여기서 읍폐(邑幣)가 폭로되고 투쟁 방식이 결정되었다. 이처럼 민회는 당시의 항쟁에서 주요한 역할을 하고 있었다.

『고성부총쇄록』에 나타난 하동 최달곤 행적

동학농민혁명 시기에 하동 최달곤이라는 한 인물이 등장한다. 당시 고성 부사 오횡묵의 『고성부총쇄록』에 따르면 최달곤이 창원, 마산 등지에 들러 수령의 실정을 힐난하고 다닌다고 했다. "(최달곤이) 8월 3일에는 마산포로 들어갔다. 그리고 전운사 정병하를 향해 "영남 도민의 목숨과 생활이 영감 손에 달려 있는데, 지금 모두 죽이려고 하는 것은 무슨 뜻인가? 수세가 지연되면 해당 관리는 주리를 틀고 구실아치는 형벌을 시행한다 하니, 이런 흉년에 어찌 이처럼 수세 독촉이 심한가?"라고 힐책한 뒤, 세무감사관에게도 그 책임을 엄하게 물어 이에 대해 시정하겠다는 약속을 받아냈다. 그런 다음 진해에서 수령의 불법을 나무란 뒤 고성으로 향했다.

주요 사적지

■ 계사년 창원민란 주둔지 남산: (현, 창원시 서상동, 경상남도 기념물 201호) 1893년 10월 15일에 창원에서 일어난 농민항쟁에 대해서는 당시 고성 부사를 지냈던 오횡묵의 『고성부총쇄록』에 "성난 백성들이 관아를 점령하여 탐관오리를 징치하고 남산에 진을 쳤다"고 했다. 하지만 이는 동학 세력과의 연관은 알려지지 않았다.

동학농민혁명 당시 일본군의 병참기지 부산

부산 지역의 동학 활동에 대한 기록은 많지 않다

부산은 동학농민혁명 당시 일본군의 병참 기지이자 동학농민군 토벌 사령부 역할을 했다. 경상 서남해안 쪽 동학농민군의 움직임이 활발해지자 일본군은 부산에 주둔 중이던 후비보병을 급파했다. 경상 감영에서 출동한 영남토포사(嶺南討捕使) 지석영(池錫永)이 1894년 9월 26일에 대구를 출발하여 통영(統營)에 이르러 포군 1백 명을 동원하고, 통영의 장교 신철회(申徹會)와 정인식(鄭仁植)에게 이들을 거느리게 했고, 이들은 부산에서 출병한 일본 토벌대와 합류하여 경상 서남해안 쪽 동학농민군을 토벌할 임무를 수행하게 했다. 일본군은 부산과 거제 앞바다에 떠 있는 일본 군함 오시마호(大島號)와 긴밀하게 연락을 취하며 경상도 남해안 쪽 동학농민군 토벌을 위해 정보를 수집하면서 군사훈련을 수행했다.

창도주 재세 시기부터 동학 활동

「대선생주문집」에 따르면 "1861년 11월 최제우가 경주 관아의 지목을 피해 제자 최중희를 데리고 길을 떠났을 때 처음 찾은 곳이 울산이었다. 그곳에 서군효(徐群孝, 뒷날 접주) 등 가까운 도인이 있었기 때문이며, 며칠 뒤에 누이동생(남편 金振九)이 사는 부산으로 갔다.… 최제우는 부산에서 며칠을 머물고 배편으로 웅천(熊川, 현 진해시)으로 갔다. …" 『천도교창건사』에도 "낙동강 좌편 웅천이라는 촌중에서 유숙했다"는 기록이 있다. 웅천에는 서군효의 외삼촌이 살고 있었다 한다. 이어 "성주(=승주의 오기)에 들러 충무공의 묘를 참배하고 남원으로 갔다"고 했다.

부산 영도구 대신동 뒷산에는 누이동생이 수운이 순도한 뒤에 혼령을 달래기 위해 지은 산당(山堂)이 아직 남아 있다.

부산 성문에 '척왜양 통문' 게시

부산에는 동학 및 동학농민혁명 시기의 활동에 대한 기록은 거의 없다. 그중에 동학교도 활동을 짐작할 만한 기록이 있어서 주

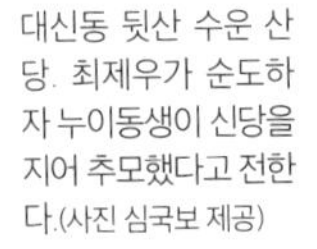

대신동 뒷산 수운 산당. 최제우가 순도하자 누이동생이 신당을 지어 추모했다고 전한다.(사진 심국보 제공)

목을 끈다. 보은취회 시기인 1893년 3월 6일에 일본공사관 기록에 "부산 성문에 '척양척왜' 통문이 게시된 사건이 벌어졌다"는 보고가 접수되었다. 이는 부산 성 안팎에 동학교도가 있었다는 사실을 의미한다.

동래부사 민영돈, 일본군의 전선 가설 보고

1894년 6월 22일, 경상도 동래 부사 민영돈(閔泳敦)이 조정에 장계를 올렸는데 "일본인이 전신을 가설한다고 핑계 대고 제멋대로 내지를 돌아다니는데, 변방을 지키는 직임에 있으면서 이를 진압하지 못했으므로 황공한 마음으로 처벌을 기다립니다"라고 했다. 이에 대한 답변으로 "임금이 대죄하지 말라고 전교했다"는 기록이 보인다. 동래부사 민영돈은 일본의 전선 가설을 '조선 침략 행위'로 인지하고 있었다.

동학농민혁명 초기부터 경상·충청 일부 지역 동학농민군은 일본 병참이나 전선을 주된 공격 대상으로 삼았다. 실제로 충청

좌천장 전경. 최달곤의 행적에 따르면 동학농민혁명이 한창이던 8월에 좌천장터에서 소요가 있었다.(사진 성강현 제공)

도 가흥이나 경상도 구미, 선산 지역에서는 일본의 전선을 공격하기도 했다.

동래읍성지(부산광역시 기념물 지정 제5호) 동학농민혁명 당시 부사 민영돈이 동학농민군에 우호적이었다.(사진 성강현 제공)

부산은 동학농민혁명 시기에 일본군의 병참기지

1894년 8월 26일, 부산병참감에서는 부산 수비대 보병 제10연대 제4중대에 부산·경성 간의 병참선 연변의 경계 방어를 지시하고, 동학농민군 진압과 군용전선 보호를 위해 병사 파견 명령을 내렸다. 그리고 하동, 진주, 순천, 광양 등 영호남 동학농민군 수천 명이 운집하여 진주와 통영으로 전진해 들어온다는 정보를 입수하고, 부산의 일본 총영사 무로다가 서울의 일본 대리공사 스기무라에게 동학농민군 토벌을 위해 협력을 요청한다. 즉, 일본군이 파견될 때 김해, 웅천, 창원, 칠원, 함안, 진해, 고성, 사천, 곤양, 진주 등지에서 인부와 우마 그리고 식량 조달에 편의를 제공해주도록 요청했다. 이에 따라 1894년 10월 5일 부산 수비대 스즈키 아키라 부대 14명이 토다(遠田) 부대를 지원할 목적으로 부산을 출발했다. 그뿐만 아니라 경상도 남해안 지역에 동학농민군 활동이 거세지자 그 지역 유림 세력들이 1894년 10월 11일 부산 일본 총영사관 이노우에게 일본군이 계속 주둔해 줄 것을 간청하기도 했다.

동래부 동헌. 현재는 동문과 북문이 복원되었다. 당시 동래부사 민영돈이 동학농민군 편이었다.(사진 성강현 제공)

동래부사 동학농민군 비호 보고와 기장 동학농민군 활동

1894년 8월 27일 일본 총영사가 동래 부사가 동학농민군을 비호한 문제를 보고하고 있다. 내용에, "동학 두령인 안동의 김병두(金炳斗)와 하동의 최달곤(崔達坤)이 동래에 가서 민영돈 부사를 만나 접대를 받고 말 두 마리와 동전 2관(貫)을 받았다"고 했다. 이는 부산 지역 통치자 민영돈이 동학교도에 우호적이었다는 사실을 보여주는데, 민영돈이 앞에서 일본의 전선 가설을 침략 행위로 본

좌천시장 마을과 3.1 만세운동 기념비

1894년 8월에 소요가 있었던 좌천장 자리. 현재도 5일장이 서는데, 울산 부산 등의 상인이 하루 전에 와서 짐을 풀 정도로 장의 규모가 컸다.(사진 성강현 제공)

것과 같은 맥락이다. 하동 최달곤의 동래 행적은 더 구체적이다.

1894년 8월 27일, 도처에서는 동학농민군 활동이 활발하게 전개되던 시기에 동래부 관아에 동학당의 염찰사(廉察使)라고 자칭하는 최달곤(1863-?)이 김병두와 소년(김만수)을 데리고 나타나 동래부사와의 면담을 요구했다. 동래 부사 민영돈은 이들을 방 안으로 맞아들이고 주위 사람들을 물리친 뒤, 몇 시간 동안 밀담을 나누었다. 그날 밤 떠날 때에 말 두 필과 상당한 여비까지 내주었다. 이 사실이 일본의 밀정에 의해 부산 주재 일본 총영사에게 즉각 보고되었다. 일본 영사는 부사 민영돈의 처사에 대해 엄중히 항의했다. 이에 동래 부사 민영돈은 그런 사실이 없으며, 다만 어떤 정탐객이 이방을 찾아와 공갈협박을 일삼다 갔다고 회답했다.

한편, 최달곤 일행은 동래 관아에서 나와 기장으로 옮겼다. 마침 기장현 좌천장터에서 큰 민요가 일어났다. 민요는 며칠간 계속되었다. 최달곤은 좌천장터로 뛰어가 민요의 주동자들을 만나 함께 기장 현감을 만나 폐막(弊瘼)을 시정하게 하자고 제의했다. 그러나 주동자들은 겁을 집어먹었는지 선뜻 나서지 않았다. 최달곤 일행은 기장장터를 찾아가 해결을 자청하고 나섰다. 민요의 장두를 만나 설득을 폈으나 뜻대로 되지 않아 바로 울산으로 떠났다. 대신 그들은 (뒷날) 기장현 일대의 구실아치와 토호의 집을 불태웠다는 소문이 들려왔다. 여기서 민요는 시기적으로 동학교도의 움직임이 확실해 보이지만 이에 대해서는 추가 연구가 필요하다.

일본 영사관 쪽에서는 포졸을 보내 계속 추적한 끝에 울산에서 최달곤 일행을 붙잡아 동래 감리서에 구금하고 문초를 시작했다.

이들의 신원은 최달곤, 김병두, 김만수로 밝혀졌고, 우두머리 최달곤은 하동 사람으로 최하봉이라는 변성명도 사용했다. 최달곤에 대한 심문 결과, 충청도·전라도의 농민봉기 소식을 들은 6월 말경, 집을 나와 하기장터에서 떠돌이 소년 김만수를 만나 "행장을 하고 나를 따라 오너라. 살 길이 있을 것이다"라고 말했다. 최달곤은 김만수를 수행비서 삼아 곤양, 덕산, 단성, 함안, 창원 등지를 두루 돌아다니며 지방 수령의 실정을 살피고 못된 구실아치의 이름과 행패 사실을 적었다. 그들의 행장에는 전라도 동학농민군의 영수인 전봉준의 이름이 적힌 격문과 함께 각지의 탐학한 관리와 불량한 토호들의 명단을 적은 '염찰기'라는 치부책이 들어 있었다. 심문하는 동안 이들은 한사코 (자신들이) 동학교도가 아니라고 부인한 것으로 알려졌다. 뒷날 그들이 어떻게 처리되었는지는 알 길 없다. (일부 오횡묵, 『고성부총쇄록』 내용 참조)

주요 사적지

- 동래부 동헌(東萊府 東軒): (현, 부산광역시 동래구 명륜로112번길 61 (수안동), 부산광역시 기념물 제60호) 동학농민혁명 당시 동래부사 민영돈이 동학교도에 우호적인 인물로 알려졌다.
- 동래 금루관(金壘關): (부산광역시 동구 자성로 99, 범일동) 교조신원운동 시기에 '척양척왜(斥洋斥倭)'의 방문이 걸리기도 했다.
- 기장 좌천장 소요 터: (현, 부산광역시 기장군 장안읍 좌천시장 1길 17-39번) 8월 28일 무렵 소요가 있었다고 전한다. 시기로 보아 동학농민군의 움직임으로 보이는데, 이는 확실치 않다. 『임원경제지(林園經濟志)』에 의하면 좌천장은 현치(縣治)에서 20리 거리의 중북면 좌촌리에 있다고 하는데, 원래는 좌광천과 덕선천이 합수되는 지점으로 보인다. 1930년 후반경 현재 위치로 옮겼으며, 오일장이 선다.
- 수운 최제우 산당: 부산 대신동 뒷산에는 수운이 순도한 뒤에 혼령을 달래기 위해 누이동생이 지은 산당(山堂)이 남아 있다.

동학농민군이 김해부 관아 점령 김해

김해 동학 지도자로는 현재 기록상 유일하게 김동명(金東明, 접주)이 거론되었다. 동학농민혁명 시기에 김해 지역에서 기포하여

김해 읍성 북문. 북문을 마주보고 왼쪽에 동헌이, 오른쪽에 객사가 있었다. 동학농민혁명 당시 동학농민군이 김해부 관아를 점령하여 부사 조준구를 김해부 경계 밖으로 추방했다.

동학농민혁명에 참여했다는 기록이 보인다.

1894년 3월, 동학농민혁명이 일어나자 김해에서도 부사 조준구(趙駿九)의 탐학에 항거하여 동학농민군이 봉기했다. "관청을 부수고, 부사의 관인을 빼앗고, 부사를 김해부 경계 밖으로 추방했다."고 했다. 김해부의 동학농민군 활동은 이 기록이 유일한데, 이는 초기에 문제를 해결했기 때문으로 보인다. 『고종실록』 1894년 6월 2일 3번째 기사에 따르면, "의정부에서 김해부 백성들이 소란을 일으키도록 한 전 김해 부사 조준구(趙駿九)를 처벌할 것을 청했다." "전 부사 조준구는 부임한 석 달 동안 횡령한 돈이 4만 5,050여 냥에 이르는데, …조준구의 집이 영남에 있으니 도신으로 하여금 제 수량대로 독촉하여 받아내어 백성들에게 돌려주게 하는 것이 어떻겠습니까?" 하니, 윤허했다. 이어 전교하기를 "…전 김해 부사 조준구를 감영에 잡아다가 엄하게 형장을 한 차례 치고 원악도(遠惡島)에 정배하라."고 했다.

이듬해 1895년의 을미개혁 때 김해부는 김해군으로 개칭되어, 진주관찰부(晋州觀察府)에 예속되면서 진영(鎭營)과 보(堡)가 폐지되고 읍성, 창고, 군기, 수진(水陣) ,봉수(烽燧) 등이 모두 없어졌다.

주요 사적지

- 김해부 동학농민군 점령 터: (현, 김해시 동상동 314일원, 김해부성) 동학농민혁명 시기에 부사 조준구의 탐학에 저항하여 동학농민군이 봉기하여 관청을 부수고 부사를 김해 경계 밖으로 추방했다.

경상 해안 지역 토벌대 전진 기지 통영

동학농민혁명 당시 통영은 고성현 관할이었다. 남해안의 진보 중 통영(삼군수도통제영), 남촌진, 사량진, 당포진, 삼천진, 소을비포 진이 고성현에 속해 있었다. 동학농민혁명 초기에 하동 지역 민포 대장 김진옥이 호남 동학농민군의 공격을 받아 다급해지자 통영으로 달려가 지원군을 요청했지만 지원군은 얻지 못하고 대완포 12문만 받았다. 이는 통영과 인근 지역 동학농민군의 움직임이 심상치 않았기 때문이다.

원문 고개의 고성부사 오횡묵 사적비. 이에 대해 설명하는 주민. 오횡묵의 사적은 오랫동안 땅에 묻혔다가 발굴되어 세워졌다.

경상 남해안 지역 토벌대 전진 기지

1894년 9월 26일, 대구 판관 토포사 지석영(池錫永)이 대구를 출발하여 28일에 부산에 도착했다. 부산에서 감리서(監理署)와 일본 영사관을 각각 만난 뒤 29일에 (일본의) 배편으로 통영에 상륙했다.

통영에서 포군(砲軍) 100명과 군관 4명, 즉 104명을 인계받은 다음, 통영의 장교 신철회(申徹會)

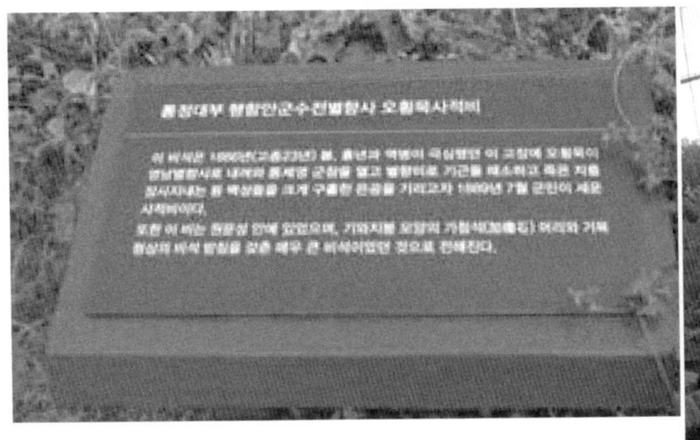

통영 원문 고개에 있는 오횡묵 공적비. 오횡묵의 공적비가 언제 왜 세워졌는지 이유는 뚜렷하지 않다.(왼쪽)

오횡묵의 공적을 기리는 기념비.(오른쪽)

와 정인식(鄭仁植)에게 이들을 거느리게 했다. 지석영은 통영에서 군사를 보충하여 10월 2일에 일본군과 합류하기 위해 고성으로 향했다. 10월 5일에 일본군이 고성에 도착하여 대기 중이던 토포사 지석영이 이끄는 관군과 합류하여 진주 구해창(舊海倉)을 거쳐 10월 7일에 곤양으로 들어갔다.

이로 보아 당시 통영은 동학농민군 토벌대 전초기지였으며, 동학농민군의 활동 기록은 거의 만나볼 수 없다.

주요 사적지

- 원문 고개 오횡묵 공적비: 오횡묵은 『고성부총쇄록』에서 동학농민혁명 당시의 경상도의 사정을 기록하고 있지만 그의 동학농민혁명사에 대한 관점은 명확하지 않다. 그런 오횡묵의 공적비가 무슨 이유로 통영 원문고개에 세워졌는지 이유를 알 길 없다.

거제항에 일본 군함이 정박하여 토벌 활동 거제

1894년 4월부터 8월까지 거제 선항에 일본 군함 오시마호(大島號) 츠쿠바(筑波)가 정박하여 관·일본군의 남해안 지역의 동학농민군 토벌 지원 임무를 수행했다.

통제사 홍남주의 장계에 따르면, 10월 23일 자 거제 부사 임창호(任昶鎬)의 첩정에, "지난 4월에 도착한 순영(巡營)의 감결(甘結) 내용에, '4월부터 8월까지 일본 군함 오시마호(大島號)가 거제 연안을 왕래하면서 … 선주인 구로오카 다테와키(黑岡帶刀)가 우리말을 잘 해석하는 사람과 함께 근처의 지경을 둘러보고 여러 섬에서 수개월 동안 군사훈련을 했다고 하며, 일본 군함 함장은 츠쿠바(筑波)를 배 이름으로 삼았습니다. 군인은 380명이라고 했는데, 육지에 내려와서 항구 소재의 어변정(禦邊亭)을 유람하다가 그 공간을 보고 수리하여 들어가 오래 살 요량을 했다고 합니다. 같은 날 미시(未時, 오후 1~3시)쯤에 동 선척이 신의 병영이 있는 항구에 정박하여 (아군이) 미처 탐문하기도 전에 본 함장이자 해군 대좌인 구로오카 다테와키(黑岡帶刀)가 배에서 내려 통지하여 면담을 요청했

거제 관아 기성관 정문. 일본군함 요원들이 상륙하여 일부 의지했다는 기록이 보인다.

거제 관아 마당에 늘어선 영불망비

거제 관아 기성관(岐城館, 유형문화재 81호). 동학농민혁명 시기에 거제 앞바다에 일본 군한 오시마호가 수 개월 정박하며 동학농민군의 움직임을 정찰했다. 거제 관아에서는 이들을 접대했다.

습니다. 들어오는 것을 허락하고 대접했더니, 동도의 종적을 순찰하고 산천 형승을 유람하기 위하여 거제선항(巨濟船港)에 정박했으며, 조류를 거슬러 올라가려고 한다고 했으며, 잠시 문답을 나누다가 배로 돌아갔습니다.'라고 했습니다."라고 했다.

실제로 경상우병사 이항의가 진주, 하동 지역이 동학농민군의 수중에 들어가자 토벌군 파병을 요청했고, 이에 따라 일본군은 토벌대 병력을 출동시켜 전투를 벌였다.

주요 사적지

- 일본 군함 오시마호(大島號) 거제 앞바다에 정박: 1894년 4월부터 8월까지 동학농민군 토벌을 위해 먼 바다에 정박하고 작은 배로 상륙하여 정보수집과 군사훈련을 했다.
- 거제 관아 기성관(岐城館): (현, 거제시 거제면 동상리 546, 유형문화재 81호) 거제의 동학농민군 활동 기록은 확실하지 않으나, 상륙한 일본 군함 오시마호 군속들을 뒷바라지했다.

제7부

북한편(황해·평안·함경도)

북한 지역은 2차 봉기 때부터 북한 전역에서 동학농민군 활동이 확인된다. 황해도 해주 지역을 중심으로 투쟁 활동을 벌였고, 평안도 함경도 지역, 경기와 강원 일부 지역에서도 동학농민군이 활동했다.

북한 지역의 최대 활동지였던 황해도 지역 동학농민군은 주로 해주를 중심으로 전개되었는데, 동학농민혁명 참여자 명단에 오른 인원이 110여 명에 이른다. 평안도 감영도 황해도 동학농민군 활동에 일정하게 호응한 사실이 확인된다. 함경도 지역에서는 함흥을 중심으로 활동한 사실과 원산 방촌에서 동학농민군과 일본 원산수비대가 벌인 전투 사실이 확인된다.

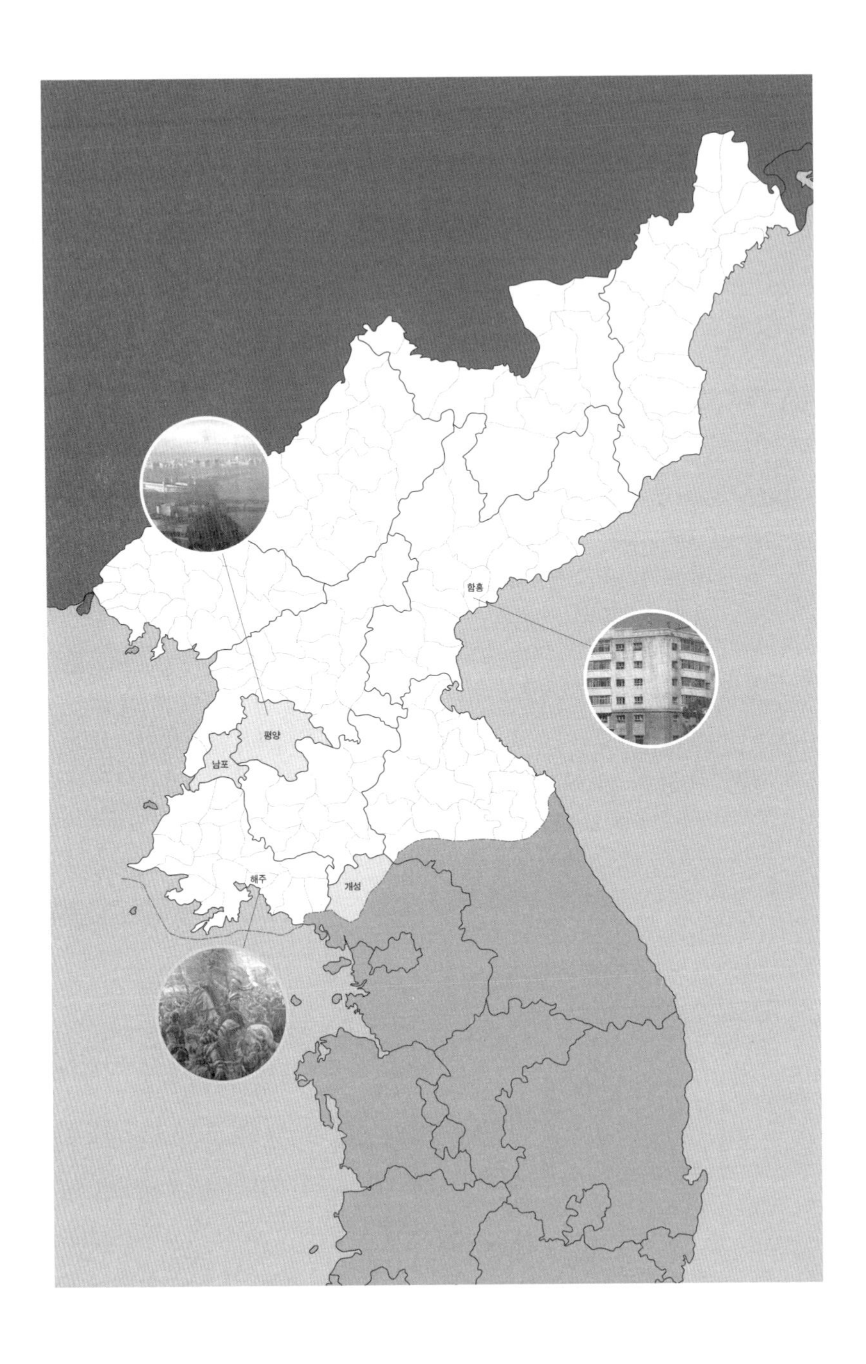
함흥
평양
남포
해주
개성

총론/ 북한 동학의 흐름

북한 지역의 동학농민혁명사 연구는 분단으로 인한 역사 문화와 학술 분야 교류 단절로 인하여, 그리고 남북 이데올로기 문제로 인해 연구가 제한되어 활성화되지 못했다.

따라서 현재는 제한된 일부 사료를 통해 황해도를 중심으로 평안도와 함경도 일부 지역 활동을 단편적으로 추정해 볼 수 있다.

북한 지역 동학농민혁명사는 일찍부터 동학농민혁명사 연구를 시작한 최현식의 『갑오동학농민혁명사(甲午東學革命史)』(신아출판사, 1994)에 일부 발표되었다. 이북 출신이자 천도교 상주선도사 표영삼은 함경도 출신이면서도 아쉽게도 북한 지역 동학농민혁명사에 대해서는 주목할 만한 연구를 남기지 못했다. 결과적으로 경기도를 거쳐 황해도, 평안도, 함경도 지역으로 포교되었을 북한 동학의 포교 경로에 대한 연원의 맥을 짚어내지 못했다는 뜻이기도 하다. 이어 분단으로 인해 북한 지역에서 기록된 교단 차원의 포교사를 접하지 못했다. 이는 그동안 북한의 동학농민혁명사에 대한 연구 토대가 충분히 마련되지 못한 원인이 되기도 했다.

그러나 해주 지역 동학접주였던 김구를 비롯한 황해도 접주들

북한의 동학농민혁명 역사서 표지. '갑오농민전쟁'으로 불리며, 반침략, 반봉건의 관점으로 기록하고 있다.

의 보은취회 참가는 정설로 알려졌으며, 동학농민혁명의 막이 내린 뒤에도 김구는 공주 마곡사와 김천 복호동에 도피했다가 집안에 상을 당해 황급히 황해도로 돌아갔다고 전한다.

동학농민혁명 당시 평안도와 함경도 지역에는 비록 제한적이지만 동학 활동이 뚜렷이 나타나고 있다. 그러나 이보다 더 중요한 것은 동학농민혁명이 끝난 이후 동학의 후신인 천도교의 부흥이다. 평안도, 함경도를 중심으로 천도교가 부흥하여 일제강점기에 천도교가 저항운동을 주도할 수 있는 인적 물적인 토대를 제공했으며, 6·25를 전후한 시기에 북한 지역의 천도교인이 대거 월남하여 오늘날까지 맥을 잇고 있다는 점이다.

동학농민혁명 당시 북한 지역에서도 황해도 해주를 중심으로 평안도, 함경도 일부 지역에서 동학농민혁명 활동이 있었다. 이 같은 사적은 일부 관기록(『왕조실록』, 『갑오군정실록』, 『갑오해영비요전말(甲午海營匪擾顚末)』)이나 교단 기록, 일본 측 기록, 그리고 1951년 1·4후퇴 때 내려온 참여자 후손의 증언을 통해 평안도, 함경도의 동학농민혁명 활동을 부분적으로 확인할 수 있다.

동학 창도 시기에 황해·함경·강원도로 유배된 백사길·강원보·이정화가 포덕

1864년 3월 10일, 최제우의 순도와 함께 동학교단은 와해의 위기에 직면했다. 최제우와 함께 체포되었던 13명의 제자들은 정배형에 처해졌으며, 체포를 면한 제자 및 교도들은 관의 체포령을 피해 깊은 산중으로 은신했다.

당시 기록에 따르면 최제우와 함께 체포됐던 제자 중 경주부 접주였던 강원보는 함경도, 백사길(白士吉, 일명 白源洙)은 황해도 문화군, 이경화(李慶化)는 강원도 영월에 정배되었다. 이들에 의해 함경도, 황해도, 강원도 등에 동학이 뿌리를 내렸을 가능성이 크다.

교세에 따른 여러 지역의 동학 활동 양상

북한의 동학교도들이 공주·삼례집회(1842), 광화문복합상소(1843)에는 참여자가 구체적으로 거론되지 않았으나 보은취회(1893)에 북한 지역 동학교도들이 참가했다는 기록이 보이기 시작한다. 동학농민혁명 초기에는 구체적인 활동 상황이 없으나 최시형의 9월 18일 재기포 선언 이후부터 황해도를 중심으로 활발한 움직임을 보이기 시작한다. 동학농민군 기포가 거명된 지역으로는 황해도 해주, 금천, 안악(구월산), 황주, 재령(장수산) 등이고, 기타 활동 지역으로는 황해도 평산, 서흥, 봉산, 옹진, 강령, 벽성, 장연, 은율, 송화, 문화, 안태, 신천, 신계, 수안 등이다. 이 밖에도 평안도, 경기도 개성, 함경도 원산 등지가 거론되었다.

이로 보아 북한 지역의 동학농민혁명은 주로 황해도를 중심으로 전개되었지만, 평안도, 함경도 일부 지역에서 활동 사실이 기록이나 증언을 통해 확인된다.

황해도를 중심으로 평안도 함경도에서도 활동

1994년 동학농민혁명 당시 황해도에서 기포하여 동학농민군을 이끌고 참여한 동학농민군 지도자로 기록에 나타나는 인물은 총 22명이다.(『천도교백년약사(상권)』, 천도교중앙총부 간행), 곽홍(郭弘, 접주), 김구(金九, 팔봉 접주), 김기영(金基永, 접주), 김낙천(金樂天, 접주), 김유영(金裕永, 접주), 김익균(金益均, 접주), 김재홍(金在洪, 접주), 김하영(金河榮, 접주), 박사영(朴士永, 접주), 방찬두(方燦斗, 접주), 성재식(成在植, 異名: 載植, 접주), 신석권(辛錫權, 봉산 접주), 오응선(吳膺善, 대접주), 원용일(元容馹, 접주), 윤도경(尹道經, 접주), 이규서(李奎瑞, 접주), 임익운(林益運, 접주), 임종현(林宗賢, 접주), 정량(鄭梁, 접주), 정해익(鄭海翼, 백운 접주), 최유현(崔琉鉉, 대접주), 한화석(韓華錫, 접주) 등이다.

함경도 지역의 동학농민군 활동에 대한 기록은 미미하지만, 원산 방촌에서 동학농민군과 전투했다는 기록과 동학농민혁명이 끝난 시기인 1896년 5월 16일에 동학농민군 활동 혐의로 함흥부에서 체포되어 교수형에 처해졌다는 기록을 만날 수 있다.

동학농민혁명 이후 북한 지역 동학 교세

동학농민혁명 이후에 남한 지역에서 동학 교세가 위축된 데 비해 북한 지역에서는 동학 교세가 꾸준히 성장하여 1945년 해방 당시에는 동학교도의 수가 약 286만 명이었다. 이들은 천도교청우당에도 소속되어 지금까지 동학의 교정(教政) 전통을 이어오고 있다.

북한의 해방 후의 동학

북한의 천도교 단체로는 1946년 설립된 '천도교 북조선정무원'이 1949년까지 활동하다가 사라졌고, 북한 천도교 역시 여타의 종교 정책과 마찬가지로 북한 당국의 반종교정책에 의해 1950~60년대를 거치면서 제한→탄압→말살의 단계적 조치를 당했다. 북한에서는 천도교에 대한 시각이 "우리나라 고유의 동학이 개편된 종교로서 신비주의적인 면이 강화되고 반침략 애국사상이 상실된 신앙(1983년판 백과전서)"이라고, 부정적으로 규정되었다. 그럼에도 불구하고 1946년 2월 8일 창당된 천도교청우당이 노동당 외곽 조직으로 전락되어 북한 정권과 상당한 협조관계를 유지하면서 북한 종교단체를 이끌어가는 역할을 하고 있으며, 천도교는 1989년 5월30일 조선종교인협의회를 결성하는 데 주도적인 역할을 했다.

북한의 동학농민혁명사에 대한 인식

북한 지역에서는 "갑오농민전쟁은 중국 태평천국과 인도의 시파이 폭동과 더불어 아시아 3대 항전의 하나"로 평가하고 있으며, "반침략 반봉건 투쟁의 역사, 부르주아지 개혁 추동, 아시아 반제 민족투쟁의 새벽종" 등으로 기술하고 있다.

북한 교과서에는 "20여 만 농민군이 전국적으로 봉기한 사건"으로 기술하고 있다. 특히 "갑오농민전쟁은 유생, 양반, 관군과 하층 지휘관을 포함한 각계 각 층의 다양한 계급이 참여했으며, 충청, 경상, 강원, 전라, 황해, 평안도 등 전국적으로 일어난 사건"으로 기술하고 있다.

평양 호텔에서 본 대동강 풍경(2005.10.29.). 필자는 경제문화인단의 일원으로 평양을 방문했다. 동학농민혁명 당시 평안도에서도 일부 동학교도가 호응을 했으며, 천도교 평양교당이 있다고 전한다.

현재까지 북한 학계는 '갑오농민전쟁'이라는 지금까지 써 온 용어를 계속 사용하고 있으며, 그 성격 또한 여전히 "반봉건 반침략 투쟁"이라는 관점이다. 그리고 서술 범위도 지금의 북한 지역을 포함하는 황해도나 이외 지역 활동에 대한 역사 기술이 거의 없다. 그럼에도 불구하고 최근에는 일본 외무성 외교사료관에 수록되어 있는 『외무성기록』을 활용하는 등 연구 자료 활용의 범위는 넓어졌다. 그리고 동학농민전쟁의 원인을 세도정치에 대한 저항보다 조세수탈로 보는 점에서 남한 역사학계와 어느 정도 차이가 있다. 이 밖에 체코 농민전쟁에 대한 비교 연구로 범주를 넓혀 동학농민전쟁의 세계사적 의미를 비교 고찰하기도 했다. 이는 기존 중국 태평천국의 난이나 독일 농민전쟁과 비교하던 과거의 연구 범위와 다른 것이다.

동학농민군이 우금치 최후의 전투에서 일본군과 싸움을 벌였다.

백산대회(자료사진: 『조선의 력사(리조 편 3)』, 1999.12.30.)

북한에서의 천도교

김일성의 회고록인 『세기와 더불어』에는 천도교를 찬양하는 내용이 나오고, 북한 지역에서는 천도교청우당이 우파 종교정당이 되어 당초에는 막대한 당원을 바탕으로 무시 못할 세력이었으나, 1950년 영우회(靈友會) 사건으로 탄압과 숙청, 지도부 장악을 당한 끝에 위성 정당으로 전락해 버렸다.

현재 북한에서는 공식적인 천도교 조직으로 조선천도교회(중앙지도위원회)와 천도교청우당(중앙위원회)이 존재한다. 북의 선전에 의하면 북에서 가장 신도가 많은 종교는 천도교라고 한다. 구체적으로는 2001년 기준으로 약 1만 5천 명의 신도가 있다. 『조선중앙연감』에서는 천도교인이 총 인구의 약 13.5% 정도라고 한다. 북한 인구에 이 비율을 곱하면 300만 명이 넘는다. 평양에는 평양교당이 존재하여 2000년 이후 남북 천도교 합동 시일식이 수 차례 봉행되기도 했다.

2차 봉기 때부터 동학 교세 떨쳐 황해도

황해도 지역 동학농민군의 본격적인 활동은 2차 봉기 때부터 주로 해주를 중심으로 전개되었다. 현재 동학농민혁명 참여자 명단에 오른 황해도 동학 농민군이 약 110명에 이르는데, 이를 통해 황해도 지역의 동학농민 활동 규모를 짐작할 만하다.

당시 황해 감사의 보고에 "10월 6일 동학농민군 수만 명이 해주 서쪽 취야장터에 모여 민폐 사항을 개혁할 것과 동학의 자유를 요구하는 시위를 벌였다. 이에 해주 감영에서는 호막(戶幕) 이명선(李鳴善)과 수교(首校) 영리(營吏)를 보내어 '민폐는 즉시 개혁하되, 동학의 금지는 조정의 명령이므로 들어 줄 수가 없다'고 효유하여 군중을 해산했다"고 했다.

조정에서 황해도 각 고을 수령에게 직접 전령

당시 이런 황해도 상황은 조정에 즉시 보고되지 않은 듯하다. 조정은 9월 28일에야 황해도 각 고을에 공문을 보내고 있다. 당시 고을 수령들에게 보낸 전령이 매우 다급하다. "완악한 저들 비도가 씨앗을 뿌린 것처럼 널리 번져서 늘어나고 있으며, 곳곳마다 교화가 통하지 않고 있으니, 빠른 시일 내에 무찔러 없애지 않을 수 없다. …그래서 곧바로 죽일 자는 죽이고 체포하여 올려 보낼 자는 올려 보내도록 하며, 마을에서 제멋대로 행동하고 그들의 무리에 강제로 들어가게 하는 자는 잡히는 대로 목을 베어 경계하도록 하고, 그러한 방편을 마련하는 것에 모두 힘을 써야 할 것이다. … 소홀히 하는 폐해가 있게 되면 해당 읍의 수리(首吏)와 수향(首鄕)은 단연코 목을 베어 경계하도록 하고, 해당 수령은 군대의 규율을 시행해야 할 것이다."라고 했다.

11월에 접어들면서 상황이 더욱 다급해졌다. 11월 2일, 임금께 아뢰기를, "지금 해주(海州)의 비류가 무리를 지어 소란을 일으키고 감영을 침범했다고 합니다. 구원병을 징발하는 것은 장문(狀聞)을 기다리느라 지체해서는 아니 됩니다. 황해 병영의 포군(砲軍) 중에서 50명을 가려 뽑아 해당 장관(將官)이 인솔하여 구원하도록 해당 수신(帥臣)에게 관문(關文)으로 지시하는 것이 어떻겠습니까?"라고 하였다.

11월 4일, 임금께 아뢰기를, "듣건대, 황해도 감영에서 지금 비류들이 창궐하고 있다고 합니다. 비록 관찰사가 장계로 보고하지는 않았으니 너무나 놀라운 일입니다. 순무영에서 빨리 황해도의 병영(兵營)과 수영(水營)에 신칙하여 방법을 강구한 후 토벌하도록 하는 것이 어떻겠습니까?"라고 했다. 11월 초에 조정에서는 미처 보고되지 않은 사태를 걱정하고 있었다.

강림현, 해주 감영 연달아 점령

『갑오해영비요전말(甲午海營匪擾顚末)』에서는 11월 6일 당시 상황을 다음과 같이 기술하고 있다.

> "… 며칠 뒤 동학농민군이 다시 일어나 강령현(康翎縣)을 습격하여 현감을 감금하고 군기를 탈취하여 무장한 뒤 해주 감영으로 쳐들어갔다. 동학농민군에 동조하는 영리(營吏)까지 있어 몇만 명의 동학농민군이 삽시간에 밀려들어 감영을 점령했다. 포성이 진동하며, 공당을 파괴하고 군기를 탈취하였으며, 감사 정현석(鄭顯奭)과 판관 이동화 및 중군 이하 영리 관속들을 모조리 잡아 결박하여 당 아래로 끌어 내리고 무수히 구타했다. 감사 정현석은 영노(營奴)들에 부축되어 영노청(營奴廳)으로 나와 있었으나 물 샐 틈 없는 감시 때문에 (사태를) 조정에 보고할 겨를조차 없었다.… 11월 6일 동학농민군 두령 임종현(林宗鉉)이 해주 감영에서 자진 철수하고, 정현석 감사는 11월 8일에야 비로소 선화당으로 돌아왔다."

한편, 조정에서는 해주 감영이 동학농민군에 의해 점령되었는데도 조정에 보고 한 번 없다 하여 11월 4일 감사 정현석과 해주 판관 이동화를 파면하고, 새 황해 감사에 관서선유사(關西宣諭使) 조희일(趙熙一), 해주 판관에 연안 부사(延安府使) 이계하(李啓夏)를 각각 임명했다. 이에 대해 황해도 지역 유생들이 나서서 정현석 감사를 옹호하여 유임을 진정하기도 했으나 뜻을 이루지 못했다.

11월, 황해도 동학농민군 파죽지세로 평산 관아 점령

국사편찬위원회 「역사일지」에 따르면 1894년 11월 7일에 황해도 동학농민군이 낭천에 집합하여 평산을 공격했다고 했다. 11월 10일에는 일본군이 출동하여, 육군 소위 스즈키 아키라가 병정 70명을 거느리고 금천으로부터 평산을 거쳐 해주 감영에 도착했다.

또 청일전쟁 후 평양에 머물고 있던 일본군이 신천 지역으로 진격해 들어왔고, 해주 감영에서는 비장 박봉원(朴鳳元)에게 영병 50명을 주어 강령현으로 진격하게 하고, 일본군은 해주 취야장터로 군사를 급파했다.

이 시기는 황해도 동학농민군이 파죽지세로 각 고을의 관아를 점령할 때였다. 11월 13일에는 송화(松禾)·문화(文化) 현과 평산부(平山府), 그리고 조이진(助泥鎭), 오우진(吾又鎭), 용매진(龍媒鎭) 등 주요 진지가 동학농민군에 의해 점령되었고, 14일에는 장연부(長淵府)와 신천군(信川郡) 장수산성(長壽山城)과 수양산성(首陽山城), 또 15일에는 옹진 수영(甕津水營), 17일에는 연안부(延安府), 19일에는 은율현(殷栗縣), 21일에는 백천군(白川郡) 등 황해도 11개 군현이 동학농민군에 의해 점령되었다.

그리고 최서옥(崔瑞玉)이 거느리는 4~5천 명의 동학농민군이 죽천(竹川) 지역에 집결했다. 또 강령현은 동학농민군의 재차 습격으로 공사(公舍)와 민가 4백여 호가 불탔다.

민보군과 일본군의 토벌전 전개

감영군과 일본군의 동학농민군에 대한 토벌전은 곧바로 전개되었다.

11월 19일에는 신천의 의병장 안태훈(安泰勳, 안중근의 아버지)이 포군 70명과 민병 1백여 명을 모집하여 동학농민군과 싸워 영장 3명을 포살하는 전과를 거두었다고 보고했다. 안태훈은 황해도 신천군 두라면 청계동 자신의 집에 동학농민군을 토벌하는 의려소(義旅所)를 차려 놓고 해주 감영으로부터 의려소장으로 임명을 받았다. 이들은 구월산에서 김창수(金昌洙, 뒷날 金九로 개명) 접주가 이끄는 동학농민군을 격파한 공으로 정부로부터 황해도 소모관에 임명되었다.

11월 23일, 취야장터의 동학농민군은 감영 포군 1백 명과 일본군 50여 명과 접전을 벌여 패했다. 이 싸움에서 감영군은 "동학농민군 11명을 포살했고 수많은 동학농민군을 포로로 잡는 전과를 거두었다"고 보고했다.

동학농민군의 해주 감영 재습격과 패배

11월 27일, 동학농민군은 해주 감영을 다시 습격했다. 이날 전투에서 동학농민군이 크게 패했다. 특히 김구가 이끄는 동학농민군의 패배가 뼈아팠다. 하지만 신무기와 조직적인 훈련을 받은 정예군 일본군이 개입하여 동학농민군의 패배는 당연한 결과였다.

이렇게 청일전쟁 후에 곳곳에 미리 진을 치고 있던 일본군이 곧장 투입되었고, 북한 쪽 동학농민군은 전투다운 전투를 벌이지 못한 채 패하고 말았다. 이후의 토벌전도 가혹하게 전개되었다.

황해 감사, 체포한 동학농민군에 대한 처분 방침

1895년 3월 19일, 황해 감사가 체포한 동학농민군에 대한 처분 방침을 다음과 같이 정했다. ① 이름 있는 거괴는 모두 경성으로 호송할 것, ② 본심으로 또는 잘못 생각해서 동학농민군에 가담했던 자로서 진심으로 회개해서 귀순을 원하는 자 가운데 가산과 가족이 없어 도둑질할 우려가 있는 자는 부근 각 도서에 나누어 배치해서 징역에 처하고, ③ 그들 중 가산과 가족이 있어서 양민이 될 것이 확실한 자는 보증인을 세우게 하고 타이른 다음 석방할 것, ④ 강제로 동학에 끌어들여진 자로 그 정상이 용서될 만한 자는 타이른 다음 석방할 것.

이에 대해 일본군 측에서는 '임종현 등 중요한 인물이 잡히지 않았기 때문에 두 번째 이하의 사항은 효과가 없을 것'이라는 이유로 반대했다.

치열했던 해주성 전투 해주

해주성 전투 상황

해주성 전투는 황해 감사 정현석의 보고와 김구의 『백범일지』를 통해 파악할 수 있다.

11월 27일, 이날의 전투 상황을 신임 황해 감사 정현석은 다음과 같이 보고하고 있다. "…오시(午時) 무렵 동학농민군 약 3만 명이 산포수(山砲手)를 선봉대로 하여 기(旗)를 앞세우고 북을 치며 만산편야를 이루어 성의 서쪽 연하동(烟霞洞)을 거쳐 성 밖의 장당현(將堂峴)으로 육박하여 성중(城中)을 내려다보게 되었다. 이때 그들의 방화로 성하에까지 연소되어 민가 40여 호가 불에 타고 있었다. 장차 성안이 모두 불에 타 버릴 위급한 지경이었다. 그리하여 성문을 굳게 닫고 성첩(城堞) 위에 돌을 많이 모아 놓고, 중군(中軍)과 비막(裨幕)은 동서로 나누어 수비하고 있었으며, 서성(西城)은 가장 중요한 곳이어서 감사의 아들 정시헌(鄭時憲)으로 하여금 수비토록 했다. 이런 위기의 순간에 일본군 60여 명이 동문으로부터 입성해 왔다. 그리하여 일본군과 감영군 2백 명과 민병은 남문과 서문으로 돌격해 나가고 성첩 위의 부민들은 함성을 지르며 이에 성원했다. 피아의 접전은 하오 4시경 동학농민군의 기세가 꺾였고, 패하여 달아났다. 이 싸움에서 포군 20명이 포살되고 15명이 사로잡혔다. 생포된 동학농민군으로부터 탈취한 도록(都錄)에 따르면 "임종현(林宗鉉)을 황해감사(黃海監司), 성재식(成載植)을 강령현감(康翎縣監), 이용선(李容善)을 안악군수(安岳郡守), 최득서(崔得西), 판관(判官)○○ 중군(中軍) 등 방백수령(方伯守令)을 모두 역할을 정해놓고 있었으니 분명히 역적을 도모한 것"이라고 했다.

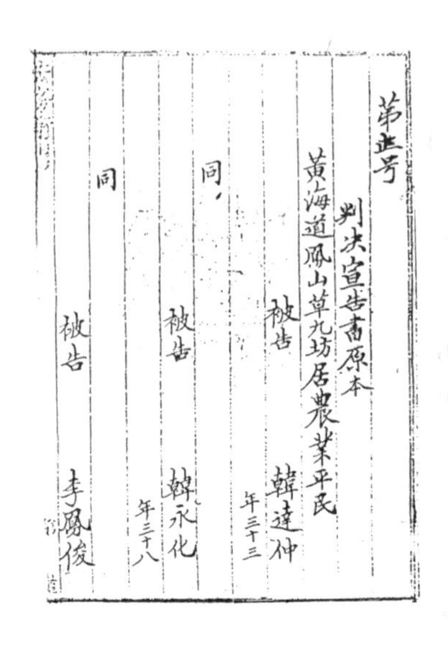
第五号
判決宣告書原本
黃海道鳳山草九坊居農業平民
被告 韓達仲 年三十三
同 被告 韓永化 年二十八
同 被告 李鳳俊

동학농민혁명 시기 해주 동학농민군 재판 기록

위의 해주성 전투 상황은 당시 해주 팔봉도소 접주였던 김구의 『백범일지(白凡逸志)』에도 기록되었는데, 신식총으로 무장한 일본군이 투입되자 싱겁게 패한 것으로 보인다. 김구는 일본군이 단지 7명이라고 파악한 잘못된 정보로 무모한 싸움을 벌여 패한 것으로 보인다. 즉 "… 해주 성 서문 밖 선녀산에 진을 치고 총공격 명령이 내려지기를 기다리며 대기하고 있었다.… 지금 성내에 아직 경군은 도착하지 아니하고 오합지중(烏合之衆)으로 된 수성군(守城軍) 2백 명과 왜병 7명이 있을 뿐이다. … 이때에 수명의 왜병이 성위에 올라 대여섯 방이나 시험 사격을 하는 바람에 남문으로 향하던 선발대가 도망하기를 시작했다. 왜병은 이것을 보고 돌아와서 달아나는 무리에게 총을 연발했다. 나는 이에 전군을 지휘하여서 서문을 향하여 맹렬하게 공격을 개시하였는데, 돌연 (일본군의) 총소리에 퇴각하라는 명령이 내리고 우리 선봉대는 머리도 돌리기 전에 따르던 군사가 산으로 들로 달아나는 것이 보였다. 한 군사를 붙들어 퇴각하는 까닭을 물으니 남문 밖에 도유 서너 명이 총에 맞아 죽은 까닭이라고 한다…." 곧, 동학농민군은 관군과 신식 무기로 무장한 일본군의 군세를 잘못 파악하고 있었고, 이로 인해 제대로 싸워 보지도 못하고 패퇴한 사실을 알 수 있다.

신임 감사 부임 길에 동학농민군에 포위

한편, 신임 황해 감사 조희일의 부임 과정도 순탄치 않았다. 『갑오해영비요전말(甲午海營匪擾顚末)』, 『동학란기록 하(東學亂記錄下)』, 『백범일지(白凡逸志)』 등에 아래와 같은 공통된 내용이 전해지고 있다.

> "11월 30일 신임 감사 조희일(趙熙一)은 당시 관서선유사(關西宣諭使)로 평양에 머물다가 해주 감영으로 부임해 오는데, 재령(載寧)에서 동학농민군에 포위되어 10리 지경이나 끌려다니며 마부 2명이 포살 당했다. 또 동학농민군은 방포로 위협하며 감사로 취임한 뒤에 동학농민들을 살육하지 말 것을 요청했다. (결국) 더 이상 탈 없이 풀려나서 11월 30일에 부임할 것을 12월 1일에서야 부임하게 되었다."

이로보아 황해지역은 일시적이나마 동학농민군의 세상이 되었던 사실을 알 수 있다.

해주 지역 동학 참여자들의 최후

해주 감영 공격에 나선 지도자로 거론되는 이들로, 오응선(吳膺善), 최서옥(崔瑞玉), 이용선(李容善), 김명선(金明善), 임종현(林宗鉉, 異名: 鐘賢 宗玄), 최유현(崔琉鉉, 異名: 禹鉉), 성재식(成在植), 김구(金九), 최득수(崔得秀), 김영후(金永厚), 김사영(金士永), 강원보(姜元寶), 홍재우(洪在祐) 등이다.

이들은 해주성 전투 뒤에도 해주 수대산(水大山) 전투, 해주 수양산 전투에 참여했다. 이 밖에 신천, 재령, 송화, 장연, 해주, 죽천, 문화 등지를 석권하는데 앞장섰으며, 김구는 팔봉 접주로 해주성 공격을 주도했다.

강령 동학 지도자 성재식·최재호 체포와 처형 과정

『갑오군정실기(甲午軍政實記)』에 고양군수(高陽郡守) 정찬용(鄭贊容)의 보고에 성재식, 최재호의 체포 상황이 비교적 상술되었다. "강령 현감이 이달(11월) 28일에 본군(本郡 = 고양)에 도착하여 29일에 떠날 때 강령현의 동학 괴수 성재식(成在植)과 최재호(崔在浩)를 점외(店外)에서 우연히 마주쳤습니다. 이에 군교(軍校)와 나졸(羅卒) 여러 명을 보내 일본인들이 머무르고 있는 참(站)에 통지하여 함께 힘껏 그들을 체포하고 나졸을 정하여 압송하였습니다"라고 했다. 조선의 군교와 나졸의 힘으로 놓칠 우려가 있어 참에 주둔해 있던 일본군에게 통지하여 함께 체포한 정황을 보여준다. 또한 강령 현감이 "강령현의 동학 괴수 성재식(成在植)과 최재호(崔在浩)"라고 지목한 것으로 미루어 그동안 '성재식은 해주 동학 지도자, 최재호는 수원 동학 지도자'로 잘못 알려진 사실이 제대로 밝혀지는 셈이다.

경기 감사 신헌구기 보고에 "비괴 김개남, 성재식, 최재호, 안교선 등의 잘린 머리를 서소문 밖 네거리에서 3일 동안 매달았다가 김개남의 머리는 양호(兩湖) 지방에 조리돌리게 하고, 성재식의 머리는 해서(海西) 지방에서 조리돌리게 하라"라고 하였기에 김개남과 성재식의 머리는 양호와 해서에서 공문을 작성하여 나누어 보

이사벨라 버드 비숍이 『Corea and her neighbors(한국과 그 이웃나라들)』에서 '동학의 수급들(TONG-HAK HEADS)'의 내용에 실린 그림이다. (사진 출처: 김문자(나라여자대학 연구원), <전봉준의 사진과 무라카미 텐신(村上天眞)-동학 지도자를 촬영한 일본인 사진사->, 244쪽)

54 A TRANSITION STAGE CHAP.

had been sent to Seoul by a loyal governor. There I saw it in the busiest part of the Peking Road, a bustling market outside the "little West Gate," hanging from a rude arrangement of three sticks like a camp-kettle stand, with another head below it. Both faces wore a calm, almost dignified, expression. Not far off two more heads had been exposed in a similar frame, but it had given way, and they lay in the dust of the roadway, much gnawed by dogs at the back. The last agony was stiffened on their features. A turnip lay beside them, and some small children cut pieces from it and presented them mockingly to the blackened mouths. This brutalising spectacle had existed for a week.

TONG-HAK HEADS.

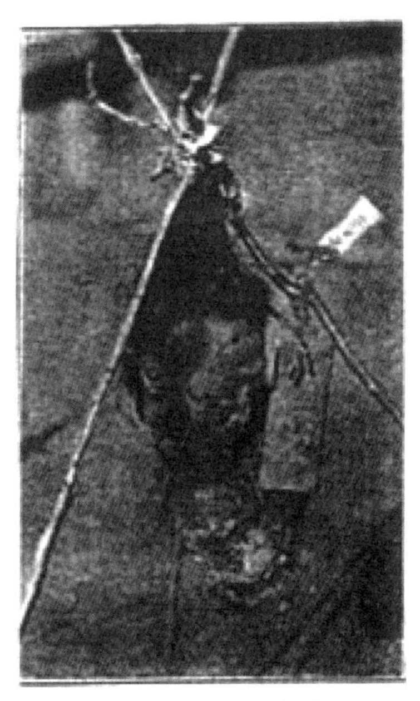
東學黨首領の梟首

냈으며, 내려보내는 길에 고양(高陽)과 수원(水原)을 경유하면서 구불구불한 길로 오지 말라는 뜻으로 "역자(驛子)에게 다짐을 받으라고 엄히 지시하였습니다"라고 하였다. 즉, 4명의 동학 지도자는 모두 감영을 점령한 중죄인으로, 김개남은 일찍이 전주에서 효수되어 그 머리가 한양으로 보내졌으며, 1894년 12월 23일 남벌원(南筏院, 현 충무로 부근, 혹은 동대문 수구문 밖)에서 목을 베어 서소문 밖 네거리에 3일간 효시(梟示)했다. 이 모습이 영국 여행가 비숍의 눈에 들어왔다. 이에 대한 사진을 일본인 사진사 무라카미가 찍었고, 목이 잘린 시신은 동대문 밖에 버려져 비숍의 눈에 들어온다. 머리는 경기감영에 보내져 각 지방 감영에 내려보내 다시 효시하여 경계하도록 했다. 김개남의 수급(머리)은 전주로 돌려보내져 여러 고을에 조리돌림이 되었고, 안교선의 수급은 수원, 성재식· 최재호는 해주 감영으로 각각 보낸 사실을 알 수 있다.

강령, 주로 신천, 재령, 송화, 장연, 해주 등지에서 전투

강령 출신 동학교도들은 주로 주변 고을인 신천, 재령, 송화, 장연, 해주 등지에서 전투를 벌인 것으로 확인된다. 성재식(成在植, 접주)은 수차례 관군과 전투를 벌인 뒤, 최재호(崔在鎬)와 함께 그해 12월 경기도 고양에서 체포되어 '해주 감영을 점령한 중죄인'으로 남벌원에서 처형되어 서소문 밖에 효시되었다.

곡산, 최재렴을 중심으로 활동

황해 곡산 출신 최재렴(崔在濂, 접주), 김정석(金鼎錫), 김영엽(金

永燁)은 1894년 황해도 곡산에서 동학농민혁명에 참여했고, 김영엽은 봉산에서 체포되어 1895년 3월 2일 재판을 받고 풀려났다.

문화, 7명의 접주를 중심으로 투쟁

정종혁(鄭宗赫, 접주), 윤기호(尹基鎬, 접주), 김익하(金益河, 접주), 강익주(康益周, 접주), 임주엽(林周葉, 접주), 이홍림(李興林), 박승화(朴承和) 등 7명의 동학농민군 지도자는 2차 봉기 때 황해도 신천, 재령, 송화, 장연, 해주에서 관군과 수차례 전투를 벌였다. 정해익(鄭海翼, 접주)은 동학농민혁명 2차 봉기 당시 황해도 백운지역에서 기포하여 활동했다. 변승명(邊承明, 접주)은 황해도 백천에서 봉기하여 황해도 신천, 재령, 송화, 장연, 해주 지역에서 관군과 수차례 전투를 벌였다.

해주성 전투 기록화. 황해도 동학농민군은 1894년 9월과 10월 두 차례에 걸쳐 해주성 공격에 나서 관·일본군을 상대로 치열한 전투를 벌였다.(사진 백범김구선생기념사업협회 제공)

봉산, 봉산 지역 동학농민군 중심으로 활동

봉산 지역 동학농민군 활동은 기록으로 전해지지 않지만 참여자 기록에 따르면 이 지역에서 기포한 동학 지도자로 이순서(李順西), 임중호(林仲浩), 김응종(金應鍾), 신석권(辛錫權), 신원천(申園天, 봉의포 접주) 등이 기록되었다. 이들은 1894년 가을에 봉기하여 황해도 신천, 재령, 송화, 장연, 해주, 강령, 문화 등지에서 관·일본군과 여러 차례 전투를 벌였다. 이 중 이순서는 1894년 12월 13일(음) 황해도 봉산에서 일본군에 체포되어 총살됐다.

황해도 봉산 출신 중에는 한원조(韓遠祚), 정영화(鄭永化), 한영화(韓永化), 한달중(韓達仲), 이봉준(李鳳俊), 이선도(李善道), 이동식(李東植), 박동번(朴東蕃), 김성오(金成五), 윤석겸(尹錫謙) 등이 체포되어 1895년 3월 2일 재판을 받고 무죄로 풀려났다. 그러나 장경현(張景賢)은 이 재판에서 비교적 무거운 '장팔십(杖八十)'의 처벌을 받았다.

송화, 방찬두·강필도 접주를 중심으로 활동

송화 지역 방찬두(方粲斗, 접주), 강필도(康弼道, 접주)는 송화에서 1894년 가을경 동학농민군을 이끌고 봉기하여 황해도 신천, 재령, 송화, 장연, 해주, 강령, 문화 등지에서 관·일본군과 수차례 전투를 벌였다. 강필도는 살아남아 1910년대에 『동학도종역사(東學道宗繹史)』를 집필했다.

신천, 4명의 접주 중심으로 투쟁

한화석(韓華錫, 접주), 유해순(柳海珣), 최지태(崔之泰, 접주), 전석환(全錫煥, 접주), 차익환(車翼環), 장응봉(張應鳳), 김유영(金裕泳, 접주)은 황해도 신천, 재령에서 1894년 가을에 봉기하여 황해도 신천, 재령, 송화, 장연, 해주, 강령, 문화 등지에서 관군과 여러 차례 전투를 벌였다.

안악, 김석구·김봉하 접주가 2차 봉기에 참여

김석구(金錫龜, 접주) 김봉하(金鳳河)는 1894년 1894년 10월 황해도 안악에서 봉기했다.

연안, 유근호(劉根浩)가 봉기했다가 처형

유근호(劉根浩)는 황해도 연안에서 동학농민혁명에 참여했다가 1894년 12월 서울에 압송되어 처형됐다. 연안 지역 동학농민군 활동은 연안부사 이계하(李啓夏)의 보고에서 확인된다. "평산(平山)의 동도가 이달 13일에 재령과 신천의 비류를 누천(漏川)장터에 소집한다고 합니다. 본읍이 평산과 거리가 가장 가깝기 때문에 지금부터 방어하고 엄히 경계를 하고 있습니다. 해주의 거괴 임종현(林鍾賢)이 비록 이미 귀화하였다고는 하지만 서변의 몇 읍은 아직도 흩어지지 않고 있으니 참으로 (앞날의 사태를) 헤아리기 어렵습니다. 소모관의 직책은 병사를 뽑는 임무이지만 지금은 모두 꿈쩍도 하지 않는 형국이므로 민심을 어떻게 해야 좋게 할 수 있을지 알 수 없으니 참으로 두렵고 걱정이 됩니다"라고 했고, "제(題): 일본 병사들이 연이어 출발하여 현재 해영(海營, 해주 감영)에 있다고 하니 사태에 따라 요청에 따르도록 하라"라고 답하여 정부는 전적으로 일본군 토벌대에 의존하고 있음을 알 수있다.

은율, 19 지도자가 봉기

9월 28일 조정의 전령에 은율 현감 박제홍에게 "도내 각 읍에서 방략을 세우도록 하고 때에 따라 적절하게 처리하되, 그들의 우두머리를 포위해서 사로잡고 그들의 소굴을 소탕하라"는 명을 내린다. 은율 지역에서는 윤도경(尹道京, 접주), 김준모(金俊模, 영장(領長), 박제희(朴齊希, 도집), 한영국(韓永國, 접사), 정육종(鄭六宗, 접사), 방계국(方季國, 접사), 여인대(呂仁大, 접사), 박성원(朴聖元, 접사), 서강순(徐江淳, 접사), 여규철(呂奎喆, 접사), 경내현(景乃玄, 접사), 황시우(黃時右, 접사), 권광일(權光一, 접주), 정낙운(鄭洛云, 접주), 경창일(景昌一, 접주), 김계문(金季文, 접주), 정남종(鄭南宗, 접주), 황시우(黃時右, 접사), 홍태모(洪太模, 영장) 등 19명의 지도자가 참여했다. 특히 김준모, 홍태모는 관아의 영장(領長)으로서 동학농민군 지도자로 활약했다는 특징이 있다.

장연, 김현일 등 6접주의 활약

황해 수사(黃海水使) 구연팔(具然八)의 보고에 "10월 28일에 해주 강령 옹진 장연 동도 수만 명이 본영에 모여들어 성문을 깨뜨리고 본영에 난입하여 총과 포를 마구 쏘아 대었습니다. 이어 군고(軍庫)를 부수고 안에 있던 총과 창·활과 칼·탄환·무기를 모두 탈취한 뒤, 각 관청(廳)에 멋대로 가서 영(營)과 부(府)에서 관장하는 문서를 모두 불태우고, 운주헌(運籌軒)과 각 관청, 교리(校吏)와 백성들의 집을 허물어뜨렸습니다."라고 보고하고 있다.

한편 조정에서는 황해 감사 조희일에게 "옹진(甕津) 강령(康翎) 장연(長淵) 등지에서 비도들이 발호하여 지렁이 떼처럼 엉켜 있다고 하는데, 이들을 토벌하여 그 일의 형편을 계속 빨리 보고하라."라고 재촉하여 긴박했던 장연 지역 동학농민군의 활동을 짐작할 만하다.

김현일(金賢一), 정도상(鄭道相), 문백심(文白心), 정양(鄭樑), 이윤세(李允世), 문학수(文學洙, 접주) 등은 1894년 가을 황해도 장연에서 기포하여 신천, 재령, 송화, 장연, 해주에서 관군과 수차례 전투를 벌였다. 이 중 김현일은 장연의 동학농민군 최고 지도자로 활약하다 피신했으며(인물지 김현일 참조), 문학수는 거짓 상여를 이용하여 빠져나와 황해도 곡산으로 피신했다.

그리고 1896년 5월 16일에 전양근(全良根) 등 5인이 장연에서 교형(絞刑)에 처해졌다는 기록으로 보아 동학농민혁명이 끝난 뒤에도 지속적으로 동학교도를 색출하여 처형했다는 사실을 알 수 있다.

재령, 재령에서 봉기하여 신천·재령·송화·장연·해주에서 활약

평산 부사(平山府使) 이창렬(李彰烈)의 보고에 "… 이달 12일 오시(午時)에 도착한 의병소의 공문 내용에, "휘하의 민군(民軍)을 인솔하여 누천참(漏川站)에 머물러 진을 치고 비류의 상황을 계속 정탐하였더니, 황주(黃州)와 재령(載寧), 해주(海州), 봉산(鳳山) 등 4

읍의 괴수 이용선(李用善)과 임종현(林鍾鉉) 성재식(成載植) 등 세 놈이 인근 읍에 통문을 내어 각자 총과 칼을 지니고 한 번은 기린역(麒麟驛)에서 모이고 또 한 번은 탁영대(濯纓臺)에서 모이기로 하였는데…"라고 보고하여 주변 지역 동학농민군과 연계한 활동 양상을 보여주고 있다.

또 12월 18일 황해 감사 조희일의 보고에 "지난달 29일에 감영으로 가는 길에 재령(載寧)에서 1천 명에 가까운 비도들을 만났는데, 각자 총과 칼 창을 지니고 좌우에서 날뛰었습니다. 우선 방(榜)을 가지고 타일러 보기도 하고 다음으로는 화복(禍福)으로 설명하자 모두들 귀화하고 싶다고 하였기 때문에, '위무하여 편안히 생업에 종사할 수 있도록 하겠다'면서 잘 타이른 뒤에 감영에 도착하였습니다…"라고 했다. 물론 자신이 당한 수모보다 동학농민군을 회유한 공을 내세우려는 의도가 엿보이지만, 재령 지역 동학농민군의 활동 양상을 엿볼 수 있다.

재령 출신 동학교도들은 재령은 물론 신천, 송화, 장연, 해주 등지에서 관·일본군과 여러 차례 전투를 벌였다. 특히 오영창(吳永昌, 접주), 최창우(崔昌祐), 원용일(元容馹), 안이정(安履貞), 성만기(成萬基) 강달조(姜達祚)는 1894년 가을에 동학농민군을 이끌고 봉기하여 신천, 재령, 송화, 장연, 해주 등지에서 관군과 여러 차례 전투를 벌였다. 특히 장달조는 하리(下吏) 출신 동학농민군 지도자로서 재령 지역에서 활동하다가 체포되어 황해도 해주옥에 수감되었으나 1896년 탈출하여 살아났다.

평산, 평산 동학농민군은 임종현의 휘하로 들어가 활약

평산 지역 동학농민군 활동은 평산부사(平山府使) 이창렬(李彰烈)의 보고에서 확인된다. "본 부의 유학 민영룡(閔泳龍)과 보부상(褓負商) 도반수(都班首) 백원규(白元圭) 등이 의병을 모집하여 비류와 접전을 벌여 8명의 머리를 벤 연유는 이미 보고하였습니다. 이달(12월) 12일 오시(午時, 오전 11시~오후 1시)에 도착한 의병소의 공문 내용에, "휘하의 민군(民軍)을 인솔하여 누천참(漏川站)에 머물러 진을 치고 비류의 상황을 계속 정탐하였더니, 황주(黃州)와 재령(載寧), 해주(海州), 봉산(鳳山) 등 4읍의 괴수 이용선(李用善)과 임종현(林鍾鉉)·성재식(成載植) 등 세 놈이 인근 읍에 통문을 내어 각자 총과 칼을 지니고 한 번은 기린역(麒麟驛)에서 모이고 또 한 번은 탁영대(濯纓臺)에서 모이기로 하였는데, 이달(12월) 11일 밤에 벽에 방문(榜文)이 하나 붙여진 것이 있어서 (누군가가) 그 방문을 가지고 잰걸음으로 (관아에) 달려가서 직접 출두하여 바쳤습니다." 라고 하여 누천참과 기린역에서 벌인 여러 지역이 연계한 동학농민군의 활동으로 짐작할 수 있다. 같은 보고에 "대저 이들 비류는 경기도 바깥의 반심(反心)을 이용하여 조정을 저주하고 조롱하며 마을을 놀라게 한 것이니 그 책임이 수령에게 있습니다. 참으로 황송하기 그지없습니다. 위의 방문을 베껴 올려 보내며, 도반수 백원규는 충의(忠義)를 떨치며 비류를 쫓아가 붙잡았으니 그 뜻이 가상합니다. 연안(延安)에 사는 이름을 알 수 없는 김가(金哥)는 직임으로 임명하려고 합니다. 임명에 관한 건은 처분을 기다리겠습니다.(『갑오군정실기(甲午軍政實記)8』 144쪽, 1894년 12월 19일자)"라고 하여 평산 부사가 민보군의 일정한 공을 보고하고 있다.

위의 내용을 보면 평산 출신 동학교도들은 황해도 해주 출신 최고 지도자 임종현(林宗鉉)의 휘하에서 활동한 것으로 보인다. 이 지역 참여자로는 이도여(李道汝), 김창서(金昌瑞), 이원약(李元若), 김상진(金尙辰), 이용손(李龍孫), 이치원(李致元), 조국경(趙國景), 이중칠(李仲七), 김양숙(金良淑), 홍성준(洪聖俊)이 있다. 이 중 홍성준은 김종현과 함께 동학농민혁명 지도자로 활약했다.

풍천, 2차 봉기 때 이달홍 · 손두순이 참여했다.

이달홍(李達弘), 손두순(孫斗淳)은 1894년 10월 2차 봉기 때 황해도 풍천에서 동학농민군을 이끌고 참여했다.

참여자 기록을 통해 본 황해도 동학농민군 활동

황해도의 참여자의 행적을 종합해 보면 황해도 동학농민혁명 활동은 동학교단의 재기포 선언이 있었던 9월 18일 이전부터 지역별로 활발하게 전개되었다. 이 지역 동학농민군 활동은 일본군의 토벌전이 전개된 시기인 11월, 12월까지 도처에서 산발적으로 끈질기게 이루어졌다. 심지어 2년 뒤인 1896년 7월에도 동학농민군이 체포되어 그해 9월 19일에 처형된 것으로 보아, 동학농민군에 대한 토벌전이 늦게까지 지속된 사실을 알 수 있다.

ㅁ김계조(金啓祚, 異名: 桂祚), 정영로(鄭泳路, 접주), 백낙희(白樂喜 교장), 전양근(全良根)은 1894년 7월 황해도 장연에서 동학에 입교하여 동학농민혁명에 참여했다가 1895년 10월 재봉기를 모의하다

체포된 뒤 1896년 4월 6일 처형되었다.

ㅁ황해도 해주에서 활동했던 김선장(金善長), 임종현(林宗鉉)은 1896년 7월에 체포되어 그해 9월 19일 처형되었다.

이 밖에 황해도 신천, 재령, 송화, 장연, 해주, 강령, 문화 등지에서 관군과 수차례 전투를 벌인 참여자로 김하영(金河榮), 김유영(金裕泳, 접주), 이규서(李奎瑞), 김낙천(金樂天), 임익운(林益運), 김익균(金益均), 곽홍(郭弘), 송주성(宋柱晟), 백신배(白信培), 민원장(閔元長, 접주) 등이 있다. 이 중 백신배, 민원장 두 지도자는 1894년 11월에 관군에 붙잡혀 처형되었고, 송주성은 황해도 구월산으로 피신했다가 전라도 충청도로 피신하여 살다가 1924년에 사망했다.

주요 사적지(황해도)

- 해주 동학농민군 죽천(竹川) 집결 터: (현 황해도 벽성군 장곡리) 동학 지도자 최서옥(崔瑞玉)이 이끄는 4, 5천 명의 동학농민군이 집결했다.
- 해주 죽산장(竹山場) 기포 터: 김구가 이곳에 모여 해주성을 공격했다.
- 해주 관아: 동학농민혁명 시기에 동학농민군이 두 차례 해주성을 점령했다.
- 취야장터 둔취 터: (현, 벽성군 국좌면 취야리) 황해도 동학농민군 수만 명이 취야장터에 둔취하여 시위했다.
- 누천(漏川) 장터 동학농민군 주둔지: 12월 13일에 재령과 신천 두 고을의 동학농민군이 둔취했다.
- 청계동 안태훈(安泰勳) 의려소: (현, 황해도 신천군 두라면 청계동) 동학농민군 토벌을 위한 의려소가 설치되었다.
- 황해도 해주 금천 안악(구월산), 싸움터: 의려소를 차린 안태훈(안중근의 아버지)이 동학농민군을 격파했다.

평안도 평안 감영도 황해도 동학농민군 활동에 호응

평안도의 동학농민혁명에 대해서는 별로 알려진 내용이 없으나 "1894년 10월 무렵 평안도 강서, 용강 등지에서 동학농민군이 기포했다"는 기록이 확인된다. 1894년 5월 20일 무렵에는 평안도, 함경도 원산 지역 주민들 사이에 "일본과 청국 간에 전투가 벌어졌으며, 일본군이 대패하여 죽은 사람이 수백 명"이라는 풍설이 돌았다는 기록이 있다. 이 풍설에 따라 "러시아군이 조선 국경을 넘어 들어 왔다"고 하여 청·일·러 3국의 개입으로 어수선했던 당시 국내외 정세를 짐작할 수 있다.

평안도 지역 동학농민혁명과 관련된 기록으로 "강계 지역에서 이백초(李白樵)가 동학농민군으로서 집회했다가 해산했다"는 기록과 1894년 6월 18일에 평양에서 활동하던 일본 정탐꾼이 주민들의 공격으로 부상을 입었다는 기록이 보인다. 또, 7월 4일에 평양에 청국 군대가 입성하고, 7월 8일 평양 감사 민병석이 군량과 포군 모집을 시작했다. 이로 보아 남녘의 동학농민혁명에 나름대로 긴박하게 대응하려고 한 정황으로 보인다.

8월 17일, 일본군이 평양성 전투에서 청군을 크게 물리쳤다. 그리고 다음 날인 8월 18일에는 '평안도 삼등현에서 일본 제2연대 토모다 나오조오(反田直藏) 등 4명이 주민들의 공격을 받아 상해를 입었다'는 기록으로 보아 평안도 지역 동학농민혁명은 주로 청일 전쟁과 관련된 반일 감정이 표출된 사건을 만날 수 있다.

평안도 감영도 황해도 동학농민군 활동에 호응했다

『고종실록』에 "고조(高祖) 대군주 폐하가 전 평안 감사 민병석(閔丙奭)을 원주목(原州牧)에 귀양 보냈다. 법무아문에서 조사 결과 동학농민혁명 당시에 감사의 신분에도 몸을 피하여 멀리 도망쳤고, 부신(符信, 관 도장)을 잃어버린 (죄를) 법조문에 적용시켰기 때문에 이 명령이 있었던 것이다"는 기록이 있다. 동학농민혁명 당시 평안 감영에도 동학농민군의 위협적인 움직임이 있었고, 위협을 감지한 평안 감사 민병석이 미리 관아를 버리고 피신한 것이다. 평안도 동학농민혁명 참여자 기록에 "이백초(李白樵)가 1894년 평안도 강계에서 동학농민군으로서 회집하였다가 해산했다"고 했고, "황찬수(黃贊洙)는 평안도 영유 출신으로, 동학농민혁명에 참여하여 전선을 절단하려다가 1894년 10월 황해도에서 일본 병사에게 체포되어 처형되었다"고 하여 일정한 활동을 엿볼 수 있다.

주요 사적지

- 평안 감영: 『고종실록』에 전 평안 감사 민병석(閔丙奭)이 원주목(原州牧)으로 귀양을 보냈다. 법무아문에서 (조사 결과 동학농민혁명 당시에) 감사의 신분에도 몸을 피하여 멀리 도망쳤고, 부신(符信)을 잃어버린 것으로 법조문에 적용시킨 죄목 때문이다. 이는 동학농민혁명 당시 평안도 감영에도 동학농민군의 위협적인 움직임이 있었다는 뜻이다.

함경도 함흥을 중심으로 활동

함흥을 중심으로 활동이 있었다

함경도의 동학농민군 활동은 제한적이지만 일부 기록이 보인다. 앞에서, 동학 창도 시기에 경주부서 접주였던 강원보가 함경도로 유배되어 일찍부터 동학이 전파되었을 것이라는 추정이 가능하다.

동학농민혁명 참여자 기록에 "김학수(金學水)가 함흥에서 동학농민혁명에 참여했다"는 내용이 보이고 "1896년 5월 25일 함흥부에서 최문환(崔文煥)이 동학 활동을 한 혐의로 처형되었다."는 기록을 통해 함흥 지역 동학농민혁명 활동을 만날 수 있다.

함경도 동학 활동에 대한 증언도 있다(동학농민혁명기념재단 증언록 참조). 동학농민군 박경순(朴京順, 1868-1907)이 함경도 단천군 수하면 하운승리에서 태어나 26세 때 동학농민혁명에 참여했으며, 뒷날 함경도 삼수에서 의병 활동을 하다가 사망했다는 사실이 확인되었다. 그러나 동학농민혁명 시기에 어디서 어떤 활동을 벌였는지는 구체적으로 전해지지 않았다. 증언자인 손자 박승일(朴承一) 씨는 단천군 수하면에서 태어나 중국 만주 목단강성 영안현 석

원산 중앙광장. 1894년 동학농민혁명 시기에 함경도에서는 함흥과 원산에서 동학농민군 활동이 확인된다.(사진 원산시민회 제공)

두촌에서 학교를 다녔고, 1·4후퇴 때 월남하여 자동차 서비스 공장을 하며 육해공군에 지프 범퍼를 만들어 납품하며 살았다.

원산 방촌에서 동학농민군과 일본 원산 수비대 전투

1894년 10월 17일에 일본군(山中부대)과 원산 수비대가 함경도 일대를 순찰했다는 기록이 나온다. 한참 더 지난 12월 13일에 일본군 원산 수비대가 원산에서 동학농민군 1명을 총살했다는 기록이 나온다. 그리고 같은 날 일본군 황주 병참부 수비병 20명이 원산 방촌에서 동학농민군과 전투를 벌여서 동학농민군을 격퇴했다는 전투 기록이 나온다. 이는 평양 아래 황주 병참 수비병이 긴급 출전 연락을 받고 원산 수비대와 합류하여 전투를 벌인 것으로 보인다.

주요 사적지

- 원산 방촌 전투지(현, 장소 불상): 1894년 12월 13일에 일본군 원산수비대가 원산 방촌에서 동학농민군 1명을 붙잡아 총살했다는 기록이 나온다.

기타 지역

개성, 김영하가 동학농민군 지도자로서 활약했다

황해도 아래 지역에 속하는, 오히려 경기 지역과 가까운 위치에 있는 개성에서 동학 활동이 확인된다. "개성에서는 김영하(金榮河, 異名: 永河)가 동학농민군 지도자로서 황해도 신천과 경기도 개성 등지에서 동학농민혁명에 참여했다"고 했다.

인물지

ㅁ김구(金九, 1876~1949): 본관 안동. 아명(兒名)은 창암(昌巖), 본명은 창수(昌洙), 구(九)로 개명했다. 1887년(11세)에 아버지가 집안에 세운 서당에서 한문과 한글을 익혔다. 17세 때 조선의 마지막 과거인 경시(慶試)에 응시하기 위해 해주에 갔다가 매관매직의 현실을 보고나서 과거 보기를 포기하고 집으로 돌아와 풍수지리서, 관상학, 병서 등을 읽으며 훈장을 지냈다.

김구의 동학농민혁명에 대한 기록은 그의 저서 『백범일지』에서 확인되는데, 김구는 1893년 동학의 평등주의에 감화되어 입도한 뒤 포덕에 힘을 기울여 접주가 되었다. 당시 김구는 동학접주로 신통력이 있다는 소문까지 돌아서 그의 연비에는 동학교도가 엄청나게 늘었다고 했다. 다음은 당시 정황 회고이다.

김구는 나이 열아홉에 동학의 정식 접주가 되었고, 보은 장내리에서 접주 임용첩을 받게 되며, 이곳에서 9월 18일 재기포 선언을 목도하고, 귀향길에 올라 충청도 광혜원 지역에 이르렀을 때 동학교도의 활동을 목격하고, 고향으로 돌아와 기포하여 해주성 전투를 치렀다.

그런데 김구의 보은 장내리 방문 기록은 1893년 최유현 등 황해도 대표가 보은 장내리에서 최시형으로부터 접주 임명을 받는 데 "계사년(1893년) 가을에 오응선, 최유현 등이 경통(敬通)을 받고 충청도 보은에 있는 해월 대도주를 방문하는 일행 열다섯 명에 자신도 선발되어 최시형과 손병희 등 동학 지도자를 만났고, 그곳에서 해서(海西) 수접주 첩지를 받았다"고 했다. 그러나 이는 갑오년(1894년)의 착오로 보인다. 왜냐하면 "우리 일행이 해월 선생 앞에 있을 때에 전라도 고부에서 전봉준이가 벌써 군사를 일으켰다."는 사실을 알게 되었으며, 그리고 충청도 광혜원에서 9.18재기포 소식에 대응하는 충청도 동학농민군의 움직임에 대한 목격담과 해주성 전투 기록이 개연성 있게 연결되기 때문이다.

김구는 해주성 전투에 대해 "팔봉산 밑에 산다고 해서 접 이름을 '팔봉'이라고 짓고 푸른 갑사에 '팔봉도소'라고 크게 쓴 기를 만들고, 표어로는 '척양척왜(斥洋斥倭)' 넉 자를 써서 높이 달았다"고 기술하고 있다. (이하 해주성 전투 기록 참조)

1895년, 김구는 남만주로 건너가 김이언(金利彦) 의병부대에 참여하여 일본군을 공격했으나 참패했으며, 을미사변이 일어나 명성황후가 시해되자 충격을 받고 1896년 2월 귀국하여 안악(安岳)으로 오는 도중 하포(河浦)에서 일본군 중위 쓰치다(土田壤亮)를 때려죽인 뒤 집에서 은신하다가 체포되었다. 1897년 사형이 확정되어 집행되기 직전에 고종의 특사로 형 집행이 정지되었으나, 일본공사 하야시(林權助)의 압력으로 한동안 출옥하지 못했다.

김구는 1898년 출옥하여 삼남일대를 떠돌았다. 이 시기에 최시형의 은거지였던 김천 복호동(현, 천도교 복호동수도원, 김천시 구성면 용호리 295번지)에도 머물렀으며, 영천 은해사를 비롯하여 하동 쌍계사(雙溪寺)를 전전하며 피신생활을 했다. 그해 가을 공주 마곡사(麻谷寺)에서 승려가 되었으며, 서울의 새절을 거쳐 평양 근교 대보산(大寶山) 영천암(靈泉庵)의 방주가 되었으나, 1899년 환속하여 생애의 대부분을 독립운동에 헌신했다.

□ 성재식(成在植, 異名: 載植, ?-1894): 황해도 강령의 동학농민군 지도자로, 1894년 11월 황해도 해주에서 동학농민혁명 전투에 참여했다가 경기도 고양에서 체포되었다. 안교선, 최재호와 함께 남벌원에서 처형되었고, 서소문 밖에 효시되었다. 그의 몸통은 동대문 밖에 버려졌다가 영국 여행가 비숍에 의해 발견되었다.

□ 임종현(林宗鉉, 異名: 鐘賢 宗玄, ?-1896): 황해도 해주의 동학농민군 지도자로, 1894년 10월 6일에 해주에서 기포하여 '읍폐민막' 시정과 동학 허용을 요구했고, 황해도 강령, 문화, 재령, 달천 등지에서도 활동했다. 11월 6일 해주성을 점령했다가 11월 27일 철수했다. 1895년 4월 1일 어은동 일본군 병참부 보고에 "임종현 등은

가족을 이끌고 종적을 감추었는데, 함경도와 평안도로 잠행했다는 풍설이 있으며…"라고 했다.

ㅁ 최재호(崔在鎬, ?-1894): 황해도 강령의 동학농민군 지도자로, 1894년 11월 황해도 강령 해주 등지에서 동학농민혁명전에 참여했다. 경기도 고양에서 성재식과 함께 체포되어 성재식 안교선과 함께 남벌원에서 처형되었고, 서소문 밖에 효시되었다.

ㅁ 최유현(崔琉鉉, 異名: 崔禹鉉, 접주): 황해도 해주에서 동학농민혁명에 참여했고, 1894년 가을에 동학농민군을 이끌고 기포하여 황해도 신천, 재령, 송화, 장연, 해주에서 관군과 수차례 전투를 벌였다. 동학이 천도교로 바뀔 때 시천교로 갔다.

ㅁ 강필도(康弼道, ?-?): 접주로서 황해도 송화에서 동학농민혁명에 참여했고 1894년 가을에 봉기하여 신천, 재령, 송화, 장연, 해주에서 관군과 여러 차례 전투를 치렀다. 살아남아 1910년대 『동학도종역사(東學道宗繹史)』를 집필했다.

ㅁ 김현일(金賢一, ?-?): 황해도 장연 지역 동학농민군 지도자. 김현일의 6대조는 서울에서 벼슬살이를 하다가 낙향하여 황해도 장연군 신막에 거주하면서 그 후손이 집성촌을 이루었다. 일찍이 김현일은 큰 뜻을 품고 평양으로 가서 큰 한약방에서 심부름을 하면서 한약 제조법을 배웠고, 17세에 주인집 딸과 결혼하여 고향인 장연으로 돌아와 한약방을 크게 운영했다. 일설에 의하면 대궐을 헐은 재목을 가져다가 12대문 99칸 집을 지을 정도로 부유했다. 동학농민군 지도자 김현일은 체격이 장대했다고 했다. 김현일이 한의사를 할 때 소들이 병들었는데, 그 소를 사들여 연구하기도 했

다고 한다. 그의 부인도 의술을 알아서 여자들의 병을 고쳐주었다.

증언자인 김현일의 손자 김인철은 13세 때 아버지가 세상을 뜨고, 큰아버지 김낙균을 통해 조부 김현일의 활동에 대해 전해 들었다. "조부가 꽤 부유한 생활을 했는데, 수백 명의 군사를 거느리고 있어서 하루에 쌀 수십 가마를 들여서 밥을 해먹였다고 해요. 호말을 타고 긴 칼을 차고 군사를 모으러 다녔고, 집 지하실에 못된 양반을 잡아다 쌀 수십 석씩 받아내 동학농민군의 밥을 해먹이고, (양반이) 말을 듣지 않으면 때리고, 고문을 했다고 해요. 조부는 무관 역할을 했는데, 문관 역할을 한 사람이 따로 있어서 큰아버지와 아버지에게 글을 가르쳤다더군요. 뒤에 관군이 쳐들어오자 조부는 강경(전라도인지 함경도인지 지명이 확실하지 않음)으로 피신한 뒤 소식이 끊겼어요. 부인은 관군에 붙잡혀 때리고 죽이려 했으나, 더 높은 사람이 '아무것도 모르니 죽이지 말고 살려주라'고 해서 살아났다고 해요."

그 뒤 김현일의 아내는 고향을 떠나 두 아들을 데리고 진남포 억양리로 피신했고, 구멍가게 같은 것을 차려서 생계를 꾸려갔다. 현재 김현일의 부인 묘가 보통강변에 있다고 했다. 증언자 김인철은 1·4후퇴 때 전라북도 부안 개화도로 피난하여 부안농고를 졸업하고 기독교의 목회 일을 했다. 큰아버지가 일제 말에 고향에 잠깐 들렀는데, "옛날 살던 집이 사당처럼 그대로 있었다"고 전해 주었다고 한다. 지금도 그 집이 남았다면 동학 지도자 김현일의 집이 남아있는 셈이다.

부록

동학 및 동학농민혁명사 일지

* 각종 동학농민혁명사 사료 중 영향을 줄만한 사건을 일 별로 추렸다.
* 사건의 비중에 따라 순서를 정하되, 비중은 필자 임의에 따랐다.
* 날짜 미상(00일)은 그 달 앞에 두었다.
* 모든 날짜는 음력 기준이며 양력을 병기하였고, 1895년부터는 양음력이 뒤섞여 쓰였다.
* 원문을 기준으로 요약하되, 용어는 시의에 맞게 고쳤다.
* 중복 되는 인물과 사건은 사료마다 차이가 있기 때문이다. 특히 인물은 이명을 쓰는 경우도 많다.

1860.04.05 최제우 동학을 창도
1861.06.00 최제우 포교활동 시작/ 최시형이 입도하여 월 3-4회 지도를 받음
1861.11.00 최제우, 관의 지목을 피해 전라도 남원 은적암에 머물면서 경전 집필
1862.06.00 최제우, 남원을 떠나 경주로 돌아옴
1863.08.15 최시형, 최제우로부터 동학 도통을 이어받음
1864.01.00 최시형, 관의 지목으로 일월산 용화동 상죽현(上竹峴)으로 피신
1864.03.10 최제우 대구 장대에서 좌도난정(左道亂正)의 죄목으로 처형됨
1869.02.00 강원도 양양 교도 최희경 김경서 용화동으로 최시형을 찾아옴
1869.03.00 최시형, 박춘서를 대동하고 강원도 양양지방을 순방함
1869.04.00 이필제, 진천에서 변란 모의가 사전에 발각됨
1869.12.21 이필제, 남해에서 변란을 기도하다 실패
1870.02.28 이필제, 덕산에서 변란 재기도하나 실패
1870.10.00 동학교도 공생(孔生)이 최제우의 유족을 영월 소밀원으로 이주시킴/ 이필제가 최시형을 찾아가 교조신원운동 동참 촉구
1871.03.10 이필제, 영해 관아 습격
1871.03.15 이필제가 영해민란에 실패하자 최시형 강시원 단양으로 피신
1871.08.02 이필제의 문경작변 실패로 체포/ 최시형 영해 교조신원 사건으로 다시 관의 심한 지목을 받음
1871.12.24 이필제, 서울에서 처형되어 서소문밖에 효시
1872.01.00 최제우의 장남 세정 강원도 양양에서 체포
1872.01.28 최제우 유족 영월 소밀원에서 영월 직동 박용걸 집으로 피신
1872.03.00 강원도 인제에 살던 세청의 처당숙 김광문 가족을 영춘으로 피신시킴/ 최제우의 차녀와 세정의 처, 인제에서 체포
1872.04.09 최시형, 강수 전성문과 함께 정선 무은담 유시헌 집에 은신
1872.05.12 최제우의 장남 세정 양양에서 장사당함
1872.09.00 최시형, 관의 지목으로 최제우의 유족을 정선 싸내로 이주시킴
1872.10.16 최시형 강수 유시헌 전성문 등 갈래산 적조암에서 49일 수련
1874.04.00 최시형, 단양 남면 사동에 정착
1875.01.00 최제우의 차남 세청. 영월 소밀원 장기서의 집에서 병사
1875.10.18 단양 남면에서 설법제 창설
1876.04.00 최시형, 인제 접주 김계원 집에서 설법제 지냄
1876.07.00 최시형, 영해민란 때 행방불명된 손씨 부인, 6년 만에 단양에서 재회

1879.03.26 최시형, 강시원과 김연국을 대동하고 강원도 영서지방 순방

1880.05.09 인제 갑둔리 김현수 집에 『동경대전』 간행을 위한 각판소 설립

1880.06.14 『동경대전』 간행 완료

1881.06.00 단양 천동 여규덕 집에서 『용담유사』 간행

1881.08.00 충청도 출신 동학 지도자들 최시형을 찾아와 지도 받기 시작

1881.10.00 최시형, 정선 무은담 유시헌 집에서 유시헌과 함께 49일 수련

1883.02.00 목천 김용희 김화성 김성지 등이 『동경대전』 1천여 권 간행

1883.03.00 서인주 황하일 손천민 손병희 박인호 등 동학 지도자 최시형을 찾아옴

1884.06.00 최시형, 전라도 익산 미륵산 사자암에서 4개월 수련 및 비밀 포교활동

1884.10.00 최시형, 공주 가섭사로 피신하여 수련

1885.06.00 충청관찰사 심상훈과 단양군수 최희진 동학교도에 탄압 시작, 이에 최시형 단양 송두둑에서 보은 장내로 피신

1886.06.00 최시형, 상주 전성촌에서 포교활동을 전개

1887.01.15 최시형의 장남 덕기, 충청도 청주 음선장의 차녀와 결혼(음선장의 장녀는 이미 서장옥과 결혼)

1887.03.30 최시형, 보은 장내로 이주, 육임소를 설치하고 육임을 임명

1888.01.00 최시형, 삼례에서 비밀 포교활동을 펼침

1889.07.00 동학에 대한 탄압으로 육임소 폐지

1889.10.00 동학 지도자 서인주(서장옥) 강한형 신정엽 방병구 정영섭 조상갑 등이 체포되고, 최시형 강원도로 피신

1890.00.00 최시형, 인제에서 모금한 5백금을 서인주 석방금으로 보냄

1890.07.00 최시형, 강원도 인제 간성 양구 등지를 전전하며 피신 생활함

1890.08.00 최시형, 충청도 공주 활원(弓院)으로 피신

1890.09.00 최시형, 충청도 진천 금성동으로 피신

1890.11.00 최시형, 경상도 김산 복호동에서 내칙 수도문을 제정하여 발표

1891.01.00 최시형, 진천 금성동으로 다시 피신

1891.02.00 최시형, 공주 신평(薪坪)으로 피신

1891.05.00 백정출신 남계천을 호남좌우도 편의장에 임명하자 김락삼 등 16포 도인들이 최시형에 항의했고, 최시형은 이를 설득 지도

1891.05.07 최시형, 익산 부안 고부 태인 금구 전주 등지를 순회하며 교도 지도

1891.07.00 최시형, 전라도 순회를 마치고 공주 신평(薪坪)으로 돌아옴

1891.12.00 최시형, 충주 외서촌 신재련 집으로 이주
1892.01.00 최시형, 충청도 진천 부창리로 다시 피신
1892.02.28 최시형, 육임임명을 중지하라는 통문을 각 지방 접주들에게 하달
1892.03.00 함경도 덕원에서 수령의 수탈로 전직 관리 엄익조 주도로 농민들이 봉기하여 수령을 위협하고 인가를 훼손
1892.05.00 최시형, 상주 왕실로 피신
1892.07.00 서인주 서병학이 최시형에게 찾아가 교조신원운동을 건의하자 시기상조라며 거절
1892.08.21 최시형, 청주 송산 손천민 집에 머뭄
1892.10.17 최시형, '북접주인(北接主人)' 이름으로 입의통문(立義通文) 하달
1892.10.20 교조신원을 위한 공주집회 개최, 충청감사 조병식에게 의송단자(議送單子) 제출
1892.10.22 충청감사 조병식 제음(題音)을 하달
1892.10.24 충청감사 조병식 군현에 동학금단을 구실로 침학행위를 금지하라는 감결 하달
1892.10.27 전라감사에게 의송단자 제출을 위해 삼례도회소 이름으로 경통 하달
1892.11.01 삼례취회, 교조의 신원과 관리들의 교도 탄압금지를 호소, 의송 제출
1892.11.19 동학교도, 복합상소(伏閤上疏)할 것을 주장
1892.11.21 전라감영, 감결 재차 하달
1893.01.00 최시형, 청주군 산동면 용곡리 권병덕 집에 머물며 광화문복합상소를 결단하여 봉소도소를 청주 솔뫼 손천민 집에 설치
1893.02.01 서병학, 광화문복합상소를 위해 먼저 상경
1893.02.07 동학교도들, 외국인 배척 격문을 각국 공사관에 발송
1893.02.08 강시원 등 과유(科儒)로 위장하여 상경 시작/ 서울 최창한의 집에 봉소도소를 정함
1893.02.10 삼례교도들, 전라감사에 척외양 의송 제출
1893.02.11 박광호, 손병희 교도대표 40여 명 광화문 앞에서 엎드려 상소문 올림
1893.02.13 국왕의 해산요구 교지 하달
1893.02.14 동학교도 기포드(Gifford)학당에 서교 배척 방문 게시/ 최시형의 지시에 따라 해산, 동학교도들 하향
1893.02.20 동학교도 프랑스공관에 서교 배척 방문 게시

1893.02.26 일본변리공사, 전라감사의 전보 보고
1893.02.28 고종, 동학소두 체포를 지시
1893.03.02 일본 상려관에 일본인을 배척하는 격문 게시
1893.03.03 서울에 북접창의소(北接倡義所) 이름으로 '척왜양' 방문이 나붙음
1893.03.06 부산성문에 '척왜양' 통문 게시
1893.03.10 최시형, 보은집회를 결정하고 통유문 내림/ 보은 관아에 통문 게시
1893.03.11 보은 장내리에 모인 동학교도들 돌성을 쌓고 진(陣)을 만듦/ 금구 원평에서 대규모 집회 개최
1893.03.16 동학지도부, 내부의 질서유지 위한 통유문 게시
1893.03.20 금구집회의 일부 교도 보은으로 이동하여 합세
1893.03.22 동학교도, 보은 상주 수령에게 군량 군기 요청/ 보은군수, '보은집회' 해산 요구
1893.03.23 보은군수와 동학교도의 대담
1893.03.26 어윤중, 보은집회에 찾아가 국왕의 효유문 전달/ 경기 수원 용인의 동학교도 3백여 명 보은 도착
1893.03.27 어윤중, 재차 보은집회 해산 지시
1893.03.28 경기 수원접 청산 장재평에 설진, 다음날 장내(帳內)로 이동
1893.03.30 일부 동학교도는 귀가, 일부 교도는 오히려 몰려들기도 함
1893.04.00 동학도들 지례 삼도봉에 재집결
1893.04.01 국왕의 두 번째 효유에 보은집회 해산 결정
1893.04.02 보은집회 해산 시작
1893.11.30-1/6 사발통문작성, 고부군수 조병갑에게 등소, 조병갑 익산군수로 발령
1893.12.00 전봉준 등 60여 명이 11월부터 2차에 걸쳐 고부군수 조병갑에서 만석보 수세 감면 등 학정에 대한 시정을 요구
1894.01.09 조병갑 고부에 재부임
1894.01.10 전라도 동학교도 고부 관아 점령 이서배 징치(懲治)
1894.01.12 고부 동학농민군 말목장터로 진을 옮김
1894.01.17 전라도 고부 농민들의 만석보 파괴
1894.02.15 조정, 고부군수 박원명, 안핵사 이용태에게 고부봉기를 수습케 함
1894.02.19 안핵사로 파견된 장흥부사 이용태의 무단 민원 수습으로 민요(民擾) 재기(再起) 시작
1894.02.20 전봉준, 전라도 각지로 '창의격문' 발송

1894.02.25 전라도 순천 민란 발발
1894.02.28 전라도 영광 민란 발발
1894.03.00 경상도 김해에서 부사의 침탈로 인해 농민들 봉기, 관아 습격/ 동학농민군 부안 백산으로 본진을 옮김. 호남창의대장소 설치, 전봉준을 대장으로 추대, 동학농민군 4대 행동강령 선포
1894.03.01 전봉준, 줄포의 세고(稅庫) 파괴
1894.03.03 동학농민군 고부 동학농민군 기본세력 해산/ 최맹순 예천 소야에 설접 포교/ 중앙정부 민씨 정권, 개화파 탄압 시작
1894.03.08 충청도 금산 진산 회덕 진잠 옥천 청산 영동, 동학교도 봉기
1894.03.10 전라도 전봉준, 사냥꾼들로부터 총기 징수
1894.03.11 전라도 동학농민군 부안으로 이동
1894.03.12 동학농민군 충청도 금산에서 동학도 수천 명이 몽둥이를 들고 흰 수건을 쓰고서 관아로 몰려들어 아전의 집을 불태움
1894.03.13 전라도 고부봉기 참여자들 완전 해산
1894.03.16 전라도 동학농민군 당산(堂山)에 집결
1894.03.18 전라도 동학농민군의 증가, 군기 군량 준비
1894.03.20 동학농민군 무장에서 1차 기병, '무장포고문' 발표/ 최맹순 예천 소야에 설접 포교
1894.03.21 전라도 고창의 동학농민군 분산 이동, 구폐교정절목(捄弊矯正節目)
1894.03.22 전라도 고창 주둔 동학농민군 홍덕으로 향함
1894.03.23 동학농민군 3천여 명의 고부 입성, 폐정개혁요구 격문 게시
1894.03.24 전라도 동학농민군 군기 탈취 후 태인, 금구로 향함/ 전라도 제주 동학농민군 사포 상륙
1894.03.25 전라도 동학농민군, 원평 백산에서 숙영/ 조정, 호서 호남 영남의 취당 엄단을 명함, 백산으로 본진을 옮김. 호남창의대장소 설치, 전봉준 대장으로 추대, 동학농민군 4대 행동강령 선포
1894.03.28 동학농민군 태인 관아로 들어가 군기를 탈취함
1894.03.29 전라도 동학농민군, 태인읍 진입 후 금구 이동/ 중앙정부 장위영정령관 홍계훈, 전라병사로 임명
1894.04.00 김산군수 동학협의자 대구 감영으로 이송
1894.04.01 전라도 고부의 일부 동학농민군, 부안 이동/ 태인의 동학농민군 원평으로 이동/ 전라도 진산, 옥천에 동학농민군 집결/ 충청도 충청병사 이용복 동학농민군 토벌계획 보고

1894.04.02 동학농민군 수천 명 진산 방축리와 옥천 서화면에 모여서 읍내에 돌입/ 동학농민군 홍계훈 양호초토사 임명/ 전라감영군 백산으로 출동/ 전라도 동학농민군 부안공형에게 폐정 시정 요구/ 전라도 부안현감 이철화(李喆和)의 보고/ 전라도 진산의 동학농민군, 보부상의 공격으로 큰 타격 입음/ 중앙정부 홍계훈을 양호초토사(兩湖招討使)로 임명/ 관군, 금산군으로 병정과 포군을 보냄/ 관군, 김제 등 7개 읍에 동학농민군 섬멸 지시

1894.04.03 관군, 홍계훈 부대 인천항 도착, 감리서에 4일 출발 통고, 전라도 금구의 동학농민군 후퇴하여 태인으로 이동/ 고종 창덕궁으로 거처를 옮김/ 전라감영군 이경호 지휘로 백산으로 출동

1894.04.04 동학농민군이 부안·금구 등을 점령하고 법성포 등지에 통문을 돌려 궐기할 것을 호소/ 전라도 감영 중군, 태인 금구 등지에서 동학농민군 진압/ 양호초토사 홍계훈이 이끄는 경군 800명을 이끌고 인천항 출발/ 원세록, 이두황 부대 호남으로 이동/ 전라도 '본도대장 서(本道大將 徐)'의 명으로 방문/ 전라도 부안의 동학농민군, 법성포 이향에게 통문 전달/ 전라도 태인 동학농민군, 부안에서 합세/ 조정 농민반란수습책, 선 탄압 방침 재확인

1894.04.05 관군 원세록 이두황 군산포에 도착/ 전라도 부안의 동학농민군 성황산으로 이동/ 전라도 정읍의 동학농민군 부안의 대열에 합세/ 전라도 진잠의 평민들 동학교도들의 집 보복 파괴

1894.04.06 동학농민군이 전주감영 관군 700여 명과 포수·보부상대 600여 명을 황토현 전투에서 격파/ 관군 홍계훈 부대 군산에 도착하여 임피에서 숙영, 공주 공형에 통지/ 전라도 부안현감 이철화, 구금에서 풀려남

1894.04.07 황토재에서 감영군 격파, 정읍 관아 점령/ 홍계훈 완산 도착 전주성 입성, 전주감영군 동학동민군 패배 소식 접함/ 일본군 이지치 고스케 부산에 파견/ 전라도 동학농민군, 동복현 재공격/ 전라도 동학농민군, 정읍 관아 공격/ 전라도 황토현전투 직후 부안 근처의 수령들 도피/ 충청도 충청 감사 조병호, 조정에 전보

1894.04.08 관군 동학농민군 백여 명 체포/ 관군 홍계훈 전라도 53주에 감결 발송/ 관군 홍계훈, 전라도관찰사에게 공문 발송/ 충청도관찰사, 충청병사 이용복에게 감결 발송/ 동학농민군 홍덕 고창 군아 점령/ 회덕현감, 충청감사 조병호에게 동학농민군 움직임을 보고/ 김학진 신임

전라감사에 제수

1894.04.09 전라도 고창의 동학농민군 무장 관아 공격, 점령/ 동학농민군 옥과 관아 습격/ 충청감사, 동학농민군 진잠 이동 보고/ 홍계훈, 중영장에게 전령/ 홍계훈, 충청도 병영과 수영 각 읍에 감결/ 관군 원세록에게 공주로 이동 명령

1894.04.10 전라도 무장의 동학농민군, 관아에 난입/ 홍계훈, 금구 태인 정읍 홍덕 나주목(羅州牧) 장성부에 전령/ 홍계훈, '외병 차용 방안' 정부에 전보/ 홍계훈, 전주 영장에게 감결/ 완영 우영관 이경호, 동학농민군 사살/ 관군 회덕에서 동학농민군 대파

1894.04.11 금구현 군정 100여 명 초모, 모두 도망/ 원세록 군대, 태인읍 주둔. 김시풍 등 효수/ 전주감영군, 모집 장병과 보부상에게 지원 명령/ 관군, 정석희(鄭錫禧) 동학농민군 체포하여 3명 처형 67명 훈방 조치/ 홍계훈, 53주에 감결/ 홍계훈, 출전 대관교장에게 전령/ 통문전달 동학교도 침탈자 체포 명령

1894.04.12 동학농민군 무장 출발하여 영광 관아 점령/ 이희준(李羲駿) 금국(錦局)에 파견/ 태인 주둔 부대에 통지, 수성을 명함/ 통위병 500명 등 지원 요청/ 향군과 경군, 도망자 수 증가/ 홍계훈, 전라도 관찰사에 공문/ 홍계훈부대, 영광의 동학농민군 동정 파악/ 동학농민군 무장 출발하여 영광에 도착하여 군기 군량 탈취/ 전라도 동학농민군 지도부, 영광에서 행동준칙 하달/ 동학농민군, 영광 일대에서 4일간 유진

1894.04.13 전라도 동학농민군, 부안 홍덕 고부 정읍 등지로 흩어짐/ 관군 감영병사 400여 명을 보냄/ 홍계훈, 병영과 좌우수영에 감결/ 홍계훈, 전라도 관찰사에게 공문/ 홍계훈, 전주 영장 전주판관에게 전령/ 일본 군함 대화환(大化丸) 출항

1894.04.14 전라도 동학농민군, 한양호 공격/ 관군 심영병사 법성포에서 하선/ 이두황, 금구 태인 홍덕 등지로 이동/ 홍계훈, 금구 태인 홍덕 정읍 고창 보부상과 상인들에게 전령/ 홍계훈, 호서 54주에 감결/ 홍계훈부대, 동학농민군 동정을 정탐

1894.04.15 홍계훈, 금구현령에게 전령/ 홍계훈, 익산군수를 운량관(運糧官)으로 임명/ 조정, 전 고부 안핵사 이용태를 견파(譴罷)

1894.04.16 동학농민군 영광 출발하여 함평 점령하고, 초토사 홍계훈에게 봉기 목적을 알리는 글을 보냄/ 전라도 동학농민군, 경군 남하소식에 영

광 함평으로 분산

1894.04.18 전봉준 나주 공형에게 통문을 보냄/ 함평의 동학농민군 일부, 무안 접경으로 진입/ 홍계훈 전주성 출발하여 21일에 영광 도착/ 일본 스기무라, 동학농민전쟁에 대한 조정의 대응책 예상/ 조정, 전라감사에 신임 김학진 임명/ 중앙정부 호남 민인에게 효유문 하달

1894.04.19 전봉준 함평에서 초토사에 원정서 보냄/ 전라도 무안의 동학농민군 함평으로 이동/ 함평에 모여 있던 동학농민군이 양호초토사 홍계훈에게 군전, 환전, 세미 등 8개 조항을 내걸고 폐정개혁을 요구/ 심영의 병사들, 군산창(群山倉) 도착/ 심영의 병사들, 웅연(熊淵) 도착/ 홍계훈, 고창현 정읍현에 도착/ 홍계훈, 나주로 이동할 것을 보고

1894.04.20 홍계훈, 나주 목사에 전령/ 홍세훈, 함평진입 계획 공사청에 보고

1894.04.21 전봉준 동학농민군을 나주와 장성으로 진격/ 충청도 청산의 동학농민군, 무장으로 문장(文狀) 발송/ 관군 초토사 일행 영광으로 이동/ 전 고부 안핵사 이용태를 체포하여 유배지로 압송

1894.04.22 전라도 동학농민군, 장성 황룡촌 주둔/ 관군 홍계훈, 병영과 순창·광주·나주 등지로 전령/ 홍계훈, 장성의 동학농민군 정황 파악

1894.04.23 동학농민군 장성 황룡촌에서 경군 격파/ 관군 종사(從事) 이효응, 윤음으로 수차례 효유/ 홍계훈, 출진 대관에게 전령

1894.04.24 전라도 동학농민군 장성 정읍에서 숙영/ 고종, 김학진에게 '비적 탄압 명령/ 홍계훈, 고창현에 도착/ 관군 황룡강전투 후, 군사를 돌려 갈재를 넘어 전주로 향함

1894.04.25 동학농민군이 정읍 태인 원평 점령, 원평 금구 일대에서 숙영/ 중앙정부 충청감사 조병호, 경상 감사에 임명

1894.04.26 동학농민군 전주 삼천에 주둔/ 전라도 동학농민군, 두정(豆亭)에 도착 관군 홍계훈, 정읍현 도착/ 조병호, 조정에 충청도 동학농민군 동태 보고

1894.04.27 동학농민군 전주성 점령, 전라도 감사 김문현 도망/ 조정, 이원회 양호순변사로, 엄세영 삼남염찰사로 임명/ 관군 홍계훈, 금구현에 도착/ 전라도 동학농민군, 원성의 대상 효수 후 해산 선언/ 중앙정부 대호군 이원회(李元會)를 양호순변사로 차하

1894.04.28 홍계훈, 용두현에 도착하여 완산에 설진, 전주성 공격했지만 함락에 실패/ 전주 서문 밖 민가를 불태움/ 동학농민군, 전주성 방화/ 중앙정부 민영준, 원세개에게 차병 방안 제의/ 충청 감사 조병호, 조정에

전보
1894.04.29 전라도 관군, 회선포 발사 동학농민군 사살/ 경상도 송래상 이명구, 호남의 소요 전파 상황 보고/ 중앙정부 원세개에게 정식으로 차병 요구서 전달/ 충청감사 조병호, 청산의 동학농민군 상황 보고
1894.04.30 조선 정부, 청나라에 정식으로 청병 차병 공문 발송/ 관군 이원회를 순변사로 임명/ 홍계훈, 여산 부사에게 전령
1894.05.00 일본인, 동학농민군 재봉기 경위 조사/ 전라도 청대인 대관 이응천, 담양에서 효유
1894.05.01 전라도 관군, 화선포 발사 동학농민군 사살/ 조정, 이중하를 중국군함의 영접관으로 임명/ 관군 순변사 임명, 완영으로 파견/ 진남영에서 탄약 20궤, 병력 100여 명 출발/ 홍계훈, 각 읍에 전령
1894.05.02 전라도 전봉준, 관군공격에 동학농민군 동요 진정 노력/ 관군 동학농민군 수백 명 체포/ 청국 섭지초(葉志超)가 청군 1,500명을 이끌고 인천에 도착/ 일본군 오오토리 공사, 조선에 출병/ 일본군 참모본부에 대본영 설치하고 제5사단에 동원 명령 하달
1894.05.03 홍계훈, 완산에서 동학농민군 수백 명 살상, 군기 탈취/ 충청 감사 조병호, 조정에 전보/ 일본, 스기무라 등 청병파견 중지와 민씨 정권 퇴진 모의
1894.05.04 전라도 동학농민군, 홍계훈에게 '27개조 폐정개혁안' 전달/ 전라도 동학농민군, 홍계훈에게 '귀화할 뜻' 전달/ 동학농민군 조병갑, 강진 고금도에 유배/ 일본정부, 청국에 조선 출병 통고
1894.05.05 전라도 동학농민군, 김학진에게 화약 요청 문장 전달/ 관군 홍계훈, 동학농민군 측에 두 차례의 효유문으로 해산 종용/ 청군 선발대 910명이 섭사성(聶士成)의 인솔로 아산 상륙
1894.05.06 오오토리 공사 인천항 상륙, 일본 해군중장 이토 스케유키(伊東祐亨)가 군함 2척을 인솔하여 인천 상륙
1894.05.07 관군과 동학농민군 사이에 전주화약 성립/ 전라도 동학농민군, '국왕에게 폐정개혁안 보고' 재차 요청/ 전라도 동학농민군, 김학진의 효유문에 대한 답서 전달/ 관군 청국의 섭통령, 섭제독 상륙/ 일본공사 오토리 게이스케(大鳥圭介)가 육전대 420명과 포 4문을 이끌고 서울 입성
1894.05.08 전라도 동학농민군, 김제 거쳐 백산으로 이동/ 관군, 흩어진 동학농민군 체포 지시/ 홍계훈, '폐정개혁안 국왕께 보고' 약속

1894.05.09 동학농민군 전주성에서 철수. 도회소(都會所)를 설치하기 시작/ 일본군 혼성여단 선발대, 인천 상륙

1894.05.10 전라도 김제의 동학농민군, 무장으로 향함/ 전라도 동학농민군, 김제에서 점막 파괴/ 경상감영이 있는 대구 경계 강화/ 일본 공사관 '경상도 선산 상주 유곡은 동학농민군의 소굴'이라고 보고/ 일본군 혼성여단 선발대, 서울에 도착

1894.05.11 전라도 김제의 동학농민군, 부안으로 이동/ 전라도 동학농민군, 고창 무장으로 향함/ 전라도 동학농민군, 김제에 난입/ 전라도 전봉준, 이원회에게 폐정개혁안 제시/ 전라도 홍계훈, 귀화를 종용하는 제음 하달/ 일본군 혼성여단 제1차 수송대, 인천에 입항

1894.05.12 전라도 동학농민군, '태인 경내에 둔취' 소문/ 전라도 순변사 이원회의 전보/ 홍계훈, 전주화약 후 동학농민군 동태 보고

1894.05.13 전라도 고부의 동학농민군, 태인 무장 굴치로 이동/ 전라도 초토사, 동학농민군 동향 보고/ 전 전라감사 김문현을 거제부로 위리안치/ 일본, 보병 3천 명과 기병 3백 명 인천 상륙

1894.05.14 전라도 전봉준, 태인에서 정읍으로 이동

1894.05.15 관군 순변사와 심영 병방, 배편으로 서울로 이동

1894.05.16 관군 홍계훈, 당일 전주부에서 철수

1894.05.17 전라도 동학농민군, 태인의 각 면에 둔취/ 태인의 동학농민군, 부사에게 구휼 강요/ 전봉준, '나주목사 공격' 만류

1894.05.18 전라도 전봉준, 이원회에게 '동학회생등장' 제출/ 전라도 정읍의 동학농민군, 장성으로 이동/ 관군 초토사, 장위영 장병을 이끌고 충청도로 이동

1894.05.19 홍계훈 부대, 충청도 공주목으로 이동

1894.05.20 전봉준, 김학진에게 '폐정개혁' 요구, 김학진은 동학농민군 측에 효유문 전달/ 평안도·함경도 원산 지역 주민들 사이에 동학농민군 움직임에 대한 풍설/ 장위영의 포와 정예병사, 전주에 주둔

1894.05.21 전라도 전봉준, '사적인 보복 엄금하는' 포고문 하달/ 전라도 태인의 동학농민군, 장성으로 이동/ 전라도 태인 금구 등의 아전 관노 사령, 동학농민군에게 앙갚음/ 관군 홍계훈, 공주목에 도착/ 관군, 군사를 이끌고 전주로 이동

1894.05.22 관군 홍계훈, 진남영 병사 1개 부대를 돌려보냄/ 전라도 초토사, 동학농민군들의 행패 보고

1894.05.23 전라도 전주에서 해산한 동학농민군, 장흥 진입/ 관군 홍계훈 부대, 공주목에서 회군/ 오오토리 공사, '5개조 개혁안' 정부에 제출/ 일본 공사, 국왕에게 내정개혁을 요구

1894.05.24 전라도 일본인 정탐원, 동학농민군 동태 보고/ 고종, 다시 경복궁으로 돌아옴/ 일본군 참모총장 타루히토, 부산-서울 간 전선가설 명령/ 일본군 혼성여단 제2차 수송대, 인천에 입항

1894.05.28 담양 동학농민군, 관아 공격/ 전라도 동학농민군 접주, 일본인 상인에게 통지문 전달

1894.06.00 경상도 예천의 동학 세력 크게 성행/ 경상도 하동부의 동학농민군 약탈 행각/ 전라도 김개남 부대 곡성읍 공격/ 전라도 김인배 '영호도회소' 설치/ 전라도 동학농민군 군산에서 봉기/ 전라도 목포의 동학농민군 만호진 공격/ 충청도 진산의 동학농민군, 금산 공격

1894.06.01 일본군 제1전선 가설대, 부산에 도착/ 중앙정부 오오토리공사, 조병직에게 내정개혁안 제시

1894.06.02 일본군 제2전선 가설대, 인천에 도착/ 전라도 동학농민군, 담양 수성청 방화

1894.06.04 전라도 동학농민군, 일본 미곡상선 공격

1894.06.06 전라도 전봉준, 순창에서 천우협 관계자와 만남

1894.06.07 전라도 천우협, 전봉준에게 폭탄 시연

1894.06.08 전라도 '순창회생등장(淳昌會生等狀)'에 대한 김학진의 제교/ 전라도 전봉준, 순창회생등장 직후 재상서/ 전봉준, 옥과로 향함

1894.06.11 전라도 흥양의 동학농민군, 낙안 목장으로 향함/ 정부 내정개혁을 담당할 교정청(校正廳) 설치

1894.06.13 신정희, 오오토리공사에게 일본 군대 철수 요구

1894.06.14 국왕, 충청감사 이헌영 소견/ 흥양의 동학농민군, 낙안으로 향함

1894.06.16 전봉준, 광주에 머뭄

1894.06.17 전봉준, 남평에 머뭄/ 일본 대본영, 본격적인 청국과의 개전 결정

1894.06.18 전봉준, 능주에 머뭄/ 평안도 평양의 일본정탐군, 주민 공격으로 부상

1894.06.20 신임 충청감사 이헌영, 공무수행 시작

1894.06.21 일본군, 경복궁 강제 점령. 평안도 병사와 일본군 교전, 피아간 사상자 발생, 민씨 정권의 몰락

1894.06.22 경상도 동래 부사 민영돈(閔泳敦)의 장계/ 고종, 조칙 발표/ 일본군

아리스가와노미야, 군사령관 편제안 상주/ 중앙정부 대원군의 섭정/ 중앙정부 병조판서에 전라 감사 김학진 임명

1894.06.23 일본 군함, 풍도 앞바다에서 청 군함 격침, 청일전쟁 개전/ 전라도 홍덕 영광 부안 등지의 동학농민군 도소 설치/ 전라도 장흥과 강진 읍내 도소 설치

1894.06.25 김개남 남원 입성/ 친일 개화 정권 수립(김홍집을 수반). 국군기무처 설치

1894.06.27 일본군과 청나라 섭사성군의 전투

1894.06.28 군국기무처, 중앙관제 개혁안 및 사회제도 개혁안을 의결 반포/ 전라도《동경일일신문》남원 동학농민군의 '척왜양' 주장 보도/ 호서지역 동학농민군 지도자 서장옥 석방/ 조정, 엄세영을 삼남염찰사 겸 선무사 발령/ 청국군 강원도 방면으로 우회하여 도주/ 충청 감사 이헌영, 연기 청주 등지에 감결

1894.06.29 전라도 동학교도라고 칭하는 자들, 임천 공격/ 전라도 동학농민군 무장성 난입/ 경상도 동학농민군, 영해·영덕·경주·연일·영천·고령·고성 등지에서 봉기

1894.07.00(8/1) 일본군, 경상도에 병참부 설치/ 전라도 남원 동학농민군, 경상도 안의·함양 공격했으나 패배/ 전라도 동학농민군, 능주 무기고 습격/ 전라도 만경(萬頃)의 관노와 동학농민군, 양반과 이교 징치/ 전라도 박중진 진도에 난입, 군기 약탈 방화/ 전라도 장두재, 김덕명 등에게 기포를 촉구/ 전라도 장성의 이사홍, 곡성 관아 공격/ 전라도 장수·진안 등 5개 읍, 민포를 일으켜 거적(拒賊)/ 전라도 동학농민군 최경선, 나주성 공격 위해 설진/ 일본, 청국에 선포포고/ 일본, '가조약안(假條約案)' 체결/ 일본군 서울-부산 간 도로수선대, 부산에 도착/ 일본군 제5사단 잔여 병력, 조선 상륙 개시

1894.07.02 전봉준 남원에 들어감/ 군국기무처, 칠반천인 해방 의안 결정/ 동학농민군을 이끄는 오권선, 최경선과 합세/ 충청도 보은군수 정인량이 충청 감사에게 올린 첩정

1894.07.03 전라도 장흥의 동학농민군, 도회 개최/ 일본군, 1천여 명 경상도 대구 미산에 주둔

1894.07.04 전라도 동학농민군 함열(咸悅) 웅포(熊浦)의 시장에 난입/ 고종, 개혁에 관한 윤음 하달/ 청국 군대, 평안도 평양에 입성

1894.07.05 경상도 예천의 동학농민군, 이유태 구타/ 전라도 최경선과 오권선의

동학농민군, 서성문으로 이동/ 전 형조참의 지석영, 민영준 처단 주장

1894.07.06 전라감사 김학진과 전봉준 사이에 '관민상화(官民相和)'가 이루어짐/ 일본인, 경상도 전선 가설

1894.07.07 신임 경상감사 조병호, 감영에 도착

1894.07.08 전라도 동학농민군, 군산에서 강경으로 이동/ 충청도 연산 현감 이병제, 충청 감사에게 올린 첩정/ 평안도 평양감사 민병석, 군량과 포군 모집/ 평양주전소 철폐, 당오전을 당일전과 같이 취급하는 법령 반포/ 조정, 전라 감사 김학진 병조판서로 임명

1894.07.09 서천군수 김인수, 충청 감사에게 첩정/ 전라도 부안의 동학농민군, 강을 건너 서천으로 이동/ 조정, 정경원을 삼남선무사로 임명

1894.07.11 군국기무처, '신식화폐발행장정' 반포

1894.07.12 동학농민군 지도자 서병학의 변절/ 조정, 전라 감사 김학진 의안을 적시한 공문 발송/ 정부 과거 제도 폐지

1894.07.15 전봉준 김개남, 동학농민군을 집결하여 남원대회 개최/ 경상도 예천의 박래헌, 안동부사의 행리 탈취 사건 조사/ 제1차 김홍집내각 성립

1894.07.17 전라도 전봉준, 무주집강소로 통문 발송/ 일본 정부, 조선 문제에 직·간접 개입 결정/ 호남선무사 엄세영, 고부 진결문제 해결 보고, 엄세영을 농상아문 대신에 제수

1894.07.18 나주목사 민종렬, 나주영장 이원우 파직/ 충청도 연풍 현감 한진태가 충청 감사에게 첩정/ 조정, 박제순 전라감사 사직을 요청하고, 전라 감사 김학진을 유임 상소

1894.07.19 갑오정권, 군국기무처 의안을 각 지방에 유포

1894.07.20 전라도 광양의 동학농민군, 산거 보고/ 충주 목사 민영기가 충청 감사에 첩정/ 갑오개혁정부, 일본과 잠정합동조관 체결

1894.07.23 전라도 수천 명의 동학교도 전라우수영 공격/ 일본 공사관, 경상도 동래부사 민영돈이 동학교도에 우호적이라고 보고

1894.07.24 경상도 예천의 이민(吏民), 동학농민군에 대한 방책 상의

1894.07.25 안동 유림 서상철(徐相轍) 항일의병 봉기 제안

1894.07.26 김학진을 우군으로 포섭, 집강소 통치가 감사의 이름으로 공식적으로 인정/ 예천 향리 '보수집강소' 설치, 안동·의성 유림 민보군 조직/ 경상도 광양과 홍양의 동학농민군, 하동에 내회/ 전라도 운봉에서

박봉양 주도로 민보군 결성/ 고종, 경상도에 "소요를 멈추라"는 교서 하달/ 조정, 일본과 조일양국맹약 체결/ 조정, 정경원을 삼남선무사 양호선무사로 차하

1894.07.27 전라도 광양의 동학농민군, 순천 하동으로 이동

1894.07.28 경상도 하동의 농민봉기

1894.07.30 일본군 부산수비대, 부산에 도착

1894.08.00 강원도 강릉 오덕보(吳德甫), 연곡 신리면에 설접/ 강원도 원주·영월 등의 동학농민군, 곳곳에 접을 설치/ 김산 도집강 편보언 집강소 설치/ 동학농민군 경상도 의홍(義興) 신령현(新寧縣)에서 봉기/ 일본군의 경복궁 점령 소식에 공주 남원 등지에서, 경상도 산청 울산 영천 언양 김해 기장 의령 등지에서 동학농민군 봉기/ 전라도 안의현감 조원식, 남원 동학농민군 불시 습격 몰살/ 전봉준, 나주 수성군의 해산 권고/ 충청 감사 이헌영, 손인택 등에게 보낸 공한/ 황해도 해서(海西) 여러 군에서 동학농민군 세력 증가 보고/ 황해도·평안도 일대에 '일본의 조선인 학살'에 대한 고시문

1894.08.01 이유상, 유회에서 '토왜보국' 요청/ 일본군 부산수비대 일부, 병참부 수비병으로 파견 명령/ 충청 감사 이헌영의 장계

1894.08.02(9/1) 경상도 예천의 동학농민군, 상인들의 읍내 출입 통제/ 전라감사 김학진, 폐정개혁을 요청하는 장계를 조정에 올림/ 충청도 충청감사 이헌영의 장계

1894.08.03 경상도 김산의 동학농민군 세력 확산

1894.08.04 유생들, 박영효 탄핵 상소

1894.08.05 일본군, 서울-부산 간 병참수비대, 보충병 파견

1894.08.06 경상도 김산의 편보언, 김천시에 도소 설치/ 충청도 선무사 정경원, 홍주에서 동학접주들을 효유

1894.08.08 경상감영, '선무 27개조'를 경상도 각 지방에 유포/ 경상도 적성 접주 권경함, 예천에 접을 설치/ 경상도 예천집강소, 군자금을 낸 박기양 등 4인의 거취 논의

1894.08.10 예천보수집강소, 동학농민군 11명을 한천 모래밭에 생매장/ 전봉준, 일본 낭인을 전주 감영에서 만남

1894.08.11 경상도 최맹순, 유천 접주 조성길의 죄안을 기록하여 관아로 송치

1894.08.12 동학농민군, 천안에서 일본인 6명 주살

1894.08.13 전봉준, 나주로 내려가 나주목사에게 집강소 설치를 권고했지만 거

절, 가까스로 나주성 탈출

1894.08.15 남영병(南營兵) 200명 상주 용궁 예천 지역으로 파견

1894.08.17 조정 경상북도 병마절도사 민준호를 총어영병방으로 내천/ 평안도 삼등현에서 일본군 4명 상해/ 일본군, 평양성전투에서 청군 격파

1894.08.19 김개남, 남원에서 기포 결의/ 일본군 무츠무네미츠 외상, 오오토리 공사에게 훈령/ 충청도 충청감사 이헌영, 공주 방수

1894.08.20 강원도 동학농민군, 대화면 진입/ 전라도 남원 유복만, 교룡산성 점령/ 전라도 동학농민군 연합부대, 남원읍에 도회소 설치

1894.08.21 영남북서부 13접주 취회하여 예천 보수집강소에 경고/ 산양 취회 동학농민군 태봉병참부 죽내 대위 살해/ 경상도 동학농민군, 예천보수집강소 생매장 사건의 책임자 압송 요구 통문

1894.08.23 일본군 부산수비대 77명, 정찰목적으로 파견 명령/ 일본총영사 무로다가 오오토리 공사에게 "대원군이 청군과 동학농민군의 힘을 빌어 일군을 축출할 계획"이라는 내용 보고

1894.08.24 노성 현감 김정규 파직/ 대원군, 밀서를 보내 동학농민군 봉기 촉구/ 일본군 수안보 충주수비병, 보은에서 동학농민군과 전투/ 일본군 후지타부대, 안동에서 보은으로 진군/ 조정, 본격적인 동학농민군 토벌 논의

1894.08.25 경상도 동학농민군, 용궁현 읍내 침입, 태봉병참부의 다케우찌 정찰 중 피살/ 경상도 예천집강소, 안동 도총소에 원병 요청/ 전라도 김개남, 임실에서 남원으로 이동/ 충청감사 이헌영, 신임감사 박제순과 인수인계

1894.08.26 일본군 부산병참감, 부산수비대 파견/ 일본군 스즈키 아키라(鈴木彰) 부대, 대구로 출발/ 일본군 후지타(藤田) 부대, 동학농민군과 전투

1894.08.27 경상도 일본 총영사, 동래 부사 민영돈의 동학농민군 비호 문제 보고/ 동학농민군, '일본인 주살'의 방문 게시/ 일본《시사신문》태봉병참부 다케노우치 대위 피살 보도/ 일본, '삼남의 동학농민군 다시 치열설' 등 유포/ 일본 순사 3인, 천안 일대의 동학농민군 정탐을 보고/ 전라도 동학농민군, 남원 집합 취지의 격문 발송

1894.08.28 경상도 동학농민군, 예천 읍내 공격하였으나 패함/ 경상도 경상감영의 남영병, 대구 출발/ 일본군 하시다(橋田) 부대, 용궁에서 동학농민군과 전투

1894.08.29 경상도 안동 구원병 예천 도착/ 일본군 충주주둔 공병대 문경 석문

에서 동학농민군과 전투/ 일본군 후지타(藤田)부대, 예천 용궁으로 향함/ 일본군, 안동 동비들의 일본병참부 습격 계획 보고 받음

1894.09.00 강원도 봉평면 윤태열, 진부면에서 안영달, 김성칠 등 기포/ 경기도 동학 지도자 안승관 김승현 등이 수원부 점령/ 경상도 동학농민군, 성주 읍성 점거/ 경상도 영남의 한 유생, 영남우도의 동학농민군을 논함/ 전라감영, '전라도 29개의 읍진이 동학농민군에게 무기를 탈취당했다고 보고'/ 전봉준이 최경선 조준구 송일두 최대봉 등 측근과 기병문제를 논의

1894.09.01 경상도 대접주 김인배 재기포하여 하동 공격/ 충주 주둔 일본 공병대, 문경 석문리 동학농민군을 기습하여 전투가 벌어짐/ 경상도 예천의 일본군, 안동 방향으로 출발/ 연풍 현감 서상학(徐相鶴)의 첩보와 일본공사의 회답/ 일본군 대구수비병, 동학농민군 수색/ 일본군 스즈키 아키라 부대, 대구 도착

1894.09.02 경상도 동학농민군, 하동 공격/ 경상도 진주의 동학농민군 방문 게시/ 대원군의 정권 전복 협의를 포착, 전라도에서 대원군 측 밀사, 전봉준과 만남

1894.09.03(10/01) 경상도 동학농민군, 하동부 안에 도소를 설치/ 일본군 하시다(橋田) 부대, 예천 부근에 체재/ 충청·강원도 일대의 동학농민군, 군수 보충 구산에서 유숙

1894.09.04 동학농민군 영월·평창·정선의 동학농민군 수천 명이 강릉부 관아 점령/ 일본군 스즈키 아키라 부대, 낙동에 도착/ 전봉준 원평에서 2차 기병문제 숙고/ 전주에서 직속부대의 준비 완료, 삼례 진출/ 영월·평창·정선의 동학농민군 수천 명이 강릉부 관아 점령, 이회원 등 민보군이 강릉 관아를 점령한 동학농민군을 야밤 기습, 20여 명의 동학농민군 희생

1894.09.05 강원도 강릉부를 점령한 동학농민군, 민간의 송사 처결

1894.09.06 강원도 동학농민군, 영동의 최대 지주 이회원의 집 습격 계획/ 경상감사, 성주목사 오석영이 면담을 요청했으나 성주성을 지키지 못한 책임을 물어 불허/ 경상도 고성부사 오횡묵, 조병호와 시국을 논함

1894.09.07 외무대신 김윤식, 일본공사의 "서울로 진격하려는 동학농민군 정황"을 기록/ 이회원의 민보군이 강릉 관아를 야밤 기습하여 동학농민군 20여 명 희생/ 일본군 스즈키 아키라 부대, 보은으로 진군/ 전라도 이건영, 김개남에게 국태공의 명령 밀유/ 전라도 이건영, 삼례에

서 전봉준에게 국왕의 밀지 전달

1894.09.09 강원도 강릉부, 각 면마다 오가작통하여 점호 지시/ 경기도 동학농민군, 죽산·안성 관아 점령/ 전라도 금구의 동학농민군 고산 관아 점령

1894.09.10 경상도 충경대도소(忠慶大都所) 방문 게시/ 이두황을 죽산부사로, 성하영을 안성군수로 임명/ 전라도 금구의 동학농민군, 전주 풍삭으로 향함/ 전라도 삼례의 동학농민군, 여산 공격/ 전봉준 재 기병 통문을 발송하고 삼례 대도소 설치

1894.09.11 일본군, 낙동에 배로 연결한 다리 건설

1894.09.12 일본군 하시다(橋田) 부대, 낙동에서 문경으로 진군/ 전봉준, 본격적 2차 기병 결정, 삼례 집결 통문 발송

1894.09.13 북접 교주 최시형 봉기 쪽으로 급선회/ 동학농민군 남영병 120명 선산 김산 파견/ 전라도 동학농민군 수백 명, 전주성 공격/ 전라도 삼례의 동학농민군, 여산 재공격/ 남영병 120명 선산·김산 파견

1894.09.14 가흥병참부 일본 수비병, 동학농민군 생포/ 갑오정권, 동학농민군에 대한 진압 방침 확정/ 일본군 삼랑진 수비병 밀양에서 동학농민군 1천5백 명과 전투하여 8명 사살/ 전라도 원평의 동학농민군, 김제군 공형에게 군목 요구/ 전봉준의 동학농민군 전주성 공격

1894.09.15 강원도 강릉 각 지역 요호들 향사당에서 회의/ 전라도 남원의 동학농민군, 미곡과 군목 탈취/ 전라도 동학농민군, 낙안 이교청 공격/ 전라도 동학농민군, 능주 공형에게 돈과 백목 요구/ 하동의 동학농민군 수천 명이 곤양 다솔사(多率寺)에서 집회하고, 광양 순천 동학농민군 수천 명이 곤양 읍성에 돌입하여 조총 20자루를 빼앗아 진주로 향하기 위해 완사역(完沙驛)에서 두 세력이 합류/ 일본군 후지타(藤田) 부대, 문경으로 출발

1894.09.16 전라도 동학농민군, 능주에서 군수전과 군수곡 징발/ 전라도 동학농민군, 위봉산성 공격/ 일본군 충주지부 수비병, 동학농민군 수령 체포

1894.09.17 경상도 영호대도소의 동학농민군, 진주관청 점령/ 일본군 이토히로부미가 내무대신, 이노우에가오루가 주한공사로 임명/ 일본군 청주지부수비병, 동학농민군 공격 4명 체포/ 전라도 남원 대도소 김개남, 광주에 돈과 백목 요구/ 전라도 남원 동학농민군, 운봉공격 패배/ 전라도 동학농민군, 고산 관아에 군수물자 요구

1894.09.18 최시형, 청산에서 무력 봉기 선언/ 경상도 영호 대접주 김인배, 진주 진입/ 동학농민군 대도소, 곡성 함열에 군수물자 요구/ 일본공사, 갑오정권에 갑오개혁 최후 통첩/ 일본공사 오오토리, 외무대신 김윤식에게 공한/ 전라 감사 김학진 사직서 제출/ 전라도 낙안군 의소의 김사일, 동학농민군에 패함/ 전라도 삼례 대도소, 군산진에 유박미 1천석 요구/ 전라도 호남 동학농민군, 사천현에 난입/ 조선 정부, 동학농민군 토벌을 위해 일본 군대의 출병 요청/ 충청 감사 박제순, 김학진의 유화적 태도 비판/ 충청도 가홍 일본 수비병, 요사촌에서 동학농민군 수색/ 황해 감사 정현석, '봉산 동선령의 전선을 단절' 장원석을 효수로 경계/ 전라도 동학농민군이 금강을 건너 임천 굴앙포에 진을 침

1894.09.19 낙안의 동학농민군, 선암사로 이동/ 일본군 스즈키 아키라 부대, 부산으로 회군/ 일본군 용산수비대 1개 소대, 충주 보은으로 진군

1894.09.20 동학농민군이 경상도 사천 공격/ 이두황, 동학농민군 토벌을 위해 서울 출발/ 일본군 사이고 쓰구미치, 독립후비보병 조선파견 승인

1894.09.21 경기도 용인 등지에서 동학농민군의 활동 활발하게 전개/ 신정희를 도순무사로 임명, 양호순무영 설치/ 일본군 가홍병참부 수비병, 곤산에서 동학농민군 수색/ 일본군 대구병참부 수비병, 경상도 판순촌에서 동학농민군 수색/ 일본군 스기무라, 외무대신의 출병 요청 보고/ 신정희를 도순무사로, 양호순무영 설치

1894.09.22 강원도 이진석(李震錫)을 민포군 중군장으로 선임/ 경기도 용인 이용익 정용전 등 동학농민군 총살/ 경상도 부산의 일본총영사 무로다, 편의제공 요청/ 고종, 동학농민군을 "비도들이 일으킨 난"으로 규정/ 동학농민군 상주 선산 동학농민군 읍내 관아 점령/ 이용익 정용전 등 동학농민군 총살/ 전라도 전라 감사 김학진의 장계, 조정에서는 전라 감사 김학진 해임/ 상주·선산 동학농민군 읍내 관아 점령

1894.09.23 김윤식, 경상감사에게 일본군과 협력 지시/ 관군 순무영의 중군(中軍)에 허진(許璡) 임명

1894.09.24 관군 양호선봉장 이규태, 충청감영에 도착/ 대리공사 스기무라가 외무대신 김윤식에게 보낸 서한/ 동학농민군 서장옥, 청주성 포위/ 일본군 부산수비대, 마산포를 향해 백천환에 승선 출발/ 일본군 부산수비대, 진주로 진군/ 일본군 후지타, 하시다 부대 상주에서 동학농민군과 전투/ 충청 감사 박제순, 동학농민군 거전(拒戰) 보고

1894.09.25 경기도 음죽의 동학농민군, 관아 포위/ 경상 감사 조병호 전보, "대구 판관이 비도를 토벌하러 하동 진주에 파견되었고, 안의현감은 겸임 함양군수로서 비도를 방어하고 있다"고 보고/ 의정부에서 "판관 지석영을 토포사(討捕使)로 차하하고, 안의현감 조원식(趙元植)을 조방장(助防將)으로 차하"/ 일본군 후지타 부대, 청도에 탐정대 파견

1894.09.26 경상감영 남영병, 경상도 일대 순회/ 손화중, 광주에서 동학농민군 도회 개최/ 강원도 동학농민군, 홍천에 접을 설치하고 활동 시작/ 맹영재, 정기봉을 기전소모관으로 임명/ 일본군 낙동수비병과 하시다 부대, 단양에서 동학농민군과 전투/ 일본군 대구수비병, 성주에서 동학농민군 생포/ 장위영 정령 이규태 등을 별군관으로 임명

1894.09.27 경기도 유구서 김학녀 등 안성에서 체포, 효수/ 경상도 예천 향리들, 동학농민군 탐지 위해 상주 향리에게 밀서를 보냄/ 일본군 가흥 수비병과 헌병, 가흥에서 동학농민군과 전투/ 일본군 대구수비병, 성주에서 동학농민군과 전투/ 일본 송파진 수비대 가흥으로 진군/ 황해도 동학농민군, 해주성 공격

1894.09.28 경상도 상주성을 점거한 동학농민군, 일본군에게 대패/ 신임 일본공사 이노우에 가오루(井上馨) 부임/ 일본 상등병 148명, 경성-부산간 수비대보충병으로 파견/ 일본 안보 수비병, 동학농민군과 전투/ 일본 용산수비대, 충주로 진군/ 일본군이 낙동 해평 상주 선산읍성 기습

1894.09.29 동학농민군, 진천 공격/ 일본 낙동수비병 후지타와 하시다 부대, 경상도 상주 동학농민군과 전투/ 일본 용산수비대, 충청도 내창에서 동학농민군과 전투/ 일본군 토다(遠田) 부대, 하동 부근 광평동에서 동학농민군 격퇴/ 조정, 맹영재 지평현감에 임명/ 조정, 상주 소모사에 전승지 정의묵 임명/ 중앙정부 민종렬, 유제관 호남소모사로 차하/ 충청도 동학농민군, 진천 관아 습격/ 정부 사주 소모사에 전승지 정의묵 임명

1894.09.30 일본군, 이천에서 동학농민군과 전투/ 일본 가흥수비병, 가흥에서 동학농민군과 전투/ 일본 낙동수비병, 선산에서 동학농민군과 전투/ 일본 안보수비병, 경상도 진촌에서 동학농민군 수색/ 이두황, 충청도 괴산읍 공청 피습상황 보고 받음/ 일본 토다(遠田) 부대, 하동 섬거역에서 동학농민군과 전투 벌여 1명 사살/ 이노우에 일본공사, '내정개혁요강 20개조' 주장

1894.10.00 강원도 원주의 이화경 임순화, 횡성의 윤면호 등 기포/ 강원도 차기석, 보은으로 이동 중 민포군에 막혀 다시 강원도로 돌아감/ 손병희의 북접 동학농민군, 전봉준 부대와 합류/ 전라도 광주의 손화중, 오권선과 합류하여 용진산으로 진출/ 전라도 김개남, 남응삼에게 기병 요청하나 불응/ 죽산 부사, 귀순한 동학농민군에게 면죄 약속 효유/ 충청도 황간과 영동에 동학농민군이 주둔하고, 추풍령 넘어와 김산 지례의 동학농민군과 함께 군수전과 군수미를 강제로 헌납받음/ 평안도 강서, 용강 등지에서 기포/ 황해도 강령·문화·재령 등지에서도 기포/ 황해도 동학농민군 해주감영 점령/ 동학농민군 여산과 은진을 거쳐 강경포 진출

1894.10.01 경기도 수원의 접주 안승관(安承寬) 김내현(金鼐鉉)을 남벌원에서 효수한 뒤 서소문에 효시/ 강릉 선교장의 이회원을 강릉 부사로 임명/ 고종 경상감영에 전교, 성 안이 불탄 성주와 하동에 내탕전 1만 냥 내림/ 동학농민군, 태안과 서산 관아를 점령하고 군수를 처단/ 전라도 강진병영, 동학농민군에 대한 반격 시도 /가흥수비병 보은에서 동학농민군 진멸/ 일본 낙동수비병, 후지타와 하시다 부대, 선산에서 동학농민군과 전투/ 일본 안보수비병, 중운곡에서 동학농민군과 전투

1894.10.02 경기 음죽 현감 김종원, 근무 지속케 함/ 경기도 강화에서 접주 김원팔 효수/ 일본군 하시다(橋田) 부대, 전선 보호를 위해 대봉에 체재/ 관군, 장위영 별군관 이규태를 선봉장으로 임명

1894.10.03 일본군 대봉수비병, 함창현 동박에서 동학농민군과 전투/ 홍주 목사 이승우, 수성군 편성

1894.10.04 경기도 용인 접주 우성칠, 관군에 체포/ 관군 선봉장 별군관 이규태, 청주로 출발/ 일본군 낙동 병참부, 정탐을 위해 보병 파견/ 서울 동학교도 세력에 의해 법무아문 협판 김학우 피살

1894.10.05 경상도 남영병, 김천에 진입하자 동학농민군 도주/ 동학농민군 평창군 후평에서 동학농민군 1만여 명 일본·관군과 접전/ 아산 동학농민군, 아산 관아를 공격/ 일본 스즈키 아키라 부대 부산 출발/ 일본 공사관, 충청도 천안에서 일본인 6명을 살해한 동학농민군 심문 요구

1894.10.06 경기도 동학농민군, 일본 병참사령부 수비병 공격/ 경상도 경상감영에서 예천 관아에 감결/ 동학농민군, 충주와 괴산을 공격, 일본군 괴산의 군수품 상실 사건 조사/ 동학농민군, 해주 관아 점령/ 일본군

하라다(原田) 소위, 충주 가흥병참부로 귀대/ 충주 광혜원 등지에 동학농민군 집결/ 외무대신 김윤식, 일본군 지원 요청/ 홍주 목사 이승우를 전라감사로 제수/ 황해도 동학농민군, 읍폐민막 시정과 동학교 허용 요구/ 조정, 황해도 해주성이 함락되자 일본군병참부에 구원병 요청

1894.10.07 해미 주둔 동학농민군이 가야산 일락치 쪽에서 기습해온 이두황군에 패함/ 조정, 홍주 목사에 이승우 잉임(仍任)/ 일본 마츠모토 군조 부대, 보은으로 진군/ 일본 스즈키 아키라 부대, 곤양 부근에서 동학농민군과 전투/ 일본 용산수비대, 보은으로 진군/ 일본군 하시다(橋田) 부대, 보은에서 동학농민군과 전투

1894.10.08 동학농민군이 공주 우금치에서 대공세를 폈으나 관군과 일본군에 패하여 후퇴/ 일본군 오오츠카 공병대, 괴산 부근에서 동학농민군과 전투/ 스즈키 아키라, 부산병참사령부에 보고, "금오산 동학농민군을 공격하여 5명을 살해하고 28명을 생포", "진주 백곡촌에서도 동학농민군 5-6백 명이 집결"

1894.10.09 동학농민군, 대전평(大田坪)에서 관군과 전투/ 청주 병영 영관, 병마산 전투에서 전사한 69명 장졸 가족들 위무/ 충청 박제순, 덕산군수 김병완 파출 보고/ 충청에 진출한 성하영, 충청병영의 구원 요청에 청주성으로 진군/ 관군 이두황, 돌원점에서 유숙/ 일본 낙동수비병 7명이 보은 사직리에 들어와 동학농민군 2명을 사로잡아 낙동으로 회군/ 일본 독립 후비보병, 인천에 도착/ 일본 이노우에, 김윤식에게 진무사와 병정의 파견 요청/ 일본 인천수비대, 가흥으로 진군

1894.10.10 충청 경기도의 동학농민군, 괴산읍 공격/ 경상도 동학농민군, 곤양과 진주(晉州)에서 일본군과 전투/ 관군 이두황군대, 음성현에서 유숙/ 일본군 대구와 낙동수비병, 보은에서 동학농민군 격퇴/ 일본군 스즈키 아키라 부대, 안심촌에서 동학농민군과 전투/ 일본군 이토 중좌가 요청한 일본군 2개 중대 도착

1894.10.11 경상도 부산 일본총영사관, 이노우에에게 일본군 주둔 유지 요청/ 관군 이두황, 청주로 출발/ 동학교단, 청산에서 대규모 대회 개최/ 보은 장내리의 동학농민군, 청산으로 이동/ 일본군 이노우에, 김윤식에게 진무사 등 파견 재차 요청/ 충청도 경리청 병대, 청주성 도착/ 충청도 전 안성군수 성하영, 서산군수로 차하/ 충청도에 진출한 경리청 병대, 청주성 도착/ 이규태 서울 출발 남하

1894.10.12 충청도 손병희의 북적 동학농민군, 전봉준 부대와 논산에서 합류/ 전봉준의 동학농민군, 삼례를 출발 은진에 도착/ 충청도 이두황 병대, 청주성에 도착/ 관군 과천현의 좌수 한여교 등에게 동학농민군 비호 엄금/ 동학농민군 여산과 은진을 거쳐 강경포에 진출/ 관군 선봉진, 수원부에 도착/ 관군 양호의 순무선봉진, 군법대로 향도의 호송 요구/ 박제관, 충청도 위무사로 차하/ 전봉준, 김개남에게 함께 출진 요청/ 조정 이중하, 경상도 위무사로 이차(移差)

1894.10.13 차기석의 동학농민군이 홍천군 내촌면 물걸리에 있는 동창을 습격, 창고를 불태움/ 강원도 동학농민군, 강릉 좌운으로 이동/ 고종, 동학농민군의 강경 진압 명령/ 관군 이두황 부대, 보은으로 향하면서 효유문 공포, 도착/ 일본군 동학농민군 진압 초토화 작전 수립 하달/ 일본군 스즈키 아키라 부대, 수촌에서 동학농민군과 전투/ 일본군 이노우에 공사, 외무대신 김윤식에게 서한/ 충청 감사 박제순, 결성현감 박기봉 파출 보고

1894.10.14 경기도 동학농민군 서수영 박공선 등 이두황군에 피살/ 경상도 주둔 스즈키 아키라 부대, 충청도 수촌(壽村)에서 동학농민군과 전투하여 3명을 사살하고 21명을 포로로 잡음/ 관군 성하영, 청주에 도착/ 김개남 부대 남원을 출발하여 임실에 도착/ 일본 부산수비대, 진주 부근 수곡촌에서 1천5백 명의 동학농민군과 전투를 벌여 186명 사살, 3명이 부상, 2명을 포획/ 일본, 선로 파악을 위해 일본인 기사 파견/ 일본군 일본공사관, 정탐원 최윤화의 편의 제공 지시/ 충청감사 박제순, 관·일본군에게 공주 주둔 유지 요청/ 충청도 이두황 병대, 보은 장내리 습격/ 경상도 경상감영의 남영병, 대구 등을 순회/ 공주 창의소 의장 이유상의 글/ 관군 남양 안산 용인 등지에 관문 발송/ 관군 선봉진, 공고문을 기호의 각 고을에 게시/ 관군 선봉진, 일본군대와 함께 진위현에 도착/ 관군 선봉진, 일본부대 도착 지체 보고/ 관군 선봉진, 천안으로 출발/ 관군 순무영, 선봉장에게 공주 동학농민군 즉시 척결 명령/ 관군 양호의 순무선봉진 상고/ 일본군 후비보병 제19대대, 동학농민군 토벌 위해 남하 시작, 과천읍 도착/ 전라도 김개남, 임실을 떠나 전주로 향함/ 충청도 공주창의소 의장 이유상의 창의 글 보냄/ 충청도 동학농민군, 연기 관아 침입/ 황해도 평산부사, '평산의 동학농민군 해산' 보고

1894.10.15 일본군 용산 출발 남하

1894.10.16 이두황의 관군, 회인읍에서 동학농민군 체포/ 관군 국한문 효유문을 각 마을에 게시/ 관군, 과천 현감에게 감결/ 관군과 일본 군대의 성환참 유숙 보고/ 관군 동학 지도자 민공익 한홍유 김명수 체포/ 박제순, '충청도 감영방어'를 상고/ 관군 선봉진과 일본병사, 진위에 도착/ 관군 신창 현감 최재학의 보고에 대한 회답/ 관군 안성군수 홍운섭에게 주력부대의 출발을 알림/ 관군 양호순무선봉진, 박제순에게 '일본부대의 지원' 회답/ 관군 이두황 군대, 도집 유홍구·윤경선 등 효수/ 관군 일본 군대의 군비사용 보고 지시/ 김개남 부대, 전주에 도착/ 이두황군, 회인에서 동학농민군 체포/ 전라도 강진 병영이 동학농민군 도소 철파하고 수성소를 세우자 인근 동학농민군 1천여 명이 장흥 사창 장터에 모여서 대응, 연달아 영암 덕교(德橋)와 강진 석전(石廛) 장터에서 집회가 열림/ 전봉준 논산 노성 일대에 설진하고 박제순과 관군에게 항일전선 구축 동참 촉구/ 정부, 정의묵을 영남소모사로 임명/ 진위 현감, 관문을 국한문으로 번역 게시/ 천안군수 김병숙, 동학농민군 특별 단속 지시/ 충청감사 박제순, 이두황에게 공주성 방어지원 요청/ 충청도 관찰사 겸 순찰사, 군대 신속 진군 요청

1894.10.17 경기도 면주전 사람들, 양호도순무영에게 군수전을 바침/ 경상도 영남소모사 정의묵, 상주의 비류 소재 정탐 지시/ 김개남, 신임 남원부사 이용헌 체포 처단/ 순무선봉진, 천안읍에 도착/ 안산에 순무영 공고문 도착/ 이두황 군대, 공주 부강점에서 유숙/ 일본 군로조사대 호위대, 용산 출발/ 일본 병사, 수원부로 향함/ 일본군 관군 평택현에서 숙박/ 일본 서울수비대를 동로 분진대에 합류, 협의/ 일본 원산수비대, 함경도 일대 순찰/ 일본 제19대대 본대, 진위에서 천안·공주로 진군/ 하시다 부대, 괴산·보은 지방으로 1소대 파견

1894.10.18 관군 경기도에서 동학농민군 남대희 구태연 심상현 등 체포/ 관군 김성범 신일석 등 체포/ 관군 선봉진, 성환역에 도착/ 성하영의 군대, 충청감영으로 이동/ 순무선봉진, 홍운섭과 구상조에게 경천 이동 명령/ 이두황 군대, 연기 봉암동에 도착/ 일본 용산수비대, 동학농민군과 전투/ 일본 이노우에 공사, 서울수비대 파견 통지/ 일본군 1지대(枝隊), 안성으로 이동/ 순무영, 이두황 군대의 지체 상황 책망

1894.10.19 관군 선봉진, 천안으로 출발/ 관군 안성군수 홍운섭, 공주목에 도착/ 이노우에 공사, 제18대대 1중대를 19대대에 투입/ 이두황군, 감성(紺

城) 입구로 이동하여 주둔/ 일본 가흥수비병, 무극에서 동학농민군과 전투/ 일본 부산수비대, 청산 오리동 촌락에 방화/ 일본 서로군 부대, 아산에 도착/ 일본 용산수비대, 보은 근처에서 동학농민군 사살/ 충청도 관찰사 겸 순찰사, 관군에 공주 방어 지원 요청/ 충청도 은진 노성 지역에 동학농민군의 활동이 활발해짐

1894.10.20 강원도 수천 명의 동학농민군, 정선으로 소집/ 경기 지평 현감 맹영재, 동학 두령 박성이 최제팔 등을 효수/ 관군, 이두황 군대를 감성 입구에 주둔할 것을 지시/ 나주 목사 민종렬, 수성군에게 출전 명령/ 온양에 관문과 공고문 도착/ 일본 대구수비병(酒井정찰대), 무극동에서 동학농민군 사살/ 일본 병사 3분대, 금영에 파견/ 일본 부산수비대, 섬거역에서 동학농민군과 전투/ 일본 스즈키 아키라 부대, 하동에서 동학농민군 격퇴/ 일본 용산 수비대, 이천 곤지암 부근에서 동학농민군 생포/ 장위영 영관에게 공주 유성으로 전진할 것을 지시/ 전라도 양한규 등 남원성 공격 점령/ 충청병사 이장회, 장위영 부영관 이두황에게 감결, 이두황 군대에 세성산의 동학농민군 토벌 지시

1894.10.21 이두황 군대, 목천 세성산 전투 승리. 김복용 등 처단/ 맹영재가 이끄는 포군과 동학농민군이 홍천 장야평에서 접전/ 신창 현감, 관문을 국한문으로 번역 배포/ 영남소모사 정의묵이 의려들에게 방유문(榜諭文)을 보내 동학농민군 토벌 독려/ 일본군 부산 수비대, 보은에서 동학농민군 총살/ 대원군, 반 쿠데타 계획이 폭로되어 정권에서 물러남/ 일본군 스즈키 아키라 부대, 섬거역 부근에서 동학농민군과 전투/ 전라도 손화중이 이끄는 동학농민군 나주 수성군 공격에 밀려 선암으로 후퇴/ 전의, 관문을 국한문으로 번역 배포/ 진위 현령, 민공 한홍유 김명수 등 문초

1894.10.22 동학농민군과 관·민포군이 홍천 서석 자작고개에서 치열하게 접전하여 동학농민군 1,000여 명 희생/ 남영병 100명 창녕 의령 고령 파견/ 관군, 충청도 관찰사 보고에 대한 회답/ 광주부, 안산군수, 음죽현 공고문 국한문으로 번역 게시/ 김개남 부대, 금산 점령/ 온양군수, 정석호 정제권 방구용 등 기찰 염탐/ 일본 부산수비대, 미안에서 동학농민군 총살/ 일본 부산수비대, 하동에서 동학농민군 사살/ 일본 서로군, 공주에 입성 인천에 원조 요청/ 일본 서로군, 승전곡에서 동학농민군에 패배/ 일본군 동로군, 괴산에 도착/ 죽산진 토포사에게 순무영 선봉진의 공고문 전달/ 충청 목천 세성산에서 몰수 군수

물자, 성책(成册)/ 하동 동학농민군, 지석영군에 대패하여 광양으로 되각/ 영남감영에 일본군 주둔 요청

1894.10.23 동학연합군 이인에서 접전/ 경리청 부영관 홍운섭, 공주 경천점에 도착/ 경상도 각 군현의 군기와 말 행방에 대해 일본공사관에 조회/ 관군 선봉진, 일본 군대와 함께 천안군에 주둔/ 논산의 동학농민군, 경천 점령/ 안성군수, 효포(孝浦)를 지키면서 동학농민군 정탐/ 이인의 동학농민군, 취병산까지 후퇴/ 일본 18대대, 괴산에서 동학농민군 진압/ 일본 동로군, 예천에서 낙동으로 진군/ 일본 제18대대, 대구로 진군/ 일본 중로군, 청주에 도착/ 일본 제2군, 청국 여순구(旅順口) 공격 개시

1894.10.24 경천의 동학농민군, 효포를 점령/ 경리청 부영관 겸 안성군수, 금영에 도착/ 관군 선봉진과 일본군, 금강 장기진에 도착/ 관군 순무영, 능치현에 주둔/ 내포지역 동학농민군, 일본 서로군을 상대로 당진 승전곡 전투에서 승리/ 대교리에 진을 친 충청도 옥천포의 동학농민군, 홍운섭의 공격에 패하여 퇴각/ 소모관 정기봉, 목천 갈전면의 동학농민군 효유/ 장위영 부영관에게 금영으로 출발 명령/ 전라도 박봉양, 남원부 공격하여 점령/ 천안 의병소 통령 윤영렬, 동학농민군 김화성 나채익 홍치엽 등 취조 후 총살/ 동학농민군과 관군 효포와 곰티에서 접전(24-25일)/ 전봉준 경천으로 철수하여 논산으로 본진을 옮겨 전열 재정비(24-26일)

1894.10.25 관군 서산군수 성하영, 동학농민군 70여 명 사살/ 경상감영의 남영병, 김천시에 주둔/ 관군 선봉장 이규태, 동학농민군과 교전/ 관군 윤성의 이성일 등 체포, 천안 관아에 압송/ 외무대신 김윤식, 스즈키 아키라 소위 공주 주재 간청/ 전봉준이 이끄는 동학농민군, 능치에서 관군과 접전

1894.10.26 전봉준 경천으로 철수, 본진을 논산으로 옮겨 전열 재정비/ 천안군수, 동학농민군 정탐·체포 지시/ 강릉부 민보군, 강위서, 윤태열 이창문 김대영 등 체포/ 경리청 병정, 동학농민군 엄습하여 회선포 압수/ 경리청의 2개 부대, 판치에 주둔/ 관군 이두황, 연기에 도착/ 교도중대, 청주진에서 동학농민군과 전투/ 일본 서로군, 예산 역리에 도착/ 일본 제18대대와 동로 분진대, 영월로 진군/ 일본 중로군, 지명장 전투 후 증약으로 진군/ 황해도 재령의 동학농민군, 일본군 이리에 소위 공격/ 갑오정권, 법무아문 내에 권설 재판소 설치

1894.10.27 관군 별군관 겸 의병소 통령, 동학농민군 감시/ 순무선봉진, 이두황에게 합덕으로 이동 명령/ 일본 이노우에 공사, 내포의 동학농민군 진압 요청/ 일본 봉산수비대, 재령에서 동학농민군과 전투/ 일본 어은동 수비대 6명 장연에 파견/ 일본 중로군, 양주 금산 진산 청주로 진군/ 일본 중로군, 충청도 연기·공주로 진군/ 전라도 동학농민군, 남원으로 돌아옴/ 조정, 윤영렬 조중석을 별군관에 차하/ 황해도 동학농민군, 풍천부 관아 습격

1894.10.28 강릉부 민포군, 윤태열 이창문 김대영 등 포살/ 강릉부 중군 김상연, 동학농민군에 잡혀 생매장/ 나주 목사 민종렬을 호남초토사로 임명/ 내포 동학농민군 홍주성 공격/ 선봉진과 일본군대, 공주에 주둔 방어/ 소모관 맹영재, 김화보 이정오 처형/ 일본 군로조사대, 문의에 도착/ 일본 금천수비병 11명, 평산에 파견/ 일본 부산수비병, 부산으로 회군/ 일본 서로군의 홍주전투/ 일본 중로군, 연기로 진군/ 천안 군수, 동학농민군 포로 4명 공주로 압송/ 호남초토사 민종렬, 초토영 설치/ 황해도 동학농민군, 일본 상인 급습

1894.10.29 관군, 김춘일 김치희 등 처형, 최창규 김병헌 등은 진영으로 압송/ 관군 선봉진과 일본 군대, 공주에 주둔 방어/ 관군 장위영 부대, 합덕의 동학농민군 토벌/ 관군 장위영 부영관, 온양을 향해 출발/ 관군, 예산 신례원에서 동학농민군에게 대패/ 교도중대, 부강 신대에 도착/ 일본 군로조사대의 일부, 서울로 진군/ 일본 서로군의 홍주전투/ 일본 이노우에 공사, 스즈키 아키라 소위에게 공주에 주둔 의뢰 전달/ 일본 중로군, 증약전투에서 동학농민군 23명 체포/ 충청도 동학농민군, 청주성 공격/ 남영병 100명 김천 일대 파견

1894.11.00 전봉준 본대 노성과 경천으로 진격/ 최시형, 장수 임실을 거쳐 임실 새목터 허선 집에 머묾/ 황해도 15명의 접주 회의를 통해 거사 결정/ 황해도 김창수, 산포수를 모아 군대 편제/ 황해도 동학농민군, 평산의 일본인들 공격 금품 약탈

1894.11.01(11.27) 경상감영의 남영병, 지례에 주둔/ 관군 온양군수, 한상오 체포/ 관군 천안군수, 홍주의 동학농민군 토벌 요구/ 일본 서로군의 홍주전투/ 일본 중로군 좌측지대, 청주전투/ 일본 황주 수비병, 재령 점령

1894.11.02 강원도 민포군, 봉평에서 정해창 안영보 김순복 체포/ 일본 서로군, 홍주전투 후 갈산으로 진군/ 일본 이토 중좌, 스즈키 아키라 소위의

용산 귀환 보고/ 일본 황주 수비병, 안악에서 동학농민군 생포/ 충청도 유학 유석홍, 공주 접주 설장률 체포

1894.11.03 강원도 경군과 강릉부 민포군, 동학농민군 진압/ 순무선봉진, 백락완에게 효포봉 주둔 지시/ 관군으로부터 부여와 정산에 공고문과 공문 도착/ 관군 출정한 경리청 영관, 이인역에 도착/ 동학농민군, 옥천에 집결/ 별군관 이상만, 공주 동학농민군 장준환 체포/ 일본 낙동수비병, 지례와 금산으로 진군/ 일본군, 청산 문암리 최시형 거처를 급습하여 서류를 탈취함/ 전라도 수성별장 방관숙, 동학교도 김응일 포살/ 충청도 동학농민군, 노성 논산 초포 등지에 설진/ 황해도 풍천의 동학농민군, 일본인 살해/ 강원도 차기석, 양양 간성 등지에 통문을 보내 모병

1894.11.04 경상도 토포사 지석영, 일본군 파견 요청/ 관군 경리청영관 구상조, 이인역에 도착/ 국왕의 조칙, 일본 침략 부정과 동학농민군 토벌 정당성 주장/ 서산군수 성하영에게 판치 수유 사이에 주둔 명령/ 일본군 군로조사대, 낙동에 도착/ 일본군 봉산수비병, 해주로 행군/ 일본군 용산수비대, 개성에 도착/ 일본군 전신기수, 평상 부근에서 동학농민군에게 피습/ 중앙정부 황해감사 정현석과 판관 이동화 파직/ 충청감사 박제순, 임천군수 한진태 등 파출 보고/ 황해도 정헌시, 황해감영과 감사 구출 호소 격문 게시

1894.11.05 강원도, 관군과 일본군 평창 후평 등지에서 동학농민군과 전투/ 관군 이진호에게 동학농민군 섬멸과 연산으로 합류 지시/ 관군 직산현 내의 동학농민군 재산 몰수, 조사/ 대관 이겸제, 남양에서 서도필 접주 등 9명 포살/ 대관 이겸제, 청산 석성리에서 동학농민군과 전투/ 일본 제18대대 1중대, 평창에서 동학농민군과 전투/ 일본 중로군, 옥천으로 진군/ 일본 황주 수비병 전신기수, 평산에서 동학농민군과 전투/ 황해도 동학농민군, 평산 부근에서 양곡 탈취

1894.11.06 강원도 유학 이석범, 민포군을 이끌고 평창 등지로 이동/ 강원도 정선 여량의 동학농민군, 토벌군과 접전/ 경기 소모관 정기봉, 목천 현감으로 차하/ 군로조사 호위대, 청산에 진입, 최시형 피신/ 유회 이석범, 민포군을 이끌고 평창으로 이동/ 일본 교도중대, 양산으로 진군/ 일본 교도중대와 제19대대의 2분대, 영동으로 진군/ 일본 군로조사대, 청산으로 진군/ 일본 삼랑진수비병, 대구에 파견/ 일본 용산수비대, 평산에서 동학농민군과 전투/ 일본 중로군, 옥천에 체재/ 전

라좌수사, 강진병영에 구원 요청/ 충청감영의 중군 후임, 대관 백락완/ 황해도 임종현, 해주성에서 철수

1894.11.07 해미에 주둔해 있던 동학농민군이 가야산 일락치 쪽으로 기습해온 이두황의 군관에게 패배/ 강원도 정선의 동학농민군, 삼척 방면으로 도주/ 강원도, 민포군 대장 강위서, 차기석 부대 피습/ 경기도 맹영재, 신재규 이풍구 한석룡 등을 처형/ 경상도 인동부사 조응현을 토포사로 차하/ 황해도 동학농민군 낭천에 집합, 평산 공격

1894.11.08 동학연합군, 공주 우금치에서 대공세를 폈으나 관·일본군에 패함/ 경리청 참령관 구상조, 효포 웅치 등지에 진을 침/ 관군 이인에 주둔한 부대, 동학농민군과 교전 격퇴/ 서산군수 성하영, 통위영 군사 2개 소대 파견, 동학농민군 격퇴/ 신봉장 이규태, 동학농민군 격퇴/ 이두황, 서산 매현의 동학농민군 습격/ 일본 교도중대, 양산에서 동학농민군과 전투/ 일본 군로조사대, 청산에 도착 문바위 민가 방화/ 일본 중로군, 옥천군 증약역 전투에서 동학농민군 사살/ 일본 후비보병 제17대대, 수비대보충병으로 파견

1894.11.09 공주대회전, 우금치, 효포, 곰티, 고나루, 금학동에서 전투 전개/ 관·일본군, 중로를 따라 동학농민군 추격/ 일본 군로조사대, 문암읍 전투/ 일본 용산수비대, 평산 낭천의 촌락 수색/ 죽산 부사 이두황, 홍주에 도착

1894.11.10 김개남 진잠 진격/ 대관 이겸제 금산에 도착, 동학농민군과 혼전/ 이두황, 대흥읍에 주둔/ 일본 중로군, 금산에 도착/ 전라도 민종렬, 동학농민군 선제 공격/ 황해도 일본의 스즈키 아키라 소대, 해주에 진입

1894.11.11 동학농민군 공주 곰티에서 관군의 기습 공격당함, 노성으로 철수/ 김개남 동학농민군 회덕 함락/ 강원 접주 위승국 형제와 접사 심성숙 등 포살/ 동학농민군, 곰치에서 관·일본군에 패하여 노성으로 철수/ 순무선봉진, 경리영관에게 병사들의 교체와 휴식 지시/ 순무선봉진, 이두황에게 정산으로 진군 지시, 공주 유구에 주둔/ 일본 군로조사호위대, 문의를 향함/ 일본 용산 수비대, 해주로 행군/ 일본 중로군, 고산으로 진군/ 일본 중로군, 진산으로 진군/ 충청도 호연초토사 이승우의 첩보/ 황해도 동학농민군, 강령 공격/ 황해도 동학농민군 연안과 해주 공격

1894.11.12 전봉준 「고시 경군여영병이교시민」을 띄워 항일전선을 재차 촉구/ 홍천군 내면(당시 강릉부) 원당에서 차기석을 비롯한 동학농민군 지

도자 생포 또는 포살/ 경상도 영남소모사 정의묵, 김석중 유격장에 임명/ 관군 순무선봉진, 이진호에게 동학농민군 섬멸 지시, 금산읍에 도착/ 일본 용산수비대, 괴산 부근에서 동학농민군과 전투/ 일본 인천 용산 수비대 충주 수비병, 괴산으로 진군/ 일본 인천 수비대, 서산 태안에서 동학농민군을 수색/ 일본 제19대대 동중서로 3군, 용산 출발/ 일본 충주수비병, 괴산 보은 성주의 동학농민군 격퇴/ 전라도 손화중의 동학농민군, 나주성 압박/ 전봉준 관군에게 글을 띄워 공동 항일전선 구축 다시 촉구/ 전봉준, 노성에서 진영 수습에 전력/ 충청도 교장 이봉춘, 능치의 동학농민군 급습/ 충청도 동학농민군, 보국안민을 주장하는 고시문 제시/ 충청도 전봉준, 노성에서 진영 수습에 총력/ 한산의 동학농민군과 전라도 동학농민군이 연합하여 한산 읍성 점령/ 홍천군 내면 원당에서 생포된 동학농민군 지도자 차기석 오덕현 박석원 지덕화 등 포살/ 황해도 동학농민군, 강령에서 일본군과 격전 끝에 퇴각

1894.11.13 전라도 김개남이 이끄는 동학농민군이 청주성을 공격했으나 패퇴/ 황해도 동학농민군, 취야장터에서 일본과 전투 끝에 패하여 퇴각/ 강원 홍천의 동학농민군 권성오 권수청 등 포살/ 경리청 부영관 홍운섭, 일본병사와 공주 동쪽 대교에 도착/ 관군 순무선봉진, 김개남의 진잠 주둔 첩보에 파병 지시/ 미나미쇼시로 대대를 이끌고 진산으로 행군/ 일본 서로군, 옥천에서 노성으로 진군/ 일본 중로군, 연산에서 전봉준 동학농민군 부대와 전투/ 전라도 나주 수성군과 손화중 부대 교전/ 충청병사 이장회, 구와하라 소위에게 구원군 요청/ 황해도 다수의 동학농민군, 강령성에 주둔/ 황해도 신천 동학농민군, 일본군 신천 진사 안태훈과 전투를 벌임/ 갑신정변에 관계된 죄인들의 죄명 말소

1894.11.14 일본군 중위 히라기 조다로(白木城太郎)와 함께 행군한 교도소 병정이 용담 조림장터에서 동학농민군과 교전하여 동학농민군 30여 명을 사살하고, 320명을 생포, 이 중에 서도필 박만호 이만실 조윤삼 박치팔 김윤일 등 6명을 포살/ 강원 홍천 약수포의 동학농민군, 토벌군에게 협공 당함/ 경상도 동래부사 민영돈, 신병을 이유로 사직을 청함/ 경상도 유격장 김석중, 남진갑 이화춘 유학언 등을 포살/ 관·일본군, 노성의 동학농민군을 체포하여 사살/ 순무선봉진, 이두황 오창성에게 동학농민군 토벌 지시/ 운봉 박봉양의 민보군, 남원

부동촌의 동학농민군 공격/ 이두황 군대, 이인에 주둔/ 일본 용산수비대, 옹진에서 동학농민군 격퇴/ 일본 인천수비대, 동학농민군 생포 홍주로 호송하고 서산으로 진군/ 일본 제18대대, 강원도 평창에 주둔/ 일본 제18대대, 농산 근처에서 동학농민군과 전투/ 충청도로 진출한 전봉준 부대, 논산으로 이동/ 홍운섭 부대, 충청도 부강에 도착/ 황해도 노제석, 동학농민군 18명 포살/ 황해도 동학농민군, 장수산성 수양산성 연이어 함락

1894.11.15 동학농민군, 관·일본연합군과 노성 논산 황화대에서 연이어 섭선했으나 패하여 전주로 철수/ 경상도 병방 박항래, 안의에 주둔/ 경상도 상주 소모영 유격장 김석중, 동학농민군 조왈경 생포 포살/ 경상도 초관 장교혁, 지례에서 군사훈련/ 공주영장 이기동, 일본군 대위 진영에서 출진/ 선봉진, 일본군과 함께 오실로를 향해 출발/ 순무선봉진, 통위영 장위영과 일본 부대 합동 진격 지시/ 일본 용산수비대, 용인에서 동학농민군 8명 생포/ 일본 인천수비대, 서산에서 동학농민군 84명, 태안에서 동학농민군 1백여 명 생포/ 장위영군, 봉수봉 아래에서 동학농민군 사살/ 장위영 부영관 이두황, 논산 황화대에 도착/ 황해도 동학농민군, 강령에서 교졸·일병과 접전/ 황해도 동학농민군, 옹진수영 급습

1894.11.16 관군 이두황 군대, 노성으로 회군하여 주둔/ 관군 순무선봉진, 서산군수 성하영에게 전령/ 관군 히라기 조다로·교도소 병정, 진안읍에서 동학농민군과 접전/ 관군, 일본군 대위 지휘로 경천점에 주둔

1894.11.17 공주에서 후퇴한 전봉준 부대와 청주에서 후퇴한 김개남 부대가 강경에서 만나 관·일본군과 전투를 벌였으나 패하여 흩어짐./ 경상도 상주소모사 정의묵, 경상감사 조병호와 회담/ 경상도 인동부사 조응현, 토포사로 차하/ 순무선봉진, 이두황에게 논산 주둔 지시, 장용진에게 본진 복귀 지시, 홍운섭 성하영에게 전령/ 일본 히라기조다로 부대와 교도소 병정, 고산 읍에서 동학농민군과 접전/ 황해도 동학농민군, 연안부 급습

1894.11.18 동학농민군을 소탕하기 위한 향병 모집책으로 조시영을 김산 소모사로 임명/ 경리청부영관 홍운섭, 성웅리에 도착/ 경상도 경상감사 조병호, 최처규에게 고령 일대 순회 지시/ 경상도 상주소모사 정의묵, 경상감사 조병호와 회담/ 경상도 안의현감 조원식, 경상감사 조병호에게 첩보/ 경상도 유격장 김석중, 청주성 공격 두령 김자선 서

치대 등 체포 포살/ 일본 인천수비대, 덕산에서 인천으로 되돌아감/ 일본군 대위, 노성으로 출발/ 일본군, 고산 동학농민군 화약제조소 습격/ 전라도 동학농민군, 나주 수성군과 전투

1894.11.19 경기도 송파진 부근에 500명의 동학농민군 집합/ 경상도 상주소모영 유격병, 김민이 원성팔 포살/ 성하영, 부여의 동학농민군 수색 포살/ 이두황, 황화대를 떠나 은진 한곡에 주둔/ 전봉준, 전주 진입/ 최시형, 임실 갈담 장터에서 손병희와 만나 북상 시작/ 황해도 동학농민군, 은율 공격/ 황해도 안태훈의 포군·촌정들, 동학농민군 영장 3명 포살

1894.11.20 동학농민군 서천성 점령/ 동학농민군, 나주성 포위/ 서산군수 성하영, 한산읍 도착/ 일본 후비보병 일부, 서울-부산 간 수비대 보충병으로 파견/ 전라도 김인배의 1천여 동학농민군 덕양역에서 좌수영 군사와 접전했으나 패하여 60명의 사상자를 내고 순천으로 퇴각/ 황해 수사 구연팔(具然八)의 장계/ 황해도 감영의 포군 모집에 200명 응모/ 황해도 김리현, 최서옥 휘하의 동학농민군 설유

1894.11.21 황해도 동학농민군, 백천군 강령현 점령/ 경리청부영관 홍운섭, 2개 소대 영솔 이동/ 경상도 민보군 파견, 충주 독기령에서 동학농민군 거두 최맹순 부자와 장복극 체포/ 군국기무처 폐지하고 중추원 신설, 제2차 김홍집내각 수립/ 선봉진, 노성 등지로 출발/ 전라도 여수의 동학농민군, 좌수영 재공격/ 토벌 관군 성하영, 내산 외산 길산 등지를 거쳐 서천 도착/ 토벌 관군 이두황, 오정선 외 12명을 일본군 사관진영으로 압송/ 황해도 동학농민군 백신배 조해중 등 효수

1894.11.22 차기석을 비롯한 강원도 동학농민군 지도자 강릉 교장(敎場)에서 효수/ 강원도 차기석 박학조 등 강릉으로 이송 효수/ 경상도 예천 집강소, 예천 장터에서 최맹순 부자 효수 장복극 포살/ 관군 선봉진에서 통위영·일본 병사 금구 등지로 출발/ 관군 성하영, 와초포를 거쳐 활동리로 이동/ 관군 원세록, 일본군 대대장의 지휘로 삼례에서 행진/ 관군 이규태, 노성에서 출발 논산 도착/ 일본 인천수비대, 태안에서 체포한 동학농민군 34명 사살/ 일본 중로군, 전라도 삼례로 진군/ 전라도 손화중 최경선 오권선 나주 재공격 시도

1894.11.23 전봉준 전주성 출발, 원평으로 남하/ 관군 이규태, 강경포 도착/ 관군 홍운섭, 안성을 향해 출발/ 동학농민군 전봉준 전주성을 떠나 원평으로 남하/ 순천의 김인배, 좌수영 재공격/ 일본 부산수비대, 진주

하동 순천으로 탐정 파견/ 일본 사이토 부대, 충청도 한산으로 진군/ 일본 용산수비대, 충청도 출발 인천 도착/ 일본 용산수비대, 해주 부근에서 동학농민군과 전투/ 전라도 손화중 최경선 오권선, 나주성 공격 포기 남산촌으로 귀환/ 전봉준의 동학농민군, 금구 원평으로 후퇴/ 황해도 관 일본군, 취야장에서 동학농민군과 전투/ 황해도 해주 안악 수접주 통문으로 창의 기포 촉구

1894.11.24 전라도 나주 수성군, 남산촌의 동학농민군을 기습/ 관군 원세록, 전주성 주둔/ 관군 이규태, 여산읍 도착/ 교도병 최영학, 일본군을 이끌고 금구읍 도착/ 은진 주둔 관·일본군 병력 이동/ 황해도 일본군, 해주를 떠나 연안으로 이동

1894.11.25 원평 구미란에서 정부·일본연합군과 접전/ 남영병 115명 안의 일대 순회/ 강원 삼척 상하장면 등지에 동학농민군 여당 모임/ 강원 정선 여량의 동학농민군 지왈길 체포 효수/ 관군 이규태, 삼례역에 도착/ 동학농민군 원평 구미란에서 관·일본군과 접전, 전봉준 휘하 동학농민군 해산/ 안성군수 홍운섭, 신현기 일가와 잔당 체포/ 일본 서로군, 태인에서 전투 전봉준 부대 격퇴, 남원으로 이동/ 일본 중로군, 만마관을 거쳐 남원으로 진군/ 일본 츠쿠바함대의 육전대 87명, 좌수영에 상륙/ 전라도 이인환, 장흥 대흥면에서 기포/ 해주에서 동학농민군과 관군 접전/ 황해도 해주성 포군, 안현의 동학농민군 공격

1894.11.26 신임 황해감사, 재령 부근에서 동학농민군에게 체포/ 경상도 조병호, 소모사와 토포사의 관할지역 5개로 나눔/ 관군 윤희영 이규식 장세복 홍선경 등 금구 읍 도착/ 관군 이규태, 전주부에 도착/ 일본 용산수비대, 해주 부근에서 동학농민군과 전투/ 일본군 병사 105명, 서울-부산 간 수비대 보충으로 파견/ 일본군 츠쿠바함대 육전대 좌수영병, 좌수영 수색

1894.11.27 태인에서 관·일본연합군과 접전, 전봉준 휘하농민군 해산, 직속부대에게 상경지시/ 황해도 동학농민군, 일본군 관군과 해주성에서 접전/ 상주 소모영의 유격병, 청산과 보은 방면으로 진군/ 상주 유격장 김석중, 청산 보은 등지 기습/ 전라도 손화중과 최경선, 광주 다시 점령/ 전라도 전봉준의 동학농민군, 태인에서 관군과 전투했으나 패하여 해산

1894.11.28 손병희, 전라도 태인에서 후퇴하여 임실 갈담으로 이동/ 관군 이규태, 태인의 석현점 도착/ 일본군 츠쿠바함대 육전대, 순천부 덕양에

서 동학농민군과 전투/ 전라도 박봉양의 민보군, 남원성 점령

1894.11.29 전봉준 수하 몇 명과 입암산성에서 일박/ 경상도 산청현감 정복원, 이원극 조천수 처형 보고/ 관군 경리청참령관 구상조, 금영의 통지에 따라 출진/ 관군 이규태, 일본군과 함께 정읍으로 출발/ 상주 유격장 김석중, 청산에서 배학수 김경언 체포/ 일본 사이토부대, 충청도 동학농민군 제압 후 인천으로 귀환/ 전봉준, 수하 몇 명과 입암산성에서 일박/ 충청도 문석봉 소모사로 차하

1894.11.30 상주 유격장 김석중, 동학농민군 지도자 강경중 허용 체포 포살/ 순무선봉진부대, 전봉준 체포 시도 실패, 전봉준 백양사에 도착/ 일본 미나미쇼시로부대, 전봉준을 체포하기 위해 입암산성 피습/ 황해도 은율지역 동학농민군 은율 관아 군기 탈취, 장연 관아 습격

1894.12.00 상주방어군(안동 예천 함창 용궁 개령 남영군) 1천여 명 집결. 김산 영동 보은 일대 파견/ 전라도 동학농민군, 진도와 제주도로 도주

1894.12.01(12.27) 손화중 휘하 동학농민군 해산, 최경선 체포/ 관군 이규태, 일본병사들과 함께 노령 도착/ 일본 동로군, 남원에 도착/ 일본 전신국, 공중전신 개시/ 일본 중로군, 임실에서 동학농민군 13명 생포/ 전라도 장흥 인근의 동학농민군, 장흥 사창에 주둔/ 총제영 중군(總制營中軍) 황헌주, 태인 종송리에서 김개남 체포하여 전주로 이송

1894.12.02 전봉준, 순창 피노리에서 체포/ 관군 서산군수 성하영 참모관 별군관, 부임 위해 출발/ 상주 유격장 김석중, 청산에서 서오덕을 체포하여 김경연과 함께 포살/ 전라 심영의 중군 황헌주, 김개남 전주로 압송

1894.12.03 전라도 최경선, 오윤술과 민포군에게 체포되어 나주로 압송/ 경상도 박정호, 김석중에서 최시형의 은신 장소 밀고/ 관군 일본군 수성군, 담양에서 합세/ 대관 오창성, 담양부에서 선봉진으로 돌아옴/ 동로군, 전라도 남원에 도착/ 용산수비대, 황해도 해주로 행군/ 전라감사 이도재, 김개남 이송 않고 서교장에서 참수/ 일본 동로군, 전라도 남원에 도착/ 한산의 부보상과 웅포 주민, 최득용 체포

1894.12.04 강원도 신배령에서 활동하던 손장업 김창수 등 체포/ 조정 공주 청풍 등지의 비요 피해민에게 휼전을 내림/ 대관 신창희, 담양부에서 선봉진으로 돌아옴/ 동학농민군, 장흥 벽사역 공격/ 부산수비대의 일부, 하동으로 진군/ 서산군수, 상와촌에서 동학농민군 체포/ 유격장 김석중, 영동 고관리 기습하여 정윤서 체포/ 이규태의 관군 일본

군 수성군 등 담양에서 동학농민군 토벌 활동

1894.12.05 이방언의 동학농민군, 장흥 함락/ 손병희가 이끄는 호서농민군 소백산맥을 따라 북상 시작/ 전라도 대접주 이화진 김경오 등이 체포되어 처형/ 경상도 상주 소모영 유격병, 상주로 회군/ 일본 동로군, 곡성 옥과 동복으로 진군/ 일본 중로군, 담양으로 진군/ 전라도 이현숙이 이끄는 민포군, 송문수 처형/ 함평현감, 모군하여 동학농민군 체포/ 호남 가 읍에 감결, 동학농민군 체포 지시

1894.12.06 경상도 단성현감 윤태일, 단성의 동학농민군 처형 보고/ 관군 서산군수 성하영, 전주감영에 도착/ 전라도 영호 대접주 김인배와 접주 유하덕 체포되어 효수/ 충청병사 이장회, 공주의 이천악 김용구 등 효수 보고/ 함평 현감, 접주 김치오 정원오 등을 체포하여 포살

1894.12.07 전라도 동학농민군, 민포군을 물리치고 강진현 함락/ 강원도 종사관 박동의, 초장 김성칠 체포 포살/ 전라도 전봉준, 최경선 나주로 이송, 다시 담양부로 압송/ 함평 현감, 접주 이두연 김정필 등 포획 포살/ 정부 각 아문 대신과 협판 등 개혁을 추진/ 충청감사 박제순의 장계에 따라 포상/ 후비보병 제17대대, 서울-부산 간 수비대 보충병으로 파견

1894.12.08 손병희가 이끄는 동학농민군 무주로부터 영동 황간에 도착/ 경군이 내려온다는 소문에 무안 동학농민군 해산/ 관군 김명환 등 동학농민군 토벌하기 위해 보은 청산으로 출발/ 관군 함평 현감, 접주 이재복 김원숙을 체포 포살/ 무주 접주 이응백이 이끄는 동학농민군 용담현 점령/ 일본 스즈키 아키라 부대, 하동 섬진강 일대 방화/ 일본군 군로조사대, 황간으로 진군

1894.12.09 전라도 동학농민군, 순천 사항리 산위에서 관·일본군과 전투, 41명 처형/ 관군 이규태, 나주로 출발/ 대관 김명환 부대, 회덕에서 유숙/ 전라 감사 이도재, 전봉준 생포 압상을 보고/ 최시형 손병희, 영동 용산 장터에 주둔/ 함평 현감, 윤정보 장경삼 정평오 등 포살

1894.12.10 전라도 남해안의 동학농민군 강진병영 습격, 점령/ 검수수비병 15명이 서홍에서 3백여 명의 동학농민군과 싸워 2명을 사살하고 3명을 포로로 잡음/ 경상도 김산 소모사 조시영, 정의묵에게 추풍령 방어 요청/ 대관 김명환 부대, 옥천에서 유숙/ 영동 청산 향리가 상주 유격병에게 구원 요청/ 이규태, 강진병영의 보고문과 공문 일본진영에 통보/ 이규태, 나주목에 도착/ 일본 동로군, 능주에 도착/ 일본 봉

산 수비병, 사리원에서 동학농민군과 전투/ 일본 부산수비대와 좌수영병, 섬진강 고포의 동학농민군 격퇴/ 일본 서로군, 나주 함평에 도착/ 일본 중로군, 나주에 도착

1894.12.11 최시형 손병희, 용산장터에서 상주 소모영 유격병과 전투/ 전라도 손화중, 고창에서 이봉우 등에게 체포/ 대관 김명환 부대, 청산으로 행군/ 상주소모사 정의묵, 예천에 정예포군 요청/ 이규태, 무안읍 도착/ 일본 부산수비대, 섬거역에서 동학농민군과 전투/ 일본 스즈키 아키라 부대, 배양거에서 동학농민군과 전투/ 황해도 동학농민군, 서흥지방에서 일본 검수수비대와 접전/ 황해도 동학농민군, 정방산성의 무기를 사리원으로 운반

1894.12.12 동학농민군 영동 용산장터에서 관군과 싸워 승리/ 경상감영 최치규의 남영병, 추풍령을 방어하기 위해 출발/ 관군 대관 김명환, 영동 용산장터로 출발/ 상주소모사 정의묵, 각 읍의 정예포군 선발 상주로 파견 요청/ 일본 스즈키 아키라 부대, 광양현에서 99명 처형/ 일본 중로군, 강진전투, 장흥전투 1일째/ 일본 황주수비병, 정방산성에서 동학농민군과 전투/ 충청 동학농민군, 청산에서 전투를 벌였으나 패함/ 황해 동학농민군, 일본군과 접전/ 조정, 홍범14조를 포함한 독립서고문 종묘에 바침

1894.12.13 황해도 은파 동학농민군 250여 명을 추격해온 사카다 부대와 교전/ 경상 상주소모사 정의묵 구원병 요청, 남영병 상주로 출발/ 관군 별군관 이창식, 유구희 등 체포 상부로 압송/ 관군 이규태, 목포진 도착/ 원산수비대 함경도 원산에서 동학농민군 1명을 총살/ 일본 중로군, 장흥전투 2일째/ 일본군 스즈키 아키라 부대, 전라도 낙안에 도착/ 정부 중외의 신민에게 윤음 반포/ 황해도 동학농민군, 사리원에서 우마 약탈

1894.12.14 일본 수비병, 구와하라부대 지원위해 파견/ 일본 중로군, 장흥전투 3일째

1894.12.15 장흥 이방언의 동학농민군, 교도병 일본군 민포군과 격전/ 경상 감사 조병호, 의정부 지침을 각 군문에 전달/ 관군 담양도호부사, 접주 이장태 등 체포 사실 보고/ 상주소모사, 정예포군 파견 명령/ 의정부, 경상도 상주유격병의 침학상황 보고 명령/ 일본 스즈키 아키라 부대, 보성에서 동학농민군과 전투

1894.12.16 경상도 경삼감영 파견 병력 도착/ 경상도 예천집강소의 민보군 600

명 선발하여 상주로 출발/ 충청도 손병희의 동학농민군, 보은 관아 방화

1894.12.17 경상 권수종과 권재중의 인솔 아래 안동병 300명 상주 도착/ 장흥 석대에서 패한 동학농민군, 장흥 죽산 장터에서 관군과 격전/ 정부 국왕의 칭호 격상

1894.12.18 충청도 보은 북실(종곡)전투 전개, 일본군과 상주 유격병이 동학농민군 2,600여 명 살육/ 경상도 예천에서 파견된 포군 500여 명, 북문으로 성내 진입/ 관동 대접주 이원팔, 보은 북실전투에서 선사/ 일본 가흥수비병, 장호원과 음죽 사이에 정찰대 파견/ 일본 교도중대·중로군 연합군, 장흥전투/ 일본 부산수비대, 대가촌으로 진군/ 일본 부산수비대, 부춘동에서 동학농민군 14명 포획/ 일본 중로군, 진도로 진군/ 정의묵, 선무사 이종하에게 상주 유격병대의 전공을 보고

1894.12.19 경상도 정의묵, 동학농민군 잔당들로부터 문경 방어 명령/ 일본군 스즈키 아키라 부대, 순천 해창산에서 동학농민군과 전투

1894.12.20 일본, 낙동·대구수비병·군로측정호위대, 북실에서 정대춘과 임규호 등 살육하고 낙동으로 돌아감/ 경상도 정의묵, 개선한 유격병 등을 환대/ 충청도 전의 현감, 교졸을 출동시켜 동학농민군 우두머리 25인 체포, 우두머리 2인 포살/ 상주방어군(안동 예천 함창 용궁 개령 남영병) 1천여 명 집결/ 남영병 165명 김천 영동 보은 일대 파견/ 일본 서로군, 강진 해남 영암으로 진군/ 일본 스즈키 아키라 부대, 보성군에서 동학농민군 51명 체포/ 전라도 해남의 동학농민군, 통위영병의 공격을 받고 흩어짐/ 중로군, 강진으로 진군/ 중앙정부, 고 서산군수 박정기 등을 군무협판에 추증/ 츠쿠바함대의 육전대, 광양 하포에 상륙

1894.12.21 일본군 군로조사대, 황간에 진군/ 일본군 스즈키 아키라 부대, 보성 주변의 동학농민군 수색

1894.12.22 경상도 정의묵·이만윤, 상주 경내에서 체포한 비류들 처형/ 일본 제18대대와 가흥 정찰대, 장호원과 음죽 사이에서 동학농민군과 전투/ 순무영, 비적의 괴수 안교선 성재식 최재호를 효수하여 경계시키고, 전주에서 올라온 김개남의 머리를 조사하게하다./ 일본 스즈키 아키라 부대, 보성군 주변에서 동학농민군 수색/ 일본 후지사카 부대, 동학농민군을 체포하여 포살

1894.12.23 조정, 서소문 밖 시장거리에 동학 수괴 김개남 성재식 최재호 안교

선의 머리 효시

1894.12.24 대구 남영병 165명 김천 영동 보은 일대 파견/ 일본 스즈키 아키라 부대, 장흥으로 진군/ 일본 후지사카부대, 보성에 잔류/ 전라도 무안의 거괴 배규인, 체포 포살/ 손병희가 이끄는 동학농민군 충주 외서촌 되자니에서 패한 뒤 해산함/ 황해도 동학농민군이 총유 동남쪽에 있는 누천동에 격문 게시

1894.12.25 일본 봉산수비병, 송화에서 동학농민군 격퇴/ 일본 용산수비대 제2대대, 개성에 파견/ 일본 중로군, 나주로 진군/ 일본 중로군, 장흥으로 진군/ 일본 평산 수비병 평산부에 파견/ 전라도 대접주 이방언, 장흥에서 이두황군에게 체포 나주로 압송

1894.12.26 일본 츠쿠바함대 육전대, 진도에서 동학농민군 진압/ 일본 후지사카부대, 보성에 잔류/ 일본군을 충청도 홍주에 파견

1894.12.27 경상도 이중하, 장계에서 관리들의 공과를 논의/ 정부, 칙령으로 순무영을 차례로 해체할 것을 지시

1894.12.28 일본군, 강진전투에서 동학농민군 사살

1894.12.30 일본 서로군, 우수영으로 진군/ 일본 후지사카부대, 장흥의 잔여 동학농민군 진압을 위해 출발

1895.01.00 최시형, 인제 최영서 집으로 은신

1895.01.01 영국 여행가 비숍, 동대문 밖 눈밭에 버려진 3명의 동학농민군 지도자(성재식 최재호 안교선)의 몸통 발견

1895.01.04 손병희가 이끄는 동학농민군 음성 외서촌 무극리에서 전투하여 수십 명 사상

1895.01.05 일본 군로조사대 충청도 영동으로 출발/ 일본 스즈키 아키라 부대 동학농민군 8명 처형

1895.01.07 일본 후지보병 37명, 서울-부산 간 수비대로 파견

1895.01.13 낙동 대봉 수비병(25명)을 가홍 부근에 파견/ 일본 가홍수비병 여주 부근에서 동학농민군과 전투

1895.01.14 가홍수비병, 경기도 여주에서 약 500명의 동학농민군과 싸워 동학군 사상자 10여 명/ 용산수비대 8명을 여주 부근에 파견

1895.01.15 대구 수비병 1소대를 가홍 부근에 파견하여 동학농민군과 격전/ 수비병을 파견, 송파진(9명) 곤지암(9명) 이천(16명) 장호원(8명) 가홍(19명) 대봉(8명) 낙동(17명) 등/ 일본군 정찰대 여주 부근 파견하여 동학농민군과 전투/ 일본군이 경기도 곤지암에서 동학농민군과 전투를

벌여 1명 사살

1895.01.16 일본 군로조사대 경상도 문경 출발

1895.01.18(음2.12) 정부, 각 군현에 민보군 해산령 내림

1895.01.23 일본 스즈키 아키라 부대 부산으로 되돌아감/ 중로군(3분대)이 완영 병사 31명과 대둔산 둔취 동학농민군 토벌전 개시

1895.01.24 대둔산에 진지를 구축하고 70여 일간 항전하던 동학농민군 25명 전몰/ 동학 지도자 전봉준 최경선 김덕명 손화중 성두한 서울 주재 일본영사관에 인도

1895.01.25 정부, 전봉준에 대한 1차 심문(3월 10일까지 5차에 걸쳐 진행됨)

1895.01.26 일본 스즈키 아키라 부대 동학농민군 수색

1895.01.27 일본 군로조사대 인천 도착

1895.02.03 전봉준, 법무아문으로 인도

1895.02.04 일본 서로군 중로군 동로군 인천에 도착

1895.02.13 황해 구월산의 동학농민군 신천읍 공격/ 황해 동학농민군 장연군 문화읍 공격

1895.02.24 일본, 시모노세키(下關) 강화회의

1895.02.28 일본 인천후비대 구월산에서 동학농민군 수명 포획

1895.02.29 재판 결과, 김학우 암살 배후가 서울 동학농민군과의 결탁으로 밝혀짐

1895.03.01 송화 부근에서 동학농민군과 관군 전투/ 일본 인천수비대 은파병참부에서 동학농민군 살상

1895.03.05 일본 송화, 장연의 예비대 등 강령 옹진으로 파병

1895.03.06 인천수비대 묘운사에서 동학농민군 살상

1895.03.09 해주 송림 일대 동학농민군 일본군과 교전

1895.03.12 황해 옹진으로 퇴각한 동학농민군 200여 명 체포

1895.03.19 황해 감사, 체포한 동학농민군에 대한 처분 방침

1895.03.23 정부 시모노세키 조약, 제1조에서 독립을 명문화

1895.03.29(양4.23) 동학농민군 지도자 전봉준 성두한 최경선 손화중 김덕명 사형 선고/ 정부, 러·프·독 3국, 일본에게 조선 독립 보장 요구

1895.03.30 전봉준 손화중 김덕명 최경선 성두한 등 교수형

1895.04.00 손병희 손천민 김연국 등이 인제에 머무는 최시형을 찾아옴

1895.04.01 황해 은파와 사리원에서 소규모 동학농민군 출몰

1895.04.15 황해 문화 접주 이도우 피체

1895.04.18 황해 은율과 문화에서 동학농민군 체포

1895.04.19 1894년 말부터 4월까지 수개월 동안 이준용 관련 사건을 조사하여 '동학농민혁명 시기(6, 7월) 혼란한 틈을 이용하여 정부 전복을 모의했다"고 판결. 모반죄인(謀反罪人) 박준양(朴準陽) 이태용(李泰容) 고종주(高宗柱)와 모살죄인(謀殺罪人) 전동석(田東錫) 최형식(崔亨植) 등 5인에 대해서는 사형을 집행하고, 모반죄인 한기석(韓祈錫) 외 17인에 대해 유배 판결을 내림. 이들은 "지난해(1894) 6, 7월경에 동학당이 곳곳에서 봉기하여 인심이 흉흉한 때를 타서" "동학당에 모의를 통고하여 경성(京城)을 습격한" 혐의

1895.05.00 김숙여(장수) 이종옥(廣州)이 인제로 최시형을 찾아옴

1895.07.21 동학농민군 평양시 상원군수 습격

1895.07.26 평양시 상원군에 동학농민군이 민가에 난입

1895.07.29 황해 이중칠과 오돌고가 봉기한다는 소문

1895.07.30 도주하던 동학농민군 일부, 장수산성으로 피신, 이에 황해 해주 관병이 공격하자 평안도로 도망/ 황해 황주 부근 동학농민군 다시 일어날 징후 보임

1895.12.00 최시형 손병희 일행, 원주 수레너미로 피신

1896.03.00 최시형, 충주 외서촌 마르택으로 피신함, 이어 상주 높은터(7월), 상주 은척리(9월), 여주 전거언(9월)으로 전전

1898.01.25 이천 병정이 전거언 최시형을 급습했으나 체포에 실패, 대신 김낙철이 체포되었다가 풀려남

1898.03.00 최시형, 지평 홍천으로 전전하다 원주 송골로 피신

1898.05.24 최시형, 병정들에게 체포되어 서울로 압송

1898.06.29 최시형, 평리원에서 1차 심문을 받음

1898.07.17 최시형, 좌도난정률에 의해 사형 언도

1898.07.20 최시형, 육군 법원 형장에서 교형 집행

1898.09.07 최시형의 사진을 전국에 게시

1900.04.11 최시형의 묘소를 여주군 금사면 주록리 천덕봉 아래로 이장

1907.07.08 시천교에서 최제우와 최시형의 사면을 청원

1907.07.17 최제우와 최시형에 대해 사면조치가 내려짐

찾아보기

【인명】

【지명, 저서 등 기타 용어】

[ㄱ]

새로 쓰는 동학기행2

등록 1994.7.1 제1-1071
1쇄 발행 2021년 8월 20일

지은이 채길순
펴낸이 박길수
편집장 소경희
편 집 조영준
관 리 위현정
디자인 이주향
펴낸곳 도서출판 모시는사람들
03147 서울시 종로구 삼일대로 457(경운동 수운회관) 1207호
전 화 02-735-7173, 02-737-7173 / 팩스 02-730-7173
홈페이지 http://www.mosinsaram.com/

인 쇄 (주)성광인쇄(031-942-4814)
배 본 문화유통북스(031-937-6100)

값은 뒤표지에 있습니다.
ISBN 979-11-6629-048-0 03900

* 이 책은 〈예버덩문학의집〉에서 집필했습니다.